국가경영은 세종처럼

− 세종대왕의 국가경영법과 리더십 이야기 −

박영규 지음
도올 김용옥 서문

통나무

목차

제3부
세종의 인재 경영과 황금시대의 주역들 ……· 184

서序, 『조선왕조실록』과 박영규

도올 김용옥

　조선왕조는 좋은 나라였나? 나쁜 나라였나? 사실 이런 질문은 대답하기가 매우 어렵다. 정론이 있을 수 없기에 질문 자체가 잘못 구성된 것이라고 비판할 수도 있다. 그렇다면 이렇게 질문해보면 어떨까? 고려의 민중과 조선의 민중은 어느 쪽이 더 행복했을까?

　조금 더 구체적인 듯이 보이지만, 이 질문 역시 고려 5백 년을 다 살아보고 조선 5백 년을 다 살아본 사람만이 대답할 수 있는 질문이기에, 질문으로서 적합한 자격을 지니지 못한다고 말할 수도 있다. 그러나 우리가 역사를 공부한다는 것은 그 자체로서 이미 간접체험을 하는 사건이기에, 역사에 깊이 있는 통찰을 지닌 석학이라고 한다면, 이런 질문에 대해서도 뭔가 의미 있는 토론의 실마리를 제공할 수 있는 대답을 할 수 있다고 나는 생각한다.

일본의 사학계의 한 거두인 미야자키 이찌사다宮崎市定, 1901~ 1995(쿄오토학파를 이끈 중국역사 학자)가 이런 말을 하는 것을 들은 적이 있다: "명대의 민중은 송대의 민중보다 불행했다고 생각된다." 명나라 태조와 그의 아들 성조成祖 영락제의 전제정치專制政治, 환관의 전횡, 그리고 권력의 무자비한 횡포에 대한 지식인의 근원적인 이반, 당쟁, 내란 등 명나라의 역사를 일별해볼 때, 범중엄, 장횡거, 왕안석, 이정二程, 주희 등으로 상징되는 사림의 분위기가 새롭게 형성되어갔던 창조적인 송나라의 문아文雅한 분위기에 비해 민중의 삶이 저열했으리라는 생각이 드는 것은 자연스럽다. 그러나 일반명제는 항상 반론이 가능하다.

요즈음 선거철이 되어 사람들이 정치에 관심이 많다. 대통령은 정치를 잘하고 있는 것일까? 왕정시대의 조대와 마찬가지로 요즈음의 정권에 대한 가치평가도 그 정권이 계승되는 방식, 그리고 다음 정권에 어떠한 전승(legacy)을 남기는가에 따라 그 5년간의 치세의 가치가 포폄된다. 진보정권의 긍정적 가치가 계승되지 못하고 단절되었을 때, 그 5년의 평가 또한 단절의 대상이 되고 마는 것이다. 진보적 이념 자체의 파국이 초래되는 것이다.

조선왕조는 그 바톤을 일본제국주의 식민지시대에 넘기고 말았다. 자국민을 이민족의 노예로 전락시키는 파국을 맞이하면서도 아무런 대책을 세우지 못했다. 따라서 조선왕조에 대한 우리민족의 평가는 만청의 지배하에 신음하던 한족의 지식인들이 명나라를 바라보는 시각보다도 더 부정적이다. 그러나 그러한 부정적 시선이 닿는 곳은 대체로 구한말이다. 구한말의 정세, 그리고 그 시대를 산 민중의 삶의 자리(Sitz-im-Leben)로부터 조선왕조 전체의 그림을 그려나가는 것이다. 조선의 문명을 말하는 일반인들의 말을 들어보면, 대체로 그들은 실제로 구한말의 전승을 이야기하고 있는 것이다.

내가 생각키에 조선왕조는 크게 두 가지 특징이 있다. 그 첫째는 5백 년의 장수를 유지했다는 것이고, 둘째는 보기 드물게 국가의 무武적인 경영을 등한시했다는 것이다. 이 두 개의 사건은 모순적 관계에 있으면서도 동시에 상생적 관계에 있다. 우선 조선과 같은 싸이즈(세계사의 통례로 볼 때, 결코 작은 나라가 아니다)의 고도의 문명국이 500년을 유지한 사례는 동시대의 세계사에서 유례를 찾을 수 없다. 이러한 이례적인 장수가 좋은 것인가, 나쁜 것인가? 여기에 대한 대답 또한 분명치 않다. 장수가 백성에게는 축복일 수도 있고 저주일 수도 있다.

5백 년 장수의 나라, 그리고 의미 있는 군대를 결여한 순전한 선비의 나라! 무력을 결한 선비의 나라는 단명하기 십상인데, 오히려 장수했다. 이 아이러니칼한 두 개의 측면에 대해, 한학자이며 경제학자인 조순趙淳, 1928~ 선생께서 이렇게 말씀하시는 것을 들은 적이 있다: "그것은 순전히 재수다!" 조선왕조는 과연 재수가 좋아서 5백 년을 버틴 것인가? 조순 선생님의 말씀은 죠크가 아니다. 심오한 통찰을 깔고 있는 명언인 것이다. 그러나 조선왕조의 장수는 조선이 순수하게 선비의 나라라는 사실과도 깊게 관련되어 있다. 재수는 재수일지라도, 재수의 운세를 탈 수 있는 선비문화의 역사기층이 뭔가 강인한 힘을 발휘했던 것이다.

이 책의 저자 박영규朴永奎, 1966~ 에 관해서는 객관적으로 드러나 있는 자료 외로, 내가 깊게 그의 정신세계를 탐색할 기회는 없었다. 그가 학부를 외국어대학에서 다녔기에, 내가 직접 가르친 인연도 닿질 않았다. 나의 연구실 앞에 그의 책을 많이 상재한 웅진미디어라는 출판사가 있었는데, 출판관계로 그가 그곳을 왔다갔다 하던 중에 나와 마주치게 되었고 자연스럽게 교분이 생겨났다. 그러던 중, 그는 어느 날 자기가 어느 신문사 편집일을 보던 샐러리맨에서 전문적인 저술가로서 삶의 방향을 바꾸게 된 계기가 나의 책『여자란 무엇인가』와의 해후에서 일어났다고 고백을 했다.

『여자란 무엇인가』를 수십 번 정독하면서 정통적 학문의 훈련을 받은 자가 학문의 모든 틀을 깨고 대중의 언어 속으로 직접 뛰어드는 용기, 그 파격에 감동을 받았고『한 권으로 읽는 조선왕조실록』의 집필을 기획하게 되는 도화선이 되었다는 것이다. 그의 전업프로젝트는 진실로 대담한 것이었다. 그는 하던 일을 다 때려치고 낙향해서 역사 공부에 전념했는데, 그의 "전념"의 내용은 상식인이 생각하기 어려운 획기적인 방법론을 축으로 하고 있었다. 아마도 이러한 획기적 대담성에 나의 책의 독서가 결정적인 영향을 주었던 것 같다.

그는『조선왕조실록』전체를 정독한다는 미련한 프로젝트를 수립했다. 지금은 나의 제자 김현 교수(현 한국학중앙연구원 교수)가『조선왕조실록』전체를 씨디롬화 하여 모든 연구자들이 쉽게 접근할 수 있도록 만든 혁명적인 학술정보사업을 성취하였고, 그 바통을 이어 한국고전번역원이 꾸준히 그 정보서비스를 확대·개선하였기 때문에, 지금은 누구든지 『조선왕조실록』에 쉽게 접근할 수가 있다. 그러나 박영규가 『실록』이라는 방대한 양의 문헌을 탐독하겠다고 하는 프로젝트를 세웠을 때는 일체 그러한 문헌정보서비스가 부재했다. 박영규가 할 수 있는 일이란, 그냥 『실록』 원전을 읽는 것이다.

내가 대학교 다니던 시절에 국사편찬위원회에서 『조선왕조실록』 원전 전체를 획일적 양식의 구독점을 찍어 축소영인해내었다(전 49책. 출판사는 탐구당). 일개 대학생으로서는 실행하기 어려운 일이었지만 나는 고려대학교에서 준 특대생장학금을 털어 그 거질을 사두었다. 그러나 한문원전으로 된 『실록』은 가지고 있어봤자 뿌듯하기만 하지 읽게 되지 않는다. 한문실력도 딸리지만, 조선왕조 사람들이 쓰는 독특한 한문투와 인명, 지명, 관직명 등 다양한 분야에서 쓰이는 고유명사에 통달하지 않으면 해독 자체가 난감한 일이다.

그리고 우리가 알아야 할 것은 『실록』 그 자체가 당대의 역사를 후손에게 남기기 위한 양심적이고도 치열한 노력이긴 하지만, 결코 대중에게 읽히기 위하여 집필된 문헌이 아니라는 것이다. 요즈음 국사편찬위원회에서 『실록』을 영역하는 일을 기획하고 있다고 들었는데 과연 『실록』이 영역되어야 할 문헌인가 하는 문제는 좀 심각한 학구적 토론을 요구하는 것이다. 『실록』은 왕조차 함부로 열람할 수 없었다. 그리고 그 내용은 국가기밀사항이나 국가체통에 관한 문제들이 가감 없이 적혀 있어 전문가의 해석을 통하여 전달되어야 할 필요가 있는 일차자료이다. 일반인이 그냥 산문처럼 읽을 수 있는 문헌은 아닌 것이다.

외국인이 『실록』을 읽고자 한다면 한문을 배워 직접 읽게 하는 것이 원칙이다. 영어로 변형된 『실록』은 『실록』이 아니다. 그리고 영어로 번역하는 과정에서 의미의 왜곡이 일어나는 것을 피할 길이 없다. 이것을 막기 위해서는 석학들의 상세한 영문주석이 필요한데, 『실록』을 번역하는 작업에 관해 들어보면 그런 치열한 작업을 감행할 수 있는 인적 구성이 터무니없이 부족한 것 같다. 『실록』은 영역되어 어설프게 만천하에 공개될 문헌이 아니다. 우리민족의 과거사에 대한 제멋대로의 왜곡으로 예기치 못한 일들이 일어날 수도 있다. 『실록』은 정사로서 권위를 갖고 있기 때문이다.

하여튼 말이 좀 새나갔는데, 박영규가 당시 『조선왕조실록』 전체를 통독하겠다는 야심은 진실로 많은 난관을 전제로 하는 것이었다. 그러나 다행스러운 일은 당시 우리나라에서 민족문화추진회(한국고전번역원의 전신)나 세종대왕기념사업회와 같은 기관에서 부분적인 조대별의 번역이 이루어져 왔고, 또 북한에서 『조선왕조실록』 전체를 완역하였기 때문에, 일단 『조선왕조실록』을 우리말로 읽을 수 있는 환경이 조성되어 있었다는 사실이다.

1970년대까지만 해도 국학분야에 있어서는 북한이 남한에 비해 월등한 우위를 점하고 있었다. 주체사상을 내거는 북한의 학계는 조선의 역사와 사상의 연구 그 자체가 모든 학문의 주축이 될 수밖에 없었고, 또 기초자료의 연구측면에 있어서 남한의 소수학자들의 산발적인 연구와는 달리 매우 집단적이고, 체계적이었다.

1970년대를 거치며 동구권의 경제침체와 더불어 북한은 돈이 말라 들어갔다. 돈이 마르게 되면 주체사상도 유일사상으로 편협하게 되고, 선군정치라는 명분으로 허리띠를 조르게 된다. 백두산혈통은 더욱 강화되고 모든 학술연구는 이념적인 너그러움을 상실한다.

　　반면, 남한은 월남전 개입 이후 경제개발계획이 성공적으로 수행되고 따라서 돈이 돌게 되면서 민주의식이 피어나고, 시류에 맞지 않게 북한과 보조를 맞추었던 유신체제도 제거된다. 박정희의 절친한 친구 김재규는 유신의 심장에 총알을 박고야 만 것이다(1979. 10. 26). 돈과 민주는 학문의 숨통을 틔우고, 잃어버린 주체를 되찾게 한다. 70년대까지 북한이 국학의 주도권을 쥐고 있었다면 80년대부터는 북한의 학문수준은 현저히 전락하고 국학분야의 연구에 있어서도 양적으로 질적으로 남한학자들의 연구가 괄목할 만한 성취를 과시한다.

　　1982년 내가 한학의 중심부였던 대만대학 철학과와 동경대학 중국철학과에서 학위과정을 마치고, 또 서양학문의 중심부였던 하바드대학에서 박사학위를 획득하고 귀국하여『동양학 어떻게 할 것인가』(『여자란 무엇인가』보다 앞서 낸 책)라는 베스트셀러를 내고, "한문해석학"이라는 매우 비판적인 새로운 한학방법론을 주창한 사건도 거시적으로 보면 이러한 남·북한 역사의 흐름과 맞물려 있다.

　　1970년대에서 80년대로 넘어가면서 국학의 주도권은 북한에서 남한으로 넘어왔다고 말할 수 있다. 그러나 박영규가『실록』을 공부하겠다고 작심한 1990년대까지만 해도 북한의 기초사료연구는 짱짱한 기반을 과시하고 있었다.

노태우·김영삼정권 시기의 약간 느슨해진 분위기를 타고 1993년에 여강출판사에서 북한의 『조선왕조실록』 완역본 총 400권을 영인해내었다(북한은 『실록』 번역사업을 1975에 시작하여 1991년에 완수하였다). 북한에서 낸 것은 총 401권이었는데, 그 마지막 한 권은 김일성실록인 셈이어서 그 마지막 한 권을 빼고 내니 400권이 되었다고 한다. 그때 나도 그것을 살까 하고 출판사까지 갔었는데, 내 서재가 비좁고 가뜩이나 책이 너무 많아 도저히 놓을 곳이 없을 것 같아 침만 흘리다가 돌아왔다. 그때 그 세트를 장만하지 않은 것을 두고두고 후회했다. 그런데 박영규는 과감하게 그 400권 세트를 사들고 낙향을 한 것이다. 그는 우선 『실록』 전체를 세 번 통독했다고 했다.

하여튼 이러한 각고의 과정을 거쳐 나온 그의 최초의 야심작이 들녘에서 나온(1996년) 『한 권으로 읽는 조선왕조실록』이다.

이 책은 200만 부나 팔렸다 하니, 아마도 각 집에 이 책 한 권이 안 꽂혀 있는 집이 없을 것 같다. 내 서가에도 한 권이 꽂혀 있는데 아마도 내가 그냥 책방에서 산 것 같다. 나는 박영규가 누구인지도 몰랐고, 이 책에 관해서도 일체의 정보가 없었다. 누가 추천하지도 않았고, 그렇다고 눈에 뜨이게 지식사회에서 회자된 책도 아니었다. 그도 그럴 것이 이 책은 별로 문제될 파격적 내용을 담고 있지 않다. 나는 아주 상식적으로, 단 한 권으로 『조선왕조실록』 전체를 알려주는 책이라는, 그 제목이 지시하고 있는 의미를 그냥 성실하게 받아들이고, 한 권

사본다 한들 결코 손해볼 것이 없겠다 하고 그 책을 집어든 것 같다.

　사실 이 책은 1990년대 말 우리나라 사학계에 파란을 일으킨 "조용한 혁명(Silent Revolution)"이었다. 많은 사람들이 내가 이런 말을 하면 나의 평가가 과하다고 할 것이다. 박영규의 놀라운 포퓰래리티 popularity에 경악이나 질투를 느끼는 사람들은 우선 그가 정통적인 역사학의 훈련을 받은 사람이 아니라는 이유로, 그리고 또 학벌이나 문벌이나 계파적인 학파에 속하지 않는다는 이유로 우선 그의 존재를 무시하려 든다. 가치평가의 대상에서 제껴두는 것이다. 자기가 쓰는 역사책보다 그의 책이 더 많이 팔린다는 이유만으로도 좀 꽤씸한 느낌이 드는 것이다.

　나는 박영규라는 존재에 관하여 호오를 표현하는 어떤 특별한 정감 같은 것을 가지고 있지 않다. 그러나 『한 권으로 읽는 조선왕조실록』은 병자년(박영규가 서문을 쓴 해, 1996) 이래 올해 신축년에 이르기까지, 아마도 내가 가장 많이 들춰본 책 중의 하나일 것이라는 객관적 사실만은 숨기고 싶지 않다. 내가 이 책을 평가하는 이유는 다음과 같다.

　1) 이 책의 정보는 『실록』 그 자체의 일차자료에 의거한 것이다. 내가 『동양학 어떻게 할 것인가』에서 주장한 학문방법론의 원칙 중의 하나가 우리나라 학계에 만연된 세컨핸드 지식병에 대한 고발과 관계된 여러 주제였다. 원전에 대한 정확한 지식이 없이, 원전에 대하여 타인이 구라 피운 것을 가지고 다시 구라를 피우는, 그러니까 재탕의 재탕 지식만 악순환하는 그런 악폐가 지식사회의 센터로부터 확산되

고 있다는 아이러니를 지적한 것이다. 학문의 지식은 세컨핸드second-hand가 아닌 퍼스트핸드first-hand이어야 하는 것이다.

2)『조선왕조실록』전체를 읽고 그것을 다이제스트하겠다는 발상 자체가 당시 학계에서는 나올 수가 없었다. 조선왕조의 역사를 알기 위해서는 전문사가들의 한국사통론이라든가 통사라고 하는 개론적 서술에 의존할 수밖에 없다고 하는 통념을 아무도 깨지 못했다. 그러나 통사(outline history)라고 하는 것을 아무리 읽어보아도, 사가에 따라 사건배열과 포폄이 제멋대로이기 때문에, 구체적 사상史象(역사 이미지)이 떠오르지 않는다. 그리고 모든 통사들은 지나치게 소략하고 주관적이다. 다시 말해서 구라가 너무 쎈 것이다. 구체적으로 논의를 진행시킬 자료를 별로 주지 않는다. 통사를 뛰어넘어 원사료에 직입하는 박영규의 시도는 월권이고, 파격이고, 혁명이었다. 그것은 우리 조선 민족에서만 가능한 혁신이었다. 왜냐? 이 지구상의 어느 민족도『실록』을 남기지 않았기 때문이다. 역사를 통사로부터 해방시킨 사건이 역사학자가 아닌 일반교양인으로부터 시작되었다는 이 사실 자체가 "조용한 혁명"이라는 나의 표현의 한 일각을 구성한다.

3) 박영규는 제1대 태조실록으로부터 제27대 순종실록에 이르기까지 각 조대 실록들을 구성하는 객관적 사실들을 인물과 사건들의 정밀한 정보를 분석하면서 그 역사적 의미를 매우 조직적으로 서술한다. 어디까지나 왕조실록이기 때문에 왕가의 계보를 충실히 도표를 활용하여 알려주는 것 또한 잊지 않는다. 박영규의 책이 많이 팔린 이유는 가치판단보다는 춘추필법적인 포폄에 좌우되지 않는 객관적 사실정

보를 어느 역사책보다도 집약적으로 쉽게 제공하고 있기 때문이었을 것이다. 이 자체로 역사를 완결짓는 것이 아니라, 독자들 스스로 역사를 구상해볼 수 있는 자료를 제공하는 놀랍게 간편하고 정밀한 참고서 노릇을 했기 때문일 것이다. 『한 권으로 읽는 조선왕조실록』은 통사라기보다는 역사를 읽기 위해서 누구나 지녀야 하는 레퍼런스의 구실을 했다.

　4) 20세기 역사서술(historiography)에 있어서 가장 저주받는 서술방식이 민중의 삶을 도외시한 왕조 권력상층부의 뒤각뒤각거리는 사건 중심의 역사기술이었다. 이러한 저주의 배경에는 칼 맑스의 구라가 있다. 맑스·엥겔스의 구라의 핵심은 상부구조·하부구조의 이원성이라는 것이다. 진짜 역사는 하부구조에 있다는 것이다. 상부는 하부의 반영일 뿐이라는 것이다. 물론 맑스 형님이 강조한 "시선의 전환" 덕분에 많은 새로운 긍정적인 역사서술이 가능해졌고 역사이해도 풍부해졌다. 그러나 조선왕조 역사를 이해하는 데 있어서 가장 먼저 진입해야할 곳은 왕조 그 자체다. 그 왕조가 남긴 역사자료를 기초로 해야만 그 하부구조도 알 수 있는 것이다. 아주 철학적으로 논의하자면, 과연 하부와 상부가 2원적으로 나뉘는 것인가 하는 것부터가 다시 검토되어야 한다.

　얼마 전에 돌아가신 벽사碧史 이우성李佑成, 1925~2017 선생님께서 나에게 해주신 말씀이 있다: "김 선생! 조선의 유자들을 이해하려면 반드시 먼저 그 사람이 어느 당파에 속하는지를 알아야 해요. 그걸 무시하고 저술의 논리적 구조만으로 접근하는 것은 오히려 더 많은 왜곡을 수반할 수도 있어요."

어찌 보면 매우 고리타분한 색론이라고 치지도외할 수도 있지만 나는 벽사 선생님의 말씀이 두고두고 옳다는 생각을 하게 된다. 문제는 역사의 기초점검이 우리에게 부실한 것이다. 박영규의『한 권으로 읽는 조선왕조실록』은 하부·상부를 막론하고 조선왕조의 기초를 되돌아보게 만드는 실사구시의 시선을 창출하였다. 사학계의 많은 대가라 하는 사람들이 박영규의 방법론을 따라가는 역사책을 내놓지 않을 수 없었다.

5) 박영규는 역사를 대중화시키는 데 매우 큰 공헌을 했다. 그리고 역사기술이 사학과에서 박사학위를 받은 사람만이 할 수 있는 행위라는 사회적 타부를 깼다. 물론 부작용도 있다. 그러나 20세기에서 21세기로 넘어가는 길목에 박영규의 조용한 혁명은 우리 민족의 역사인식을 풍요로운 삶의 리얼리티로 만드는 데 일정한 공헌을 하였다. 무엇보다도 대중화는 천박화를 수반하는 성향이 있는 데 반하여, 박영규의 언어는 사료를 배경으로 하고 있는 차분한 언어라는 측면에서 일정한 가치를 지닌다고 말할 수 있다.

다시 원점으로 되돌아가자! 조선왕조는 좋은 나라인가? 나쁜 나라인가? 그 대답은 매우 명확하다. 조선왕조는 좋은 나라이기도 하고 나쁜 나라이기도 하다. 나쁜 측면도 많지만 또 나쁜 측면만으로 해석이 될 수 없는 좋은 측면이 많기 때문이다.

조선왕조의 좋은 측면을 알려면 세종의 치세를 알아야 한다는 것은 누구나 말하는 것이다. 그런데 세종의 치세의 다양한 논리를 요약적으로 쉽게 말해주는 책은 흔치 않다.

　박영규는 세종을 말한다. 그런데 그는 내가 마실을 자주 가는 옆집 아저씨에 관하여 얘기하듯이 세종을 말한다. 그리고 그 이야기들은 모두 일차사료에 근거한 것이다. 물론 그 이야기에도 일정한 해석의 틀이 있고, 그 해석에 관해 이견이 있을 수 있다. 나 역시 많은 이견을 가지고 있으나 이 책의 서문에서 말할 것은 못된다. 많은 사람이 이 책 『국가경영은 세종처럼』을 읽고, 박영규의 프로젝트처럼 『세종실록』 전체를 탐독하고 자신의 세종관을 피력해주기를 바랄 뿐이다. 우리나라의 젊은이들이 비티에스BTS를 바라보듯이 세종을 바라볼 수 있어야 하지 않을까?

2021년 7월 극심한 더위중
낙송암에서

제1부

인간 세종, 그는 어떤 사람인가?

세종이 우리 역사에서 가장 빛나는 유산과 업적을 남긴 성군이라는 것은 누구나 인정하는 사실이다. 물론 세종의 위업 뒤에는 왕을 훌륭하게 보필한 신하들과 당대의 학자들의 노력도 간과할 수 없다. 하지만 무엇보다도 세종이 이들의 보필을 수용할 만한 인성과 능력을 갖췄기 때문에 가능한 일이었다. 그렇다면 세종은 어떤 인성과 행동 방식을 가졌으며, 어떤 능력의 소유자였을까?

우선 인성의 측면에서 보자면 그는 인정 많고 정의로운 사람이다. 다른 사람의 아픔을 결코 간과하지 않는 것은 물론이고, 그들의 고통에 함께 눈물 흘릴 줄 아는 정 많은 사람이었다. 그렇다고 앞뒤 재지 않고 인정에만 매달려 덤벼드는 그런 감상적인 인물이 아니라 현실적이고 냉철하며 해결책을 추구하는 매우 이성적인 인물이다.

다음으로 그의 능력과 행동 방식을 보자면, 무엇보다도 다양한 학문적 능력을 갖춘 통섭형 지식인이다. 여러 학문을 탐닉하면서도 모든 분야에 대한 깊은 소양을 갖췄으며, 옳다고 믿는 일은 과감하게 추진하여 기필코 일궈내는 탁월한 실천가이기도 하다. 거기다 학문을 현실 생활에 적용하여 백성의 편리와 생활의 안정을 이끌어내는 실용주의자이고, 결코 대세를 거스르지 않는 실리주의자이며, 원칙을 중시하되 유연성을 잃지 않는 가슴 넓은 원칙주의자이다.

이런 세종의 면모를 그의 성장 과정과 사생활, 정치 행위와 정책, 사람에 대한 태도 등을 통해 구체적으로 살펴본다.

1장
타고난 책벌레, 범생이 왕자

1. 세종의 책벌레 DNA는 어디에서?

세종이 발휘한 능력은 대부분 어릴 때부터 다양하게 익혔던 풍부한 지식에 기반을 두고 있다. 예나 지금이나 대부분의 지식 습득은 독서로부터 이뤄진다. 그래서 고래로부터 뛰어난 인물 중에는 책벌레, 즉 독서광들이 많았다. 세종 또한 그 점에 있어서는 누구에게도 뒤지지 않았다. 책을 한 권 잡으면 물고장을 낼 때까지 보았으니 말이다.

세종은 어릴 때 늘 책을 끼고 살았는데, 심지어 몇 달 동안 앓아누워 있을 때도 손에서 책을 놓지 않았다고 한다. 태종은 그런 아들의 건강을 염려하여 시자들에게 왕자의 책을 빼앗아 감추라고 지시했다. 그런데 요행히도 책 한 권이 병풍 속에 끼어 있어, 병상에 누운 채 날마다 그 책을 천 번이나 되풀이해서 읽었다고 전한다(세종실록 127권의 세종 임종 후 평가).

이런 공부에 대한 열정은 온 나라에 소문이 날 정도였는데, 양녕을 폐하고 세종을 세자로 세울 때 부왕 태종이 한 말에서도 이런 면모는 잘 드러난다.

> "충녕은 천성도 총명하지만 공부를 좋아하고 부지런하여 대단한 추위나 심한 더위에도 밤을 새워가며 글을 읽고 있다."(세종실록 1권 원년의 세자 책봉 과정)

이렇듯 세종은 어릴 때부터 책을 늘 끼고 살던 독서광이었다. 독서를 즐기는 인물은 대개 학문을 좋아하기 마련이고, 학문을 좋아하는 사람은 대개 머리가 좋고 공부를 잘 하기 마련이다.

그런데 흔히 머리 좋은 집안에서 머리 좋은 아이가 태어난다는 말이 있는데, 가히 틀린 말은 아닌 듯하다. 말하자면 학문을 좋아하는 것이나 독서를 좋아하는 것도 유전자의 영향일 수 있다는 뜻이다.

세종이 지독한 독서광이었고, 또한 학문을 좋아한 것도 결코 유전자와 무관하지는 않을 것이다. 그러면 세종은 그 DNA를 누구로부터 물려받은 것일까? 아버지 태종? 아니면 어머니 원경왕후? 즉, 친가의 영향이 컸을까, 외가의 영향을 컸을까 하는 의문이 생긴다.

어쩌면 이 의문을 풀기위해서 늘 세종과 대비되는 양녕의 성정부터 살펴볼 필요가 있다. 양녕은 공부보다는 놀기 좋아하고 학문보다는 잡기에 관심이 많았다. 그래서 한량들과 어울리며 바둑이나 사냥을 즐기고, 심지어 난봉꾼 기질까지 있어 엽색 행각을 일삼으며 남의 집첩은 물론이고 여염집 처자까지 납치하는 패륜행각을 일삼기도 했다. 양녕의 이런 행동 뒤에 숨어 있는 DNA는 외가에서 비롯된 것일까, 친가에서 비롯된 것일까?

사실, 양녕의 외가에서는 이런 패륜행각을 일삼는 인물은 찾아볼 수가 없다. 외조부 민제는 고려 말인 19살에 문과에 합격하여 수재들만 영입된다는 한림에 뽑혀 사관으로 활동했고, 성균사예 등의 학관 벼슬을 비롯한 여러 벼슬을 거친 뒤, 조선 개국 후에는 정당문학, 예의판서를 지내고 조선 학문의 상징 기관인 예문관의 제학을 지냈다.

또한 그는 젊어서부터 예학에 밝아 조선 건국 후 국가의 전례를 결정하는데 중추적인 역할을 했다. 또한 민제의 조상들도 대대로 문관 벼슬을 지내며 문명을 떨친 인물들이다. 민제의 아버지 민변은 고려시대 문신으로서 주로 간관의 벼슬을 지내며 좌사의대부, 밀직대언 등을 지낸 인물이었고, 조부 민적 또한 강직한 관리로 이름을 얻으며 대사헌을 역임한 인물이었다.

민제에겐 민량과 민개, 두 동생이 있었는데, 이들 또한 성품이 강직하고 학문이 뛰어났으며, 경연참찬관, 지신사, 밀직부사 등의 벼슬을 지냈다. 민제의 아들들인 무구, 무질, 무휼, 무회 등도 패륜 행각과는 거리가 먼 인물들이었다. 거기다 민제의 두 딸들도 총명하기로 유명했다. 따라서 외가에서는 양녕과 같이 패륜행각을 일삼는 인물은 찾아볼 수가 없다.

하지만 친가로 눈을 돌리면 양녕과 유사한 인물은 쉽게 찾을 수 있다. 친가에는 무인 출신인 이성계를 비롯하여 그의 아들들 대부분이 사냥을 즐겼고, 축첩이 심했다. 정종 같은 이는 격구 같은 놀이를 무척 좋아하였고, 여러 첩을 거느리며 수많은 서자들을 두기도 했다. 태종 또한 사냥을 즐기고 축첩이 지나쳐 왕비 원경왕후와 심한 갈등을 일으켰다.

정종의 아들들 중에는 양녕보다 훨씬 심한 패륜아들도 있었다. 정종의 서장자인 의평군 이원생은 남의 노비를 빼앗기 위해 임금의 수결과 인장을 위조하여 유배되었고, 순평군 이군생은 살인과 간통을 일삼았으며, 금평군 이의생 또한 원생과 공모하다 유배되었다. 또한 선성군 이무생은 엽색행각을 일삼다가 누차에 걸쳐 유배되었다.

이런 패륜아는 태종의 서자들 중에도 있었다. 태종의 서자 혜령군 이지는 성격이 포학하고 행동이 사나워 함부로 구타를 일삼고 남의 기생첩을 빼앗는 등 패륜행각을 일삼는 바람에 세종의 골칫거리가 되기도 했다. 그리고 태종의 막내 서자 익녕군 이치는 나라에서 금지하고 있던 석전놀이(돌팔매놀이, 패를 갈라 몽둥이나 돌로 서로를 공격하는 과격한 싸움놀이)를 즐기다 유배되고, 자신이 부리는 종을 함부로 구타하여 다시 유배되었으며, 토지를 두고 다투다 판결이 나기도 전에 강제로 빼앗는 등의 비행을 저시르기도 했다.

이렇게 친가와 외가 사람들의 성향을 따져보면, 양녕의 패륜행각은 친가 쪽 DNA의 영향에 따른 것임을 알 수 있다. 이는 반대로 세종의 독서광 DNA는 외가에서 비롯됐다는 뜻이기도 하다.

2. 늘 비교되는 맏이와 셋째

DNA까지 들먹이며 군이 세종과 양녕을 대비시킨 이유는 이 형제의 삶이 불가분의 관계에 있었기 때문이다. 양녕의 불행이 곧 세종의 행운이 되고, 세종의 행운이 곧 양녕의 불행으로 이어졌기에 이들의 엇갈린 삶을 조명하는 것은 매우 중요한 일이다. 그렇다면 이들의 삶은 언제부터 엇갈리기 시작한 것일까? 세종이 태어난 그때로 거슬러 올라가서 살펴보도록 하자.

세종은 1397년(태조 6년) 음력 4월 10일(양력 그레고리력 5월 15일)에 한양 준수방(지금의 서울 종로구 통인동, 옥인동 지역)에서 당시 왕자 신분이던 이방원(태종)과 군부인 여흥 민씨(원경왕후)의 셋째 아들로 태어났다.

세종이 태어났을 때, 위로 누나 셋과 동복형 둘, 이복형 하나가 있었으니, 그는 일곱째로 태어난 셈이다. 태종과 원경왕후는 셋째까지 정순, 경정, 경안 등 세 명의 딸을 얻은 뒤에 비로소 장남 양녕을 얻었다. 이후 연년생으로 효령을 얻고, 다시 2년 뒤에 충녕을 얻어 내리 아들 셋을 보았다.

태종은 세종의 이름을 도祹라고 지었는데, 이는 행복을 기원한다는 뜻을 가진 글자다. 태종은 장남 양녕대군은 제禔, 둘째 효령대군은 호祜라고 지었는데, 이 이름들 역시 행복을 기원하다는 뜻을 가졌다. 효령대군은 훗날 19살 때 이름을 보補로 개명한다.

이렇듯 세 아들에게 모두 행복을 기원하는 이름을 지어줬지만, 그들의 인생은 판이하게 달랐다. 특히 장남 양녕과 셋째 세종의 삶은 극명하게 엇갈렸다. 그들 형제의 삶을 크게 갈라놓은 장본인은 바로 아버지 이방원이었다.

세종이 태어난 직후부터 이방원은 몇 번에 걸쳐 인생을 건 승부수를 던졌다. 1398년에는 1차 왕자의 난을 일으켜 부왕 이성계를 왕위에서 밀어냈으며, 1400년에는 2차 왕자의 난에서 승리하여 세자에 책봉된 후 용상을 차지했다.

그러자 왕자 신분이 된 그의 세 아들의 인생도 격변의 소용돌이 속으로 빨려 들어갈 수밖에 없었다. 우선 그들을 부르는 명칭부터 바뀌었다. 첫째는 양녕군, 둘째는 효령군, 셋째는 충녕군 등의 군호로 불렸다. 그리고 이들 중 하나가 왕위계승권자인 세자가 될 것이 분명했기 때문에 그들을 비교하는 시선도 크게 늘어났다.

충녕은 셋째였지만, 큰형 양녕대군과는 불과 세 살 밖에 차이가 나지 않았고, 둘째형 효령대군과는 두 살 차이였다. 그런 까닭은 세 형제는 어릴 때부터 자주 비교 대상이 되곤 했다. 유년 시절에 세 형제는 계성군 이래李來의 문하에서 함께 배웠는데, 셋 중에 가장 어린 세종이 배움엔 제일 열성적이었다. 반면에 첫째 양녕은 공부보다는 놀이를 좋아했다. 이런 까닭에 충녕은 늘 양녕의 비교 대상이 되곤 했고, 이는 양녕에게 충녕에 대한 열등감을 안겨다 주기도 했다. 그런 열등감은 양녕이 세자가 된 뒤에 더욱 심해진다.

이방원이 왕위에 올랐을 때, 양녕은 7살이었다. 이후 양녕은 9살에 원자로 정해졌고, 다시 2년 뒤인 11살에 세자에 책봉되었다. 그 후로 세 형제는 같은 스승 밑에서 배울 수 없었다. 양녕은 세자에 책봉된 뒤로 세자시강원의 빈객들이 가르쳤고, 효령과 충녕은 다른 스승 밑에서 배워야 했다. 그럼에도 세간에서는 늘 양녕과 충녕을 비교했다. 특히 세자를 가르치던 빈객들은 충녕의 학업에 대한 열정을 늘 부러워했다.

이미 말했듯이 충녕은 어릴 때부터 세상이 알아주는 공부벌레였다. 반대로 양녕은 학문엔 크게 관심이 없었다. 양녕은 놀기 좋아하고 잡기나 예술 쪽에 관심이 많았다. 그런 까닭에 세자를 가르치는 빈객들은 늘 양녕의 그런 면을 안타까워했다. 양녕도 충녕처럼 학문에 열중해주길 바랐던 것이다. 그런 까닭에 빈객들은 양녕을 가르칠 때마다 항상 충녕을 염두에 두지 않을 수 없었다.

세종 대의 최고 학자였던 변계량도 빈객 시절에 충녕의 학업에 무척 관심을 기울였다. 늘 충녕의 시관侍官에게 충녕이 무슨 글을 읽는지 물었고, 시관이 아무 글을 읽는다고 하면 반드시 칭찬하고 감탄하였다. 그리고 서연書筵(세자를 위한 강연장)이 열리면 충녕이 무슨 책을 읽고 있으며, 그 책을 잘 알고 있다는 것은 대단한 일이라고 칭찬하여 양녕의 분발을 유발하기도 했다. 충녕의 학문적인 열정을 도구로 삼아 양녕을 독려하려 했던 것이다. 그만큼 충녕의 학문에 대한 열정이 대단했음을 말해준다.

충녕의 학문은 날이 갈수록 깊어졌고, 어느새 당대의 모든 학자들이 그의 학문적 깊이를 인정하는 상황이 되었다. 신하들뿐 아니라 태종도 충녕의 학문을 매우 높게 평가하고 있던 터였다.

태종 16년 7월 18일의 일이다. 태종과 상왕(정종)이 경회루에서 술자리를 베풀었는데, 세자와 종친들이 대거 참석했다. 그들 앞에선 한바탕 공연이 벌어지고 있었다. 갑사들이 방패와 목검을 들고 서로 겨루기도 하였고, 태견, 말타기, 활쏘기 등을 겨뤄 이긴 자에게 상을 내리며 흥겹게 즐기는 자리였다. 또한 재상급의 노신들도 함께 둘러앉아 서로 글귀를 이어가니, 자연스럽게 학문의 깊이가 드러났다. 그러다가 "노성老成(노숙함을 이루다)한 사람을 버릴 수 없다"는 문장이 나오자, 충녕이 말했다.

"서書에 이르기를 '기수준재궐복耆壽俊在厥服'이라 했습니다."

『서경』에 있는 이 말을 풀이하자면, "노숙하고 뛰어난 사람들이 해당되는 자리에 있어야 한다"는 뜻이었다. 태종이 이 말을 듣고 충녕의 학문 수준에 감탄하더니 세자를 돌아보며 꾸짖었다.

"너는 어째서 학문이 이렇지 못하느냐?"

이렇듯 충녕의 학문은 만인의 칭송을 얻었지만, 그와 대비되는 양녕은 늘 욕을 먹는 처지였다. 일반 선비들에 비하면 양녕도 결코 학문적으로 크게 뒤떨어지는 인물은 아니었다. 또한 양녕은 충녕보다 글씨도 잘 쓰고 그림도 잘 그렸으며, 무술과 잡기에도 훨씬 능했다. 그럼에도 학문에서는 충녕이 워낙 출중하였기에 양녕의 능력은 형편없는 것으로 비쳤던 것이다.

스무 살을 갓 넘긴 충녕의 학문적 깊이를 가늠하게 하는 기록이『태종실록』18년 1월 26일에 보인다.

성녕대군 이종이 완두창이 나서 병이 위독하자 태종은 총제 성억에게 향을 받들고 흥덕사에서 기도를 드리게 하였다. 또 승정원에 명하여 점을 잘 치는 자들을 불러모아 성녕의 길흉을 점치게 하니, 모두 "길합니다." 하고 대답했다. 하지만 병세는 날로 심해졌다. 이 때문에 청성군 정탁이 태종을 안심시키기 위해『주역』으로 점을 쳐서 왕에게 올렸는데, 충녕대군이 이를 정확하게 풀이하였다. 그러자 그 자리에 있던 신하들은 물론이고, 세자 양녕까지 감복하여 칭찬을 아끼지 않았다고 한다.

충녕은 유학 서적은 물론이고 주역에도 정통했던 것이다. 당시 학자들 가운데 주역에 정통한 사람은 손에 꼽을 정도였으니, 충녕의 학문적 깊이와 넓이는 당대 어느 누구와 견주어도 손색이 없었음을 알 수 있다.

하지만 충녕의 학문이 명성을 얻으면 얻을수록 양녕은 항상 더 초라해져야만 했다. 타고난 공부벌레였던 충녕에 대한 칭송이 더해질수록 그 비교 대상이 되었던 세자 양녕은 점점 형편없는 인물로 전락해야만 했다.

3. 당세에 견줄 사람이 없다

그렇다면 양녕의 입장에서 보면 충녕은 어떤 사람이었을까? 사실, 양녕은 동생 충녕을 질시하기보다는 다소 무시하고 귀찮아하는 경향이 있었다. 양녕의 입장에서 보면 충녕은 그저 세상 물정은 모르고 책에서 배우고 부모가 시키는 대로만 행하는 갑갑한 모범생일 뿐이었다. 거기다 그저 사람 사는 재미라고는 모르는 꽉 막힌 벽창호였고, 자신을 졸졸 따라다니며 윤리니 도덕이니 하는 말로 짜증과 화를 불러일으키는 얄미운 간섭쟁이였다. 어디 그뿐이랴, 툭하면 자신의 비행을 부모에게 일러바치는 고자질쟁이이기도 했다. 하지만 하는 말마다 모두 옳은 말만 하니, 마땅히 대응하기도 쉽지 않았다. 이런 충녕에 대해 양녕은 애써 에둘러 이렇게 표현했다.

"충녕은 보통 사람이 아닙니다."

이 말은 태종 14년(1414년) 10월 26일에 양녕대군이 큰누나 정순공주에게 볼멘소리로 내뱉은 것이었다.

이날 태종의 부마駙馬(임금의 사위) 청평군 이백강의 집에서 연회가 벌어졌다. 이백강은 태종 대의 권신 이거이의 차남이다. 이거이의 장자 이저는 태조의 부마였고, 차남인 백강은 태종의 맏딸 정순공주와 결혼하여 역시 부마가 되었다. 이날 연회가 베풀어진 것은 백강의 아버지 이거이의 상喪이 끝난 까닭에 대군들이 그를 위로하기 위함이었다.

이 자리엔 세자 이제(양녕)를 비롯하여 여러 종친들이 함께 했고, 충녕대군도 끼어 있었다. 밤이 깊도록 연회는 계속되었다. 세자는 기생

초궁장을 끼고 흥청거렸다. 세자뿐 아니라 종친들도 모두 기생을 끼고 놀았던 모양인데, 중간에 세자가 초궁장을 데리고 정순공주의 대청으로 찾아들었다. 그리고 그 자리에서 느닷없이 한 말이었다.

『태종실록』엔 왜 양녕이 그런 말을 했는지 기록되어 있지 않다. 아마도 연회중에 충녕이 기생을 안고 노는 양녕을 훈계했던 모양인데, 양녕이 화가 나서 누나에게 찾아들어 그런 말을 했을 것이다.

그 말은 곧 태종의 귀에 들어갔다. 그러자 태종은 근심 어린 얼굴로 생각에 잠겼다가 양녕을 불러 말했다.

"세자는 여러 동생들과 비할 바가 아니다. 그저 예나 지키고 돌아오라 했는데, 어째서 이같이 방종하게 즐기었느냐?"

태종은 양녕이 충녕을 질시하고 있다고 생각했다. 그런 감정이 심화될 경우 훗날 형제간에 피를 볼 수 있다고 판단하고 일단 양녕을 추켜세운 것이다. 하지만 양녕이 이제 막 탈상한 집에 가서 난잡하게 놀아난 것을 함께 꾸짖었다. 이렇듯 결국, 양녕은 또 충녕 때문에 부왕에게 꾸지람을 들어야 했다.

태종 16년 12월 9일엔 이런 일도 있었다. 태종이 충녕을 앞에 두고 말했다.
"집에 있는 사람이 비를 만나면 반드시 길 떠난 사람의 노고를 생각할 것이다."

그러자 충녕이 이렇게 대답했다.

"『시경』에 이르기를 '황새가 언덕에서 우니, 부인이 집에서 탄식
한다.'고 했습니다."

태종은 충녕의 총명함에 감탄하며 속에 있는 말을 그대로 내뱉었다.

"세자가 따를 바가 아니구나."

이 소리는 곧 세자의 귀에도 들어갔다. 그러자 양녕은 태종과 독대
하여 문무에 관해서 논하는 자리에서 이렇게 항변했다.

"충녕은 용맹하지 못합니다."

비록 충녕은 학문이 뛰어나고 아는 것이 많아 문文에는 밝을지 몰
라도, 용맹하지 못해 무武는 모른다는 말이었다. 모처럼 양녕은 자신
감을 드러냈다. 그러나 태종은 그의 면전에 대고 단언하듯이 충녕을
두둔했다.

"비록 용맹하지 못한 듯하나 큰일에 임하여 대의를 결단하는 데에는
당세에 더불어 견줄 사람이 없다."

그 말에 양녕은 아무 대꾸도 하지 못하고 물러 나와야 했다. 자신은
비록 비아냥거리는 소리로 충녕은 보통 사람이 아니라고 했지만, 아버
지를 비롯한 모든 사람들이 이미 충녕의 뛰어남을 인정하고 있으니,
충녕이 보통 사람이 아닌 것은 분명했기 때문이다.

4. 범생이 동생, 망나니 형

그 무렵에 양녕은 엽색행각으로 왕실을 욕 먹이는 일이 잦아졌다. 이에 충녕은 어떻게 해서든 양녕을 단속하여 왕실을 욕 먹이지 못하도록 하려고 안간힘을 썼다.

그런 와중인 태종 16년(1416년) 1월 19일, 세자 양녕은 화려하게 차려입고 막 동궁을 나서며 주변 시자들에게 말했다.

"내 차림이 어떤가?"

그때 어떻게 양녕의 외출 소식을 들었는지 충녕이 동궁으로 들어섰다. 그리고 양녕은 장안에 이름난 도덕군자이자 고자질쟁이 동생 충녕에게 한 소리 들어야 했다.

"먼저 마음을 바로잡은 뒤에 용모를 닦으시기 바랍니다."

그야말로 도덕군자 같은 소리였다. 거기다 옆에 있던 시강원 학관 하나가 충녕의 말을 거들고 나섰다.

"대군의 말씀이 정말 옳습니다. 저하께서는 이 말씀을 잊지 마시기 바랍니다."

양녕은 붉은 낯빛으로 아무 말도 하지 못하고 외출을 포기해야 했다. 화는 났지만, 옳은 말뿐이라 어쩔 수 없었다. 그 뒤 양녕은 모후 원경왕후에게 이렇게 말했다.

"충녕의 어진 마음은 결코 우연히 생긴 것이 아닙니다. 후에 충녕과 국가 대사를 함께 의논하겠습니다."

말은 그렇게 했지만 양녕은 충녕을 꺼리고 있었다. 충녕의 입바른 소리 때문에 양녕은 자주 무안을 당하여 화를 냈고, 그 사실을 알고 있던 조신들은 혹여 양녕이 왕위에 오르면 충녕에게 해를 끼칠지도 모른다고 생각하고 있었다. 물론 형제간에 그런 불화가 일어나지 않을까 가장 염려하는 사람은 원경왕후 민씨였다. 양녕이 민씨를 찾아가 충녕을 추켜세운 것은 민씨의 그런 불안감을 씻어주기 위함이었을 뿐 진심은 아니었다.

충녕은 거의 모든 문제에서 양녕과 의견을 달리했다. 그 원인은 늘 양녕이 제공하곤 했는데, 두 달 뒤인 3월 20일의 일도 마찬가지였다.

이날 태종이 인덕궁에 행차하자 상왕(정종)은 아우 태종을 반기는 마음으로 종친들을 불러 술자리를 베풀었다. 연회가 끝나자, 그 기회를 놓치지 않고 양녕은 기생 칠점생을 데려오라 하여 동궁으로 함께 가려 했다. 칠점생은 매형인 이백강이 축첩한 기생 중 하나였는데, 양녕이 그녀에게 눈독을 들이고 있다가 그날 취하기로 한 것이다.

하지만 양녕이 매형이 거느리던 첩과 동침하려 한다는 사실을 전해 듣고 또 도덕군자 동생 충녕이 달려와 만류했다.

"친척끼리 이같이 하는 것이 어찌 옳겠습니까?"

말인즉, 매형이 거느리던 여자를 어떻게 처남이 또 거느릴 수 있는가 하는 꾸지람이었다. 언제나 그렇듯이 충녕은 틀린 말이라곤 한마디도 하지 않는 인물이고, 어설픈 반론을 폈다간 이 깐깐쟁이 도덕군자에게 또 무슨 망신을 당할지 몰랐다. 그래서 양녕은 결국 칠점생을

타고난 책벌레, 범생이 왕자

포기하고 말았는데, 그래도 사사건건 자신의 행동에 간섭하는 충녕에게 몹시 화가 나서 한마디 쏘아붙였다.

"너와 나는 도道가 같지 않아 말이 통하지 않으니, 앞으로 내 일에는 나서지 말라!"

도가 같지 않다는 것은 인생의 가치관이 다르다는 뜻이었다. 도덕 군자처럼 너 같은 삶을 내게 강요하지도 말고, 내 인생에 간섭도 하지 말라는 경고였다.

태종이 그 일을 전해 듣고 혹시 충녕에게 해가 갈까 염려하여 대군들을 시종하는 사람의 수를 대폭 줄였다. 충녕의 눈과 귀를 좁혀 양녕의 행동에 간섭하지 못하도록 하기 위함이었다. 충녕도 태종의 뜻을 알아차렸으나, 그렇다고 양녕의 행동을 묵과할 충녕이 아니었다. 어쨌든 도리에 어긋나고, 위신을 손상하는 행동은 절대 그냥 넘기지 않는 성품이었으니 말이다.

칠점생 일로 언쟁을 벌인 지 6개월 뒤에 또 한 번의 다툼이 있었다. 9월 19일인 이날, 세자 양녕과 대군들은 흥덕사에 가서 신의왕후 기신 忌辰(기일을 높인 말)에 제사를 지내러 갔다. 신의왕후는 태조 이성계의 첫 부인으로 양녕에겐 친할머니였다. 그런데 양녕은 할머니 제사를 지내고 바둑 두는 사람 셋을 불러 바둑을 뒀다.

충녕이 그 광경을 참지 못하고 그들이 있는 자리에서 양녕에게 또 한 번 입바른 소리를 했다.

"지존인 세자로서 아래로 간사한 소인배와 놀음놀이를 하는 것도 불가한 일인데, 하물며 할머니 기신에 와서 이러십니까?"

그러자 양녕은 짜증을 내며 소리쳤다.
"너는 관음전에 가서 잠이나 자라!"

너는 상관하지 말라는 말이었다. 하는 말마다 모두 도덕군자 같은 말만 하는 네가 어떻게 바둑의 재미를 알겠냐는 핀잔이기도 했다. 그렇다고 순순히 물러날 충녕이 아니었다. 평소부터 양녕이 세자로서 근신하지 못하는 것을 불만스럽게 생각하고 있던 터라 충녕은 단호한 어조로 말했다.

"조물주가 이빨을 주고, 뿔을 없애고, 날개를 붙이고, 두 발을 주는 데엔 다른 뜻이 있으며, 성인 군자와 야인의 분수를 명백히 밝혀놓았으니, 여기엔 변할 수 없는 법칙이 있어 어지럽혀서는 안 되는 것입니다. 어찌 군자가 하찮은 사람들과 더불어 오락을 즐길 수 있습니까?"

충녕의 말이 틀리지는 않으니, 양녕은 얼굴만 붉힐 뿐 반론을 제기하지 않았다. 그래서 그저 짜증 섞인 음성으로 대꾸했다.

"너는 관음전에 가서 낮잠이나 자라고 하지 않았더냐!"

이 사건 이후에도 충녕은 자주 양녕의 행동에 간섭했다. 그 때문에 양녕은 늘 충녕의 눈을 피해 다녔지만, 양녕이 뭔가 일을 꾸밀 때마다 충녕은 용케 알고 찾아와서 만류하곤 했다.

타고난 책벌레, 범생이 왕자

하지만 충녕이 아무리 충고해도 소용없었다. 양녕의 엽색 행각은 날이 갈수록 심해졌고, 급기야 양녕을 폐세자로 몰고 간 어리於里 사건이 터졌다.

어리는 원래 곽선의 첩이었다. 그녀는 장안에 소문이 자자할 정도로 인물이 절색이었던 모양인데, 양녕이 수하를 시켜 그녀를 빼앗아 궁궐로 데리고 들어왔다. 그 말을 듣고 태종이 세자를 무섭게 꾸짖고 어리를 내쫓았다. 하지만 그 뒤 양녕의 장인 김한로는 자신의 어머니가 궁궐에 들어갈 때 어리를 동행시켜 양녕에게 도로 바쳤다. 양녕은 그녀와 몰래 동침하였고, 결국 임신까지 시켜 궁 밖에서 아이를 낳게 하였다. 그 후 어리는 다시 동궁으로 들어왔다. 태종이 그 사실을 알고 노발대발했다.

당시 태종은 개성에 머물고 있었는데, 이 일로 양녕은 한양으로 내쫓겼다. 1418년 5월 11일이었다. 이때 충녕은 대자암에서 불사를 하고 개성으로 돌아가고 있었는데, 마산역 도상에서 한양으로 쫓겨가던 세자와 맞닥뜨렸다. 충녕을 보자 세자는 대뜸 화난 얼굴로 다그쳤다.

"어리의 일을 네가 아뢰었지?"

충녕은 아무 대답도 하지 않았다. 양녕은 분통을 터뜨리며 휙 돌아서서 한양으로 향했고, 충녕은 침울한 얼굴로 개성으로 돌아갔다. 양녕이 그렇게 5리쯤 갔을 때, 별감이 말을 타고 달려와 양녕에게 태종의 소환 명령을 전했다.

개성 궁궐로 돌아온 양녕을 태종은 무섭게 책망했다. 대전에서 물러난 양녕은 분을 이기지 못하고 태종에게 따지고자 하였다. 아버지 태종은 이미 여러 후비를 거느리고 있으면서, 동궁인 자신은 왜 여자 하나 거느리지 못하게 하느냐고 따질 심사였다. 충녕이 그 소식을 듣고 달려와 양녕을 만류했다. 하지만 양녕은 막무가내로 다시 대전으로 뛰어들려 하였다. 충녕은 양녕의 소매를 억지로 끌며 겨우 달랬다. 그리고 가까스로 한양으로 돌려보냈다. 하지만 그 뒤 양녕은 기어코 마음에 품었던 말들을 모두 글로 써서 태종에게 올리고 말았고, 이는 결국 폐세자로 이어진다.

당시 사람들은 양녕이 충녕의 충고를 새겨들었더라면 폐위되지는 않았을 것이라고 말했다. 하지만 양녕은 충녕과는 전혀 다른 가치관을 가진 인물이었다. 양녕은 자유주의자이자 쾌락주의자인 반면, 충녕은 윤리주의자이자 도덕주의자였다. 양녕이 "너는 관음전에 가서 잠이나 자라."고 한 것은 바로 충녕의 그런 면에 대한 비아냥거림이었다. 양녕이 보기에 충녕은 지나치게 학구적이고, 너무 경직되어 있으며, 법도와 예절에 얽매여 정말 답답하게 살아가는 재미없는 모범생이었던 것이다.

다소 향락적이고 매사에 충동적인 행동을 일삼았던 양녕이 그렇게 생각하는 것은 어쩌면 당연한 일일 것이다. 그의 눈으론 충녕의 내면 깊숙이 자리하고 있는 치세에 대한 불길 같은 열정과 탁월한 가치관, 그리고 맏형이자 세자였던 자신에 대한 진심 어린 충정을 간파할 수 없었을 것이기 때문이다.

어쨌든 그들의 가치관 차이는 두 사람의 운명을 갈라놓았다. 향락을 일삼던 양녕은 세자에서 쫓겨나고, 끊임없이 양녕을 쫓아다니며 그의 패륜행각을 저지하던 충녕은 세자에 책봉되어 왕위를 잇게 되었으니 말이다.

2장
인정 많고 배려 깊은 선비

1. 불쌍한 사람을 그냥 두고 가는 것은 선비의 도리가 아니다

흔히 머리 좋고 똑똑한 사람은 인정머리가 없다는 말을 한다. 머리 좋은 사람일수록 자신의 이익을 먼저 따지니 냉정하고 인정머리 없게 보이는 것은 당연할 것이다. 또한 머리 좋고 공부 많이 한 학자들 역시 예외가 아니다. 머리로는 많은 학문을 담고 있지만, 실제 그 가르침은 실행하지 않는 경우가 많기 때문이다. 어릴 때부터 부유한 환경에서 자란 부자나 귀족들도 인정머리 없다는 소리를 듣기 십상인데, 한 번도 힘든 처지에 놓여보지 않아 어려운 처지에 놓인 사람의 심정을 모르기 때문이다.

하지만 세종은 머리도 좋고 똑똑하고 공부도 많이 하고 부유한 환경에서 자란 사람이었지만 인정도 많은 사람이었다. 또한 공자의 가르침인 인仁을 몸소 실천하여 불쌍한 사람을 보면 절대 그냥 지나치지 않았다. 말하자면 유학의 가장 큰 덕목인 인仁, 즉 측은지심惻隱之心

(어려움에 처한 사람을 불쌍하게 여기는 마음)을 몸소 실천하는 사람이었다.

세종은 형제들 중에서 성격이 가장 어질고 동정심도 많은 것으로 유명했다. 왕자 시절엔 거지들이 집으로 찾아들면 반드시 곳간을 열고 쌀을 나눠줬을 정도였다. 이 때문에 태종은 혹 거지들이 충녕대군의 집 앞에 오지 않도록 조치하라고 신하들에게 신신당부하기도 했다. 하지만 관아에서 아무리 조치를 잘 한다고 한들 거지들을 배불리 먹일 수 없는 법이었다. 태종의 지시에도 불구하고 장안의 거지들이 고픈 배를 쥐고 충녕대군의 집으로 갔던 모양이다.

태종 15년(1415년) 11월 6일의 일이다. 대언(승지)이 급하게 달려와 태종에게 아뢰었다.
    "걸식하는 사람이 미처 진휼을 받지 못하여 충녕대군에게 여쭌 자가 있습니다."

그러자 태종이 정색을 하고 말했다.
    "서울과 외방의 굶주린 백성을 이미 해당 관사로 하여금 자세히 물어서 구제토록 했는데, 무슨 까닭으로 관사는 제대로 고루 나눠주지 못하여 그들이 충녕에게 말하게 했던가? 충녕이 굶주리고 추워하는 사람을 불쌍히 여기는 것을 알고 그러는 것이다. 지난번에도 이와 같은 자가 있었는데, 내가 특별히 주라고 했다."

이에 대언이 말했다.
    "대군이 굶주리고 불쌍한 사람을 불쌍하게 여기기 때문인데, 만일 그 일을 불가하다고 한다면 백성은 더욱 곤궁해질 것입니다."

이 말을 듣고 태종은 별수 없이 충녕대군이 걸인들에게 쌀을 나눠주는 것을 허락할 수밖에 없었다.

이렇듯 세종은 왕자 시절부터 불쌍한 사람들을 발 벗고 나서서 도와주는 것으로 유명했다. 충녕의 이런 어진 성품은 충녕보다 네 살 많은 누나인 경안궁주의 졸기卒記(행장)에서도 확인된다. 경안궁주는 마음이 어질고 지혜로우며 총명했다고 전하는데, 그녀의 졸기에 충녕은 이렇게 언급되어 있다.

> "궁주와 충녕대군은 천성과 기품이 서로 닮아서, 궁중에서 그 어짊을 함께 일컬었다. 궁주는 매양 충녕의 덕기가 날로 높아짐을 감탄하였으니, 실로 보통 사람이 아니었다."

굶주린 사람을 불쌍하게 여기는 충녕대군의 이러한 성품은 왕이 된 뒤에도 유감없이 발휘되었다. 왕이 된 직후인 1419년 1월 6일의 일이다. 강원도에 파견 법관으로 간 감찰 김종서가 제의했다.

> "원주, 영월, 홍천, 인제, 양구, 금성, 평강, 춘천, 낭천, 이천, 회양, 횡성에서 굶주리고 있는 백성 729명이 조세를 덜어달라고 청합니다."

세종이 이 의견에 찬성하여 그들의 조세를 덜어주자, 당대 최고의 학자였던 변계량이 강력하게 반대하였다. 변계량은 혹 향후에도 흉년이나 굶주림을 핑계 삼아 조세를 내지 않는 백성이 늘어날까 봐 염려했다. 이에 세종이 이렇게 말했다.

"임금이 되어서는 백성들이 당장 굶주리고 있다는 말을 들으면서 차마 조세를 내라고 할 수는 없는 노릇이다. 더구나 지금 묵은 곡식이 다 없어져가는 판에 창고를 털어내어 백성들에게 구제한다고 해도 성에 차지 않을 것이다. 그런데 되레 백성들에게 조세를 재촉하겠는가? 그뿐 아니라 감찰을 보내서 백성들이 굶주리고 있는지 알아보라고 해놓고 조세도 덜어주지 않는다면 임금으로서 백성들에게 어떤 혜택을 줄 수 있겠는가?"

이렇듯 세종은 항상 세금을 걷는 것보다는 백성의 굶주림을 해결하는 것이 먼저라고 생각했다. 그래서 적어도 백성이 굶어죽는 일은 절대로 없어야 한다고 했다. 재위 5년(1423년) 6월 10일에 예조판서 황희가 고양현에 굶어죽은 사람이 있다고 보고하자, 세종은 즉시 승정원 주서 이극복을 보내 내막을 조사하라고 지시했다. 조사 결과, 여종 모란과 그 아들 둘이 굶어서 몸이 퉁퉁 부은 상태였고, 어린아이 하나가 굶어 죽었다고 했다. 세종은 대노하여 의금부에 이런 지시를 내렸다.

"백성을 굶어죽도록 내버려둔 고양현 현감 김자경에게 형장 80대를 쳐라!"

세종은 적어도 자신이 다스리는 조선 땅에서는 신분을 막론하여 어떤 이유에서든 굶어죽는 사람은 없어야 한다는 것을 확고한 신념으로 삼고 있었던 것이다. 이는 왕이 된 뒤에도 세종은 유학의 가장 중요한 가르침인 인仁, 즉 측은지심을 몸소 실천하는 삶을 살았다는 정황을 보여준다.

2. 무엇보다 중요한 것은 사람의 목숨이다

세종은 인정을 베푸는데 있어서는 신분을 가리지 않았다. 또한 그것이 흉사이든 경사이든 개의치 않았다. 세종이 무엇보다 중시한 것은 사람의 생명이 귀하다는 것이었고, 그 귀한 생명과 관계된 일이면 반드시 앞서서 챙겼다.

세종이 인명人命을 얼마나 고귀하게 여겼는지 보여주는 사례는 세종실록에 수도 없이 등장한다. 그 중에 힘없고 나약한 백성들과 관계된 사례 몇 가지를 살펴본다.

세종 1년(1419년) 6월 7일의 일이다. 평안도 성천에 사는 군인 장상금의 아내가 세 명의 딸 쌍둥이를 낳았다. 평안도 감사가 진귀한 일이라 생각하고 세종에게 보고했다.

"성천 군인 장상금의 처가 한 번에 세 딸을 해산했습니다."

이 말을 듣고 세종은 즉시 쌀을 보내줬다. 세쌍둥이를 낳는 일은 아주 드문 일이었고, 더구나 무사히 낳아 산모와 아이들이 모두 무사하다는 것에 세종은 몹시 기쁜 마음으로 쌀을 하사했다. 귀중한 생명의 탄생을 국가적으로 축하해준 것이다.

이후로도 세종은 세쌍둥이가 태어나는 집에는 꼬박꼬박 하사품을 내렸다. 조선 개국 이후 세쌍둥이를 낳은 집에 하사품을 처음 내린 왕은 태종이었다. 세종이 즉위하기 한 해 전인 태종 17년(1417년) 윤5월 16일 개성의 여인 최장이 딸 세쌍둥이를 낳았는데 쌀 3석을 내려 준 것이다. 세종은 이를 본받아 세쌍둥이가 태어난 집에 곡식을 내리는 것을 하나의 전통으로 만들었다. 또한 하사품도 쌀 열 섬으로 높였다.

장상금의 세쌍둥이 딸 이후에도 재위 3년(1421년)에는 경주 백성 손간금의 처가 세쌍둥이 아들을 출산하자, 역시 쌀을 하사했고, 이듬해 8월 19일에 선산 사람 김도치의 처가 아들 세쌍둥이를 낳자 쌀과 콩을 하사했다.

재위 13년 7월 5일에는 이런 일도 있었다. 경상도 초계군의 개인 여종 약비가 세쌍둥이 아들을 낳았는데, 둘은 죽고 하나만 살아남았다. 이 때문에 승정원에서 이런 보고를 하였다.

"한 태胎에 세 아들을 낳은 자는 쌀 열 섬을 주옵는데, 이제 둘은 죽고 하나만 산 것은 쌀을 주는 예가 없습니다."

이 말을 듣고 세종은 이렇게 말했다.

"옛 사람이 말하기를, '한 태에 세 아들을 낳으면 현재賢材(뛰어난 재목)가 많다.'고 하였으니, 이 여자는 두 아들이 죽긴 하였으나, 그래도 역시 쌀을 주는 것이 옳지 않겠는가?"

이에 도승지 안숭선이 반대하며 나섰다.

"전례가 없으므로 줄 수 없습니다."

하지만 세종은 물러서지 않았다.

"예조에 이 사안을 내려 의논해보고 다시 아뢰라."

그러자 예조에서 의논 끝에 임금의 뜻을 존중하는 결정을 내렸다.

"반을 감하여 닷 섬만 주는 것이 옳습니다."

이에 세종은 옳다고 여기고 쌀 다섯 섬을 하사하라고 지시했다. 비록 세쌍둥이 중에 두 아이가 죽기는 하였지만, 세쌍둥이를 낳은 노고를 치하하려는 의도였다.

세종은 이렇듯 생명이 탄생하는 것만 나라의 큰 경사로 여긴 것이 아니라, 장수하는 백성이 생기는 것도 똑같이 생각했다. 태어나는 것도 중요하지만 오래 사는 것도 중요하다는 판단이었다.

재위 1년(1419년) 5월 10일에 세종은 경기도 고양군 덕수원에 경사가 났다는 보고를 받고 쌀과 옷을 내린 적이 있었다. 그 마을에 백 살이 된 노인이 있다는 보고를 받고 아주 기쁜 마음으로 보낸 하사품이었다. 덕수원의 노인은 조선 개국 이래 처음으로 백세에 이른 사람이었다. 그런 까닭에 단순히 한 마을의 경사일 뿐 아니라 나라의 경사이기도 했다. 백성이 장수한다는 것은 그 만큼 세월이 태평성대라는 것을 의미하는 까닭이다.

이후로도 세종은 나라에 백 세까지 장수하는 노인이 있으면 반드시 챙겼고, 정기적으로 1년에 곡식 10석을 내려주도록 했다. 이는 조선왕조의 전통으로 자리 잡게 된다.

세종은 흉년 중에도 백 세가 넘은 노인에 대해선 항상 먼저 챙겼다. 재위 18년(1436년) 7월 27일의 일이다. 흉년인 탓에 강원도 감사가 경비 부족을 이유로 백 세 된 노인 김씨에게 주는 곡식을 10석에서 5석으로 줄이자고 하자 이렇게 말했다.

"백 세가 된 노인은 세상에 항상 있지 않으니 의리상 마땅히 후하게 구휼하여야 될 것이다. 전에 주던 수량대로 10석을 주게 하라."

이렇듯 세종은 나라에서 백성에게 인정을 베푸는 일에 있어서는 절대 각박한 태도를 보이지 않았다. 특히 힘없는 백성에 대해서는 더욱 애틋하게 여겼다.

조선의 백성 중에 가장 불쌍하고 힘없는 백성은 노비였고, 노비 중에서도 여종들의 처지가 가장 열악했다. 그래서 세종은 재위 8년(1426년) 4월 17일에 형조에다 이런 명령을 내렸다.

"서울과 지방 관아의 여종이 아이를 낳으면 휴가를 1백 일 동안 주게 하고, 이를 일정한 규정으로 삼게 하라."

이는 관비들에게 출산 휴가 1백 일을 보장하는 법이었다. 이는 우리 역사에서 익히 없던 제도였다. 그런데 세종은 관청 여종들의 고단한 삶을 살피는 차원에서 출산휴가제도를 만든 것이다. 신분에 상관없이 아이를 잉태하는 것은 어느 여인에게나 축복받을 일이면서 동시에 고통스런 일이었다. 하지만 관청의 여종들은 신분이 천한 탓에 아이를 해산하고도 쉬지도 못한 채 관청 일을 돌봐야 하는 처지였다. 그렇게 되면 산모는 물론이고 태어난 아이도 건강을 유지하기 어려웠다. 심지어 산모와 아이가 모두 죽는 경우도 허다했다. 그래서 세종은 산모와 아이가 죽는 일이 없어야 한다는 차원에서 출산휴가제도를 마련했던 것이다.

세종의 인명 우선주의 가치관은 죄수들에게도 그대로 적용했다. 재위 5년(1423년) 4월 28일에 형조에서 이런 보고를 하였다.

> "별사옹 막동이가 신녕궁주의 여종 고미와 궐내에서 서로 간통한 죄는, 내부內府의 재물을 도적질한 죄와 같으니, 모두 참형에 처하되 부인으로 죽을 죄를 범한 자는 해산한 지 1백 일이 지난 뒤에 형을 집행하소서."

하지만 세종은 여간해서 사형을 집행하지는 않았다. 세종은 대개 형조의 율문보다는 항상 깎아서 형을 내리곤 했는데, 이들에 대해서도 마찬가지였다. 그래서 두 사람의 형을 장杖 1백에 도徒 삼년, 즉 매를 1백 대를 행하고, 징역 3년으로 낮춰 행하게 했다. 그리고 고미는 아이를 임신했기 때문에 해산 이후 1백 일이 지난 뒤에 형을 시행하라고 했다.

이렇듯 죄수에 대해서도 아이를 잉태한 경우엔 형을 연기하는 법이 통용되고 있었고, 세종은 특히 이에 대한 의지가 매우 강했다. 또한 사형죄에 해당되는 경우도 그 죄가 살인이나 반역 등에 해당되지 않는 한 가급적 형을 깎아 사형을 면하게 했다.

세종이 사형죄에 해당되는 죄수의 형을 깎아 목숨을 살린 사례는 매우 많다. 재위 6년(1424년)의 다음 사례도 그 중에 하나다. 이날 형조에서 이런 보고를 하였다.

> "본궁 서제 이양배는 본궁의 남종 윤철을 중매로 삼아, 개인여종 매읍장을 본궁 침실 서쪽 행랑에서 간음하였습니다. 어재소御在所에 제멋대로 들어간 율을 적용하여, 각각 교수형에 처하고, 윤철은 범인의 죄에서 한 등만 감하기를 청합니다."

하지만 세종은 그들의 사형을 면해주라며 말했다.

> "양배는 장 1백 대를 때려서 3천리 밖에 귀양 보내고, 매읍장은 장 1백 대, 윤철은 90대를 때리도록 하라."

그로부터 얼마 뒤인 6월 22일에도 형조에서 교수형에 처해야 한다는 죄수를 한 등 감하는 조치를 했다. 이날 형조에서 이렇게 아뢰었다.

> "개인 남종 막금이 절도죄를 세 번이나 범했으니 율대로 교수형에 처하기를 청합니다."

하지만 세종은 한 등을 감해 교수형을 면하게 하고, 먼 곳으로 귀양 보내도록 했다.

세종이 사형에 해당하는 죄수를 감형하여 죽음을 면하게 한 판결은 실록에 수없이 나온다. 그만큼 세종은 사람의 목숨을 중하게 여겼다는 뜻이다. 제 아무리 죄수라도 인명은 그 어떤 것보다 중하다는 세종의 가치관을 확실히 엿볼 수 있는 대목이다.

3. 국가가 가장 먼저 챙겨야 하는 것은 민생이다

세종은 국가 정책의 우선순위를 따질 때 항상 가장 우위에 두는 것이 민생民生이었다. 민생이란 곧 백성의 생계이고, 백성의 생계란 곧 백성이 목숨을 부지하는 일이다. 백성이 없다면 나라도 없는 것이고, 백성이 곤궁하면 나라가 위태로운 것이며, 백성이 도탄에 빠지면 나라가 망하는 법이다. 그런데 백성을 도탄에 빠트리는 가장 큰 원인은 바로 먹을 것을 얻지 못하는 일이기에, 어떻게 해서든 백성을 굶주림으로부터 구제하는 것이 왕의 첫 번째 임무다. 세종은 이런 가치관이 명확한 사람이었다. 그래서 재위 1년 2월 12일에 이런 교지를 내렸다.

> "백성이란 것은 나라의 근본이요, 백성은 먹는 것을 하늘과 같이 우러러보는 것이다. 요즈음 수한풍박水旱風雹(홍수와 가뭄, 태풍과 우박)의 재앙으로 인하여, 해마다 흉년이 들어 홀아비나 과부와 같이 홀로 된 사람과 궁핍한 자가 먼저 그 고통을 받으며, 떳떳한 산업을 지닌 백성까지도 역시 굶주림을 면치 못하니, 너무도 가련하고 민망하였다.
>
>   슬프다, 한 많은 백성들의 굶어 죽게 된 참상은 부덕한 나로서 두루 다 알 수 없으니, 감사나 수령으로 무릇 백성과 가까운 관원은 나의 지극한 뜻을 몸받아 밤낮으로 게을리하지 말고 한결같이 그 경내의 백성으로 하여금 굶주려 처소를 잃어버리지 않게 유의할 것이며,

궁벽한 촌락에까지도 친히 다니며 두루 살피어 힘껏 구제하도록 하라. 나는 장차 다시 조정의 관원을 파견하여, 그에 대한 행정 상황을 조사할 것이며, 만약 한 백성이라도 굶어 죽은 자가 있다면, 감사나 수령이 모두 교서를 위반한 것으로써 죄를 논할 것이라."

세종은 교지뿐 아니라 지방관을 내려 보낼 때마다 항상 친히 그들을 만나 다시 한 번 자신의 뜻을 피력하곤 했다. 재위 21년(1439년) 1월 4일에 충청도 장연 현감 황척을 인견하는 자리에서 한 말도 그 일환이었다.

"본도는 해마다 흉년들다가 지난해에 비록 조금 풍년 든 것 같으나 기근으로 인해 백성들이 아직도 먹기에 곤란할 것이니, 가서 너의 마음을 다하여 민생을 구제하라.

농상農桑을 권장하는 것은 민생을 잘 살게 하자는 것이다. 그러나 지나치게 각박하면 백성이 즐겨 따르지 않을 것이니, 마땅히 서서히 권장하라. 이제 수령을 제수하는데 선택이 매우 정밀하므로, 비록 인견하고 면대해서 명령하지 않았다 하더라도 어찌 백성들의 바람에 부합하지 않는 자가 있으리오마는, 그러나 내 힘으로 백성의 곤란을 널리 구제하지 못하는 까닭으로 모두 다 인견하고 나의 뜻을 유시하는 것이니, 너는 가서 직무에 힘써 나의 지극한 생각을 몸받으라."

그다지 길지 않은 말에 세종은 몇 번이나 민생을 강조하고 있다. 민생에 대한 세종의 생각은 다음 내용에서도 잘 엿볼 수 있다.

세종 5년(1423년) 11월 22일에 세종은 호조에 이런 지시를 하였다.

"근래 해마다 계속하여 실농하였으므로 인하여 민생이 곤란한데, 왕년의 수많은 환자곡還子穀을 일시에 다 거둬들인다면 전토와 재산을 다 방매하여 그 살아갈 바를 잃을 것이 우려된다. 그러니 왕년의 환자곡을 보상하지 못한 자는 각도의 경차관으로 하여금 그 민호의 산업을 상고하여, 참작 재량하여 시행하게 해서 살아갈 바를 잃는 데 이르지 않도록 하라."

아무리 나라에서 빌려준 곡식이라고 해도 민생을 흔들면서까지 돌려받는 일이 없도록 하라는 당부다.

민생을 돌보는 일에서 가장 먼저 배려할 것은 무슨 일이 있어도 폐농하지 않도록 하는 것이었다. 당시엔 농업이 산업의 대부분이었고, 폐농이란 곧 폐업을 의미하는 것이니, 백성들이 폐업하면 나라에서 손쓸 틈도 없이 민생이 무너지게 된다. 이 때문에 세종은 어떻게 해서든 폐농은 막아야 한다고 생각했다.

폐농이 가장 많이 일어나는 때가 곧 수재와 한재로 인해 흉년이 거듭될 때였다. 재위 6년(1424년) 봄이 바로 그런 때였다. 전국이 몇 해에 걸쳐 수재와 한재에 시달렸고, 그 때문에 많은 백성이 농지를 잃고 폐농할 지경에 처하여 살길이 막막해지고 있었다. 그 때문에 세종은 늘 긴장의 끈을 놓치지 않고 호조와 각도의 감사들에게 지시했다.

"근래에 수재와 한재가 계속됨으로 인하여 여러 해 동안 농사를 짓지 못한 백성들의 살길이 어렵게 되었으니, 창고를 풀어 구제하는 것도 거의 한계에 이르렀으므로, 관련 기관이 각도의 구제할 미곡을 아끼어 쓰자고 계문契文하는 것을 보니, 아마도 아직 두루 나누어 주지 못한 것 같다.

　앞으로 풍년이 들지 흉년이 들지를 알 수가 없는 일이니, 아직은 보고한 것에 따라 하겠으나, 민간에 혹 먹을 것도 없고 곡식 종자도 없어서 능히 농사에 힘쓰지 못하게 되어 더욱 실업失業하기에 이르게 되거든, 각도 감사에게 명령하여 나의 지극한 뜻을 체득시켜 민생이 급한 곳과 급하지 않은 곳의 형세도 살피라.

　또한 국가의 장래에 대한 계책도 염려하여 잘 헤아려 나누어 주어서, 백성으로 하여금 농사에 힘쓰도록 하여 시기를 잃어버리는 탄식이 없도록 할 것이며, 만일 조금이라도 제대로 펴주지 못하여 폐농할 지경에 이르게 되거든 그 때에 따라 즉시 보고하도록 하라."

말인즉, 민생을 구제하기 위해서는 나라에서 창고를 열어 구제하되, 창고의 상황과 앞날, 그리고 백성들의 처지를 세심하게 헤아려 행하라는 당부다. 덧붙여 폐농할 지경에 이른 곳이 있으면 즉시 보고하여 폐농만은 막아야 한다는 것이다.

사실, 민생을 챙기는 일은 간단한 것이 아니다. 또한 민생 구제를 위한 여력도 늘 넘치는 것도 아니다. 특히 몇 년 동안 흉년이 지속되면 국가 재정도 마르기 마련이다. 세종은 이런 상황에서도 국고가 허락하는 한 최대한 민생 구제를 우선적으로 실행할 것을 당부하고 있다. 민생이 유지되어야 폐농을 막을 것이고, 폐농을 막아야 나라도 유지될 수 있는 까닭이다. 이는 왕이란 존재는 그 어떤 것보다 민생을 최우선으로 챙겨야 한다는 그의 신념을 명확히 드러낸 행동이라 하겠다.

4. 백성의 고통이 곧 나의 고통이다

세종은 재위 7년(1425년) 6월 20일에 임금의 잘못과 정부 시책의 그릇됨, 그로 인한 백성의 고통을 솔직하고 숨김없이 전해달라는 교지를 내렸다. 이 교지에 세종은 이런 말을 담았다.

> "근년 이래로 수재와 한재가 서로 잇달아 서민들의 생활이 어려웠는데, 이제 한창 농사할 달을 당하여 다시 심한 가뭄을 입게 되니, 고요히 그 그릇된 근원을 생각하면 죄는 실로 나에게 있다. 뼈아프게 스스로 깊이 책망하여도 어찌 구제할 바를 알지 못하겠기에 이에 곧 바른 말을 들어서 닦고 살피기 위한 자료를 삼아, 하늘이 경계하심에 응답할까 하노니, 여러 신료들은 각기 힘써 생각하여 과인의 잘못이라든지, 정부 시책의 그릇됨이라든지, 민생의 고통이 되는 것들을 숨김없이 다 말하여, 나의 하늘을 두려워하고 백성을 근심하는 지극한 심정에 도움이 되게 하라."

당시엔 수 년 동안 흉년이 계속 되어 백성들이 몹시 고통 받고 있던 상황이었다. 세종은 이것이 모두 자신의 잘못이라고 하면서 어떻게 해서든 백성들의 고통을 덜어줄 방책에 몰두했다. 그래서 중앙과 지방의 모든 관리들로 하여금 백성들이 흉년의 고통에서 벗어날 방도를 마련해 올리라고 했다.

세종은 홍수와 가뭄 같은 것은 비록 자연이 주는 재해이지만, 그것으로 인해 백성들이 더욱 고통 받는 것은 나라의 잘못이 더 크며, 나라의 잘못은 곧 왕인 자신의 잘못이라고 생각했다. 그래서 세종은 교지의 서두에 이런 말을 했다.

> "사람의 일이 아래에서 감동하게 되면, 하늘의 변이 위에서 응하는 것이매, 수재나 한재가 드는 것은 모두가 사람이 불러서 일어나지 않는 것이 없다."

말인즉, 자연재해도 알고 보면 인재人災, 즉 사람으로 인해 생긴 재앙이라는 뜻이다. 자연재해를 당할 때에도 나라가 어떤 대책을 펼치는가에 따라 백성의 고통이 작아질 수도 있고, 또 커질 수도 있으니, 결과적으로 자연재해로 인한 백성의 고통도 임금의 잘못된 대책으로 인한 것이라는 생각이다.

자연이 주는 재앙은 늘 있는 것이다. 홍수와 가뭄, 태풍과 우박 말고도 홍역, 천연두, 학질과 같은 역병도 모두 자연이 주는 재앙이다. 이런 재앙은 거의 매년 번갈아가며 닥친다. 특히 의학이 발달하지 않은 조선시대엔 매년 역병에 시달렸고, 이로 인해 수많은 백성들이 목숨을 잃었다. 하지만 이것이 자연이 주는 재앙이라 도리가 없다며 나라가 손을 놓고 있다면 그것은 백성을 보호해야할 국가의 의무를 저버린 행동이다. 따라서 임금은 그 어떤 재앙에 대해서도 대책을 마련하여 백성의 고통을 줄일 의무가 있다. 세종은 그 점에 대한 인식이 명확한 사람이었다. 그래서 자연재해나 재앙이 결코 인재로 연결되지 않도록 최선을 다해야 한다는 의지를 가지고 모든 관리들에게 방책을 마련해 올리라고 했던 것이다.

그러자 중앙의 관리와 지방관들이 기탄없이 방책을 올리기 시작했다. 세종은 그 방책들 중에 몇 가지를 제외하고는 모두 수용하여 시행하도록 했다. 이때 받아들인 방책은 단지 흉년에 대한 대책 뿐 아니라 평소에 백성들을 고통스럽게 하는 제도나 행정 업무를 비효율적으로 만드는 요소도 모두 포함하였다.

사실, 세종은 신하들에게 흉년으로 인한 백성의 고통을 줄일 대책 마련을 지시하기에 앞서 그해 1월에 흉년이 가장 심했던 경상도와 전라도 각 지역에 찰방들을 내려보냈다. 백성들의 고통을 구체적으로 조사하기 위함이었다. 그래서 찰방들의 조사를 바탕으로 백성들의 상황을 먼저 파악한 다음 관리들의 의견을 취합하여 총체적인 대책을 마련하려 했던 것이다.

이처럼 세종은 매우 치밀하고 합리적인 방법으로 백성들의 고통을 줄일 대책을 강구했다. 자연 재해 앞에서 단순히 '모든 것이 내 탓이오' 하는 식의 한탄조의 대책이 아니라 실제로 문제를 해결하고 피해를 줄이는 구체적이고 현실적인 대책을 마련하는 모습을 보이고 있음을 알 수 있다.

하지만 몇 년간 지속된 흉년으로 인한 백성들의 고통은 쉽게 해결되지 않았다. 그래서 이듬해인 1426년 보릿고개 때인 3월 20일에 세종은 공주에 판관으로 내려가는 최흥우에게 자신의 심정을 이렇게 토로한다.

> "나는 선대에 쌓아 올린 덕을 이어받들어, 왕위에 오른 이후로 풍년이 들기를 바랐더니, 근년에 수재와 한재가 서로 잇따르며, 하늘의 꾸지람이 자주 내리니, 가만히 그 잘못을 생각해 보면 모두 나의 잘못으로 느껴지는 바이다. 이로 인하여 편하게 거처할 겨를이 없으니, 그대는 앞으로 내가 오늘 이른 말을 받아들여 백성의 생활을 보전하도록 하라."

이런 염려와 노력에도 불구하고 그해 봄부터 여름까지 지독한 가뭄이 지속되었다. 그래서 안타까운 나머지 세종은 육조의 관료들을 모두 불러놓고 무섭게 책망하였다.

> "지난해에는 겨울이 지나도록 눈이 오지 않았고, 금년에는 봄부터 여름까지 비가 내리지 않아, 가뭄이 대단히 심하니, 이것으로 보아 금년이 다 지나도록 비가 오지 않을는지도 알 수 없는 일이다. 나는 장차 길에 굶어 죽은 사람이 가득 차 있을까 두려운데, 재앙을 구제하는 계책을 듣고자 하면 기껏 말하는 것들이 수령의 육기六期의 법을 고치자거나, 전폐錢幣를 사용하지 말자거나, 선군船軍을 구휼하자는 데 지나지 않았으니 …"

세종의 책망을 듣고 또다시 신하들이 각종의 대책을 쏟아내니, 세종은 그 중에 상당 부분을 다시 받아들여 시행했다. 그리고 다행히 그해는 흉년을 면했다. 경상도는 풍년이라 할 만큼 오랜만에 수확이 괜

찮았고, 다른 지역도 그런대로 풍작이었다. 하지만 여전히 흉작인 곳도 많았다. 세종은 흉작인 곳은 모두 공물을 면해주고 창고를 풀어 굶주린 백성을 구제하는데 전력을 쏟았다. 그리고 마침내 1427년에는 풍년을 맞이했다. 특히 조선의 곡식 창고 역할을 하는 호남이 대풍이었다. 덕분에 흉작으로 인한 수년 동안의 고통에서 벗어날 수 있었다.

하지만 세종은 그래도 여전히 조심스러웠다. 그래서 그해 8월 20일에 전라도 무안 현감으로 가는 박금을 만난 자리에서 이런 말을 하였다.

"듣건대, 금년에 전라도는 벼가 조금 풍년이 들었다고 하나, 그 중에 직업을 잃은 백성이 어찌 없다고 할 수 있겠는가. 마음을 다하여 진휼하라."

아무리 풍년이 들었다 한들, 여전히 굶주린 백성이 있기 마련이었다. 세종은 풍년으로 큰 수확을 거둬들인 사람들보다 가난하고 어려운 백성들을 생각하고 지방관으로 하여금 그들을 우선적으로 챙길 것을 당부하고 있다. 백성의 고통을 자신의 고통으로 여기지 않는다면 결코 있을 수 없는 행동이었다.

인정 많고 배려 깊은 선비

3장
시대를 앞서 간 통섭형 지식인

1. 다방면의 지식으로 무장한 도전적 실천주의자

세종은 뛰어난 왕이기도 했지만, 동시에 다방면에 정통한 지식인이었다. 그는 유학에 대한 깊은 소양을 바탕으로 역사와 문화, 예술, 과학, 언어에 대한 통찰력과 판단력을 갖췄으며, 중국 문화에 경도되지 않는 주체성과 독창성을 지닌 인물이었다. 또한 단순히 아는 데 그치지 않고 반드시 실천으로 옮기는 지행합일의 지식인이기도 했다.

세종은 지식을 행동으로 옮기는 과정에서 혹 부족한 부분이 발견되면 끊임없는 노력으로 보완하고, 다시 보완된 지식을 활용하여 이론을 구축하고, 그 이론을 바탕으로 세상을 바꾸는 지렛대로 삼았다. 이는 지식을 앎의 욕구를 충족시키는 것을 넘어 현실을 바꾸고 발전시키는 변화의 도구로 보았다는 뜻이다.

그는 지식을 도구화하는 과정에서 여러 분야를 넘나들면서도 결코 막힘이 없는 통합적인 역량을 발휘하곤 했다. 그야말로 그는 통섭형 지식인이라 할 수 있었다.

세종이 통섭형 지식인이 될 수 있었던 것은 무엇보다도 배움에 대한 열정이 대단했기 때문이다. 그렇다고 세종이 무엇이든 배우는 것이라면 다 좋아하는 사람이었다는 뜻은 아니다. 그가 추구하는 배움은 두 부류였다. 하나는 내면을 성장시켜 세상을 제대로 볼 수 있는 지식에 대한 배움이고, 다음으론 세상을 바꾸고 발전시켜 백성의 삶을 개선시킬 수 있는 지식에 대한 배움이었다. 이 두 가지 부류 외의 배움, 즉 사냥이나 바둑, 풍수, 관상, 시, 서, 화 등 자기 수련이나 재미 또는 심미적 요소를 위한 것에 대해서는 크게 관심이 없었다. 말하자면 실용적이고 현실적인 지식을 익히는데 역점을 뒀던 셈이다.

세종의 지식 습득의 원천은 당연히 독서였다. 타고난 독서광이었던 그는 부족한 지식이 있으면 여지없이 관련 서적을 탐독하여 메웠다. 그렇다면 세종의 지식 기반이 된 책들은 어떤 것들이었을까?

세종이 어린 시절부터 가장 많이 접한 책은 사서삼경四書三經으로 대표되는 유학 서적들이었다. 사서삼경의 사서는 『논어』, 『맹자』, 『대학』, 『중용』을 일컫고, 삼경은 『시경』, 『서경』, 『역경(주역)』 등을 말한다. 세종은 스물이 되기 전에 사서삼경을 모두 익혔고, 삼경 중에 가장 어렵다는 주역과 시경도 이때 이미 섭렵한 상태였다.

이후, 22살의 나이로 왕위에 오른 뒤에 세종이 가장 먼저 접한 책은 『대학연의大學衍義』였다. 『대학연의』는 송나라 진덕수眞德秀가 저술한 책으로『대학』에 대한 주석서다. 43권 12책으로 구성된 이『대학연의』는 흔히 제왕학의 기본서로 일컬어지는데, "수신제가치국평천하修身齊家治國平天下"를 골자로 제왕의 통치술과 용인술 및 백성을 살피는 원칙들을 담고 있다.

즉위 후 시작된『대학연의』강의는 9개월 동안 지속된 뒤에 종강하였다. 당시 세종은『대학연의』와 함께 꼭 배우고 싶어 하던 책이 있었다. 바로『자치통감』이었다.『자치통감』은 송나라 사마광이 편찬한 책인데, 전국시대 주나라 위열왕 때(BC 403년)부터 진, 한, 위진남북조, 수·당을 거쳐 오대 시대 주나라 세종 때인 959년까지 1362년 동안의 방대한 중국 역사를 다루고 있으며, 총 294권으로 된 책이다.

세종이『자치통감』을 경연에서 배우고 싶다고 제의한 것은 즉위 직후인 1418년 11월 13일이었다. 하지만 당시 경연관이던 유관이『자치통감』의 분량이 너무 많아서 다 볼 수 없다고 하는 바람에 포기해야 했다.

그래서『대학연의』와 함께 배운 책이『근사록』이었다.『근사록』은 중국 남송시대의 철학자 주희와 여조겸이 공동 편찬한 성리학 해설서다. 하지만 세종은 성리학에 대한 기본 원리는 익히 알고 있었으므로『근사록』에 큰 매력을 느끼지는 못했다.

『대학연의』를 종강한 후에 세종이 들었던 강의는『춘추』였다.『춘추』는 공자가 저술한 책으로 춘추시대 노나라의 역사를 다루고 있다.

역사서는 세종이 가장 즐겨 읽던 책이었는데, 『춘추』를 접한 이후로 세종은 개인적으로 중국사는 물론이고 우리 역사에도 심취하게 된다. 그래서 『고려사』를 완독한 후 문제점을 지적하며 윤회에게 개수할 것을 지시하기도 했다.

그리고 이 무렵, 세종은 기어코 『자치통감』을 배워야겠다고 작정했다. 그래서 재위 2년(1420년) 윤1월 1일에 『춘추』 강의가 끝나자, 『자치통감강목』을 경연에서 강의하도록 했다. 『자치통감강목』은 주희가 저술한 것인데, 사마광의 『자치통감』을 요약하여 새롭게 편찬한 역사서로 총 59권으로 구성되었다.

세종은 이 책을 다 배운 뒤인 재위 4년(1422년)에 『자치통감강목』의 인쇄본을 간행하고, 신료들에게 권장했다.

또한 재위 5년 6월 24일에는 『고려사』와 『자치통감강목』을 비교하며 이런 말을 하였다.

> "내가 『강목』을 보니, 옛날 기사記事는 어찌 그와 같이 자세하며 구비하였는가. 고려사를 보면 너무나 소략하다. 이제 오직 사관 한 사람이 다만 조계할 때에 돌려가며 참석하여 일을 기록하니, 국가의 일을 어찌 다 알아서 기재하겠는가. 국가의 일을 다 아는 지는 오직 대언사代言司(승정원)일 뿐이다."

이 말을 듣고 좌대언 곽존중이 말했다.
"신들은 사무가 번잡하여 일을 기록할 겨를이 없습니다."

세종은 그 말을 듣고 집현전 관원들이 항상 궁궐에 있으니, 국가의 일을 기록하게 하라고 지시했다. 그래서 신장, 김상직, 어변갑, 정인지, 유상지 같은 집현전 학사들이 춘추관의 일을 겸직하게 되었다.

『자치통감강목』 외에 세종은 사마천의 『사기』와 그토록 읽고 싶어하던 사마광의 『자치통감』, 조선 최초의 법전인 『경제육전』 같은 책들도 경연 과목으로 넣어 배웠다. 또한 이미 섭렵한 『맹자』, 『중용』, 『시경』 등의 책들도 경연 과정에서 토론의 주제로 삼곤 했다.

『세종실록』에 경연 관련 기록은 2,000여 곳이 나오는데, 이들 모두를 살펴본 결과 구체적인 책 제목이 언급된 것은 이것이 전부였다. 하지만 언급되지 않은 책들도 많은 것으로 짐작된다.

세종은 경연 과목으로 채택된 서적 외에도 수많은 책들을 홀로 독파했다. 이를 위해 수도 없이 많은 날을 책과 씨름하며 밤을 새우기도 했다. 세종이 개인적으로 독파한 책들 중에는 당대 최고의 천문학 서적인 『칠정산내외편七政算內外篇』과 이순지의 『제가역상집諸家曆象集』, 『악기도설樂器圖說』이나 『율려신서律呂新書』와 같은 중국의 음악서적 등이 있고, 훈민정음 창제를 위해서 별도로 중국과 티벳, 인도, 일본, 몽골 등의 여러 언어학 서적을 두루 탐독했다. 이외에도 역사, 의학, 산술, 풍수지리, 농업, 불교 등에 관한 수많은 책들을 섭렵했다.

세종이 이렇듯 다양한 책들을 읽고 지식을 통섭한 이유는 오직 하나였다. 통섭한 지식을 통해 어떻게 해서든 현실을 혁신하고 발전시켜 나라를 부강하게 만들고 백성의 삶을 나아지게 하기 위함이었다. 그 과정에는 수많은 난관이 있었지만, 그때마다 세종은 도전정신을 발휘하여 현실의 문제를 타개하고 기어코 목표에 도달하곤 했다. 훈민정음의 창제와 과학 혁명의 달성, 음악의 정비와 발전, 인쇄술의 발달, 조세 제도의 정착, 국가 조직의 안정 등 헤아릴 수 없이 많은 그의 업적들은 바로 이런 도전 정신을 실천한 결과였다.

2. 추진력 끝내주는 의지의 실용주의자

세종은 자신이 익힌 지식 중에 옳다고 믿는 것은 반드시 실천으로 옮겼지만, 한 가지 분명한 조건이 있었다. 그것은 실용성이 있는 것만이 실천할 가치가 있다는 신념이었다. 또한 실용성이 있다고 판단되면 절대로 포기하는 일이 없었다. 비록 그 일을 성취하는데 수십 년이 걸린다고 해도 일생을 걸고 추진했다. 세종이 짐수레의 보급 정책은 그 대표적인 사례라고 할 수 있다.

흔히 조선시대엔 수레를 사용하지 않은 것으로 알려져 있다. 그래서 정조 대의 실학자 박지원은 자신의 기행문 『열하일기』에서 조선에 수레가 없음을 한탄하며 이런 말을 하였다.

"우리 조선에는 아직 수레란 것이 없다. 있다 해도 바퀴가 똑바르지 않고 바퀴 자국은 궤도를 제대로 내지도 못하니, 수레가 아주 없는 것이나 다름없다. 그런 사람들은 흔히 말하기를 우리 조선은 산협 지대라 수레를 쓰기에는 적당하지 못하다고들 한다. 이런 얼토당토 않는 소리가 어디 있을 것인가? 나라에서 수레를 사용하지 않고 보니 길을 닦지 않고 있는 것이요, 수레만 쓰게 된다면 길은 절로 닦일 것이 아닌가? 거리가 좁고 산마루들이 험준하다는 것은 아무 쓸데없는 걱정이다."

박지원의 이런 견해는 실용성에 입각한 탁견이라 할만하다. 오늘날 도시는 물론이고 고산지대까지 도로가 생기고 험준한 산이나 해저에 터널이 생긴 것도 알고 보면 자동차의 뿌리라 할 수 있는 수레의 발달에 기인한 것이기 때문이다. 세상에 나타난 모든 문명의 이기는 인간의 필요성이 이룬 성과인 만큼, 수레가 인간에게 필요하고 유용하다면 인간은 수레를 더욱 원활하게 사용하기 위해 반드시 길을 넓힐 것이고 심지어 산을 깎거나 굴을 뚫거나 바다 밑을 뚫는다. 박지원은 인간의 이런 능력을 꿰뚫어보고 수레를 만들면 길은 저절로 생길 것이라고 주장하며 수레 문화가 없는 조선의 현실을 개탄했다.

그런데 박지원보다 350년 앞서서 이런 생각을 한 사람이 있었으니, 그가 바로 세종이다. 세종은 왕위에 오른 직후부터 30년 동안 수레를 만들어 보급하는 사업을 강력하게 추진하였다. 그리고 기어코 수레를 도입하여 전국 모든 지역에 보급하는 데 성공한다.

사실, 세종 이전에도 수레 보급을 시도한 적이 있었다. 태종 15년 (1415년) 8월 2일에 "강축杠軸을 각사各司에 주니, 중국 사람 장자화가 만든 것이었다."는 기록이 있는데, 강축이란 수레 종류 중 하나로 짐을 운반할 수 있는 수레였다. 때문에 당시로선 가장 발달된 수레라고 할 수 있었다. 태종은 장자화의 건의를 받아들여 수레를 보급하였지만, 당시 영의정이던 유정현을 비롯한 조정 신하들의 반대로 지속되지 못했다. 하지만 세종은 왕위에 오른 뒤에 다시 강축을 보급하는 사업을 실시하여 신하들에게 나눠줬다. 이에 대해 황희를 비롯한 대신들이 반대하자, 세종은 이런 말로 신하들의 의견을 꺾었다.

> "장자화가 오래 중국에 있었는데 돌아와 태종께 아뢰기를, '강축杠軸이 수운하는 데에 편리하니 보급하여 쓰는 것이 마땅합니다.'고 하여, 태종이 그대로 따라서 공장을 시켜 제조하니, 영의정 유정현이 힘써 말리고, 또 좋지 못하다고 말하는 자가 많아서 드디어 그 일을 중지하였었는데, 내게 이르러서도 또 명하여 제조하니 역시 모두 좋지 못하다고 말하였다. 그러나, 억지로 제조하게 하여 종친과 대신에게 나누어 주었는데, 그 중에는 혹 싫어하는 자도 있었으나, 지금 보건대, 벽돌·기와·돌 같은 것을 운반하는 데에 대단히 편리하여, 한 번에 운반 하는 것이 세 사람이 지는 것보다 배나 되니, 그 이익이 어찌 적다 하겠는가."

당시 신하들이 수레 사용을 반대한 이유는 우리나라 산천이 험악하여 수레의 실용성이 떨어진다고 생각했기 때문이다. 하지만 세종은 실제 강축을 나눠주고 사용하게 해 본 결과 실용성이 뛰어난 것을 확인했다. 그래서 강축국이라는 관청을 만들어 대량 생산이 가능하도록 했다. 그런 상황에서 신하들에게 지형이 험한 함경도와 평안도의 동북계와 서북계에도 강축을 보급하는 문제를 검토하라고 지시했다. 지형과 상관없이 짐수레를 전국에 보급하겠다는 계획이었다.

하지만 황희를 비롯한 신하들은 강축을 전국에 모두 보급하는 것에는 반대하며 이런 말을 올렸다.

> "강축이 비록 운반하는 데는 편리하나, 평탄한 길에는 마땅하고, 험하고 질척질척한 곳에는 마땅치 아니합니다. 그런데 평안도로 본다면 서울로부터 안주까지는 길이 평탄하여 다닐 만하지마는, 창성, 벽동, 강계, 자성, 여연 같은 고을은 길이 우둘투둘하고 험하여 조금도 쓸 수 없고, 강원도는 바닷가에 있는 각 고을이 모두 모랫길이어서 빠지기 쉬우니 또한 쓰기가 어렵고, 또 사람들이 개인적으로 제조할 수가 없습니다. 처음에는 국가에서 공장을 보내어 만들어 주더라도 곧 꺾어지고 부서져서, 두어 달이 못 되어 다 쓸데없이 될 터이니, 국가에서 어떻게 때마다 공장을 보내어 제조할 수가 있겠습니까?"

결국, 이번에도 길이 험한 곳은 강축 보급을 하지 않는 것이 좋겠다는 의견이었다. 안타깝게도 세종은 이런 신하들의 반대에 부딪혀 수레 보급을 북도 양계로 확대하는 데엔 실패했다. 하지만 이후에도 대다수의 지역에서는 수레를 사용하게 했다. 또한 중국에 사절단이 갈 때마다 강축 기술자를 함께 보내 수레를 더욱 정교하게 발전시켰다. 그리고 기어코 다시 동북계와 서북계에도 강축을 보급하는 실험을 하기에 이른다. 그 내용이 재위 25년(1443년) 10월 16일의 기록에 이렇게 나온다.

> "지인知印(조선시대 함경도와 평안도의 큰 고을에 둔 향리직) 진치중에게 명하여 강축 10대를 거느리고 구황하는 미곡을 실어서 함길도로 향하게 하였으니, 대체로 군량을 양계兩界에 실어 보내는 것의 편의 여부를 시

험하기 위한 것이었다.”

이후 평안도와 함경도에서 강축으로 짐과 양식을 운반하게 되었다. 강축을 도입한 지 25년 만에 마침내 전국에서 모든 지역에서 짐수레를 사용하기에 이른 것이다. 그야말로 실용의 정신에 따른 세종의 끈질긴 집념이 이룬 쾌거였다. 당시 기록에 의하면 평안도 한 지역에 나눠준 강축 수가 600대나 될 정도로 강축은 보편화되고 있었다.

하지만 세종이 죽자, 강축 보급은 순식간에 줄어들었고, 이후로 아예 강축을 만들지도 않게 되었다. 만약 강축이 더욱 활성화되어 가구마다 모두 보급되었다면 자연스럽게 길이 넓어지고 수레는 더욱 발달했을 것이다. 세종은 이런 미래를 내다보고 강력하게 강축 보급 정책을 실시한 것인데, 당시 신하들은 그런 세종의 탁견을 알지 못하고 다시 짐수레 대신 소나 말을 쓰도록 했다. 그래서 350년 뒤에 박지원이 조선에 수레가 없음을 한탄하게 만든 것이다.

3. 포기를 모르는 끈질긴 혁신주의자

요즘 산업계에서는 이노베이션innovation이라는 말을 자주 쓴다. 특히 서비스 사업에서 많이 사용하는데, 그래서 아예 기업 명칭에도 이노베이션이라는 단어를 쓰기도 한다.

이노베이션이라는 말을 우리말로 번역하면 “혁신革新”이다. 혁신은 잘못된 것, 부패한 것, 만족스럽지 못한 것 등을 새롭게 하거나 개선하는 것을 의미한다. 묵은 관습이나 조직은 물론 사업에 대한 접근

방법이나 고객을 대하는 방법을 바꾸는 것도 포함한다. 그야말로 기존의 것을 바꿔서 새롭게 만드는 모든 것을 혁신이라 일컫는 것이다.

혁신이라는 단어의 "혁革"은 가죽을 의미하는데, 한자의 뜻을 설파한 『설문해자』에서는 이 글자의 의미를 "짐승의 가죽에서 털을 뽑아 무두질하여 그 성격을 변화시키는 것"이라고 풀이하고 있다. 그리고 가죽을 의미하는 이 "혁革"이라는 글자는 상형문자로서 사냥한 짐승의 날가죽을 펴놓고 무두질하는 모양을 본뜬 것이다. 따라서 혁신이라는 것은 짐승의 가죽을 완전히 새롭게 만들어 인간이 편리하게 사용하는 도구로 만드는 것을 뜻한다. 말하자면 사람이 사용하기 좋게 전면적이고 완전하게 새롭게 변화시키는 것을 "혁신"이라고 부르는 것이다. 마치 동물의 피부였던 것을 군사용 물품, 가방, 신발 등으로 변화시키듯이 말이다.

그렇다면 이 혁신이라는 용어는 언제 처음 등장했을까? 놀랍게도 혁신이라는 단어는 우리가 흔히 사서삼경이라고 부르는 책 중의 하나인 『서경』에서 비롯되었다. 『서경』은 중국 상고대인 요순시대부터 하·상·주 삼대에 이르는 역사를 다루고 있으며, 공자가 정리한 책이다. 따라서 혁신이라는 용어는 적어도 3천 년 전부터 사용하던 용어임을 알 수 있다. 『서경』에는 "정치는 풍속을 혁신하는 데에서 비롯한다."고 쓰고 있는데, 이는 정치는 본질적으로 혁신을 추구해야 한다는 의미다. 그래서 세상을 바꾸려는 정치인들은 늘 혁신이라는 말을 입에 달고 산다.

하지만 혁신은 늘 반대에 부딪치기 마련이다. 어떤 사회에서든 기득권자는 변화를 싫어하는 까닭이다. 특히 기득권자가 가장 강하게 변화를 거부하는 분야는 재산과 관련된 것이다. 말하자면 돈을 더 내는 일에 대해서 거부감이 가장 강한 셈이다. 그러니 국가에서 돈을 거둬가는 세금을 강화시키는 제도를 만드는 것을 달가워할 기득권자는 아무도 없을 것이다.

조선시대의 기득권자 역시 마찬가지였다. 그들도 세금을 더 내는 것을 극도로 싫어했다. 조선이 관리 중심의 양반들이 기득권을 가지고 있던 국가인 만큼 세금 제도를 혁신하는 것을 가장 싫어하는 계층은 당연히 양반관료들이었다. 때문에 아무리 왕이라고 해도 쉽사리 세금 제도를 혁신할 엄두를 내지 못했다. 하지만 세종은 세금 제도를 바꾸지 않고는 결코 조선이 부강한 나라가 될 수 없다고 판단하고 과감하게 혁신의 칼을 뽑아들었다.

세종이 세금 제도의 혁신을 천명한 것은 재위 9년(1427년) 3월 16일이었다. 이날 세종은 대과의 논술 주제인 책문을 새롭고 알맞은 공법貢法제도의 방안을 제출하는 것으로 정했다며, 좋은 방안을 내면 채택해서 실시하겠다고 천명했다. 공법이란 곧 백성들이 나라에 바치는 세금에 관한 법을 의미했다. 따라서 공법의 혁신을 통해 합리적인 세금을 거둬들이겠다고 공언한 셈인데, 이는 당연히 기득권자인 관료들의 반발에 부딪칠 수밖에 없었다. 그래서 세종은 자신이 직접 혁신안을 내놓지 않고 대과의 논술 주제로 채택하여 좋은 방안을 구하는 방식을 택했다. 양반들의 반발을 조금이라도 누그러뜨리기 위한 유화적인 방도였다.

　이후 공법에 대한 논의는 수년 동안 지속되었고, 그 과정에서 기득권을 가진 양반 관료와 많은 땅을 가진 대지주들의 반발이 거셌다. 그들은 노골적으로 반론을 제기하기보다는 이런 저런 이유를 갖다 대며 새로운 공법 마련을 계속해서 지연시키는 수법을 사용했다. 하지만 세종은 결코 그들의 수법에 놀아나지 않고 끈질기게 공법 혁신을 추진했다.

　세종이 원한 것은 땅의 비옥도나 풍흉에 상관없이 1결당 10두의 세를 일괄적으로 거두는 것이었다. 이렇게 하면 매년 일정한 세금을 거둬들일 수 있어 국고가 안정된다고 판단했던 것이다. 하지만 이에 대한 반발이 거셌다. 당시 동부 훈도관으로 있던 이보흠은 세종의 일률적인 세금 징수에 대해 이렇게 말했다.

　"비옥한 토지를 경작하는 자는 별로 인력을 들이지 않고도 1결의 논에서 1백 석을 거둘 수 있고, 척박한 땅을 짓는 자는 인력을 다 들여도 1결의 소출이 10두에 지나지 않사온데, 정말 이렇게 10두의 세를 정해 받는다면 비옥한 토지를 받아 가지고 경작하는 자만이 혜택을 누리게 되고, 척박한 땅에다 거름을 줘가며 지은 자는 빚을 얻어 충당하는 억울함을 면치 못할 것이니, 그런 공법을 어떻게 행할 수 있겠습니까. 또 더욱이 흉년에 백성들은 기근 속에 허덕이고 있는데도 기어코 10두를 다 받는다면 과중하여 중용을 잃는 결과가 될 것이요, 풍년에 곡식이 지천에 늘리만치 많은 수확을 보았는데도 10두만을 거둔다면 이는 너무 경하여 역시 중용을 잃는 결과가 되어 국가의 공용이 이 때문에 혹 말라버리기도 할 것이요, 민생도 이 때문에 생활을 이루어 나가지 못할 것이니 시행하지 말아야 할 것은 분명합니다."

들고 보니, 매우 일리 있는 말이었다. 하지만 세종은 거기서 물러서지 않았다. 백성들을 대상으로 여론조사를 해보고 그 결과를 가지고 다시 논의해보자는 생각이었다. 여론 수렴 과정에서 백성들이 받아들일 수 없다고 하는 부분이 있으면 이렇게 말했다.

"백성들이 좋지 않다면 이를 행할 수 없다. 그러나 농작물의 잘되고 못된 것을 답사 고험考驗할 때에 각기 제 주장을 고집하여 공정성을 잃은 것이 자못 많았고, 또 간사한 아전들이 잔꾀를 써서 부유한 자를 편리하게 하고 빈한한 자를 괴롭히고 있어, 내 심히 우려하고 있노라. 각도의 보고가 모두 도착해 오거든 그 공법의 편의 여부와 답사해서 폐해를 구제하는 등의 일들을 백관百官으로 하여금 숙의하여 아뢰도록 하라."

그래서 모든 관리와 전국 각 지역 농민 대표자 17만여 명의 의견을 조사했는데, 결과는 찬반이 팽팽했다. 이에 세종은 토지와 풍흉에 상관없이 1결당 10두의 세금을 걷겠다는 자신의 뜻을 철회하고 토지의 비옥도와 풍흉을 감안한 세밀한 세법을 마련하라고 지시했다. 하지만 세법은 쉽게 결정되지 않았다. 이에 세종은 1436년에 세법 혁신 기관인 공법상정소를 설치하고 연구를 지속하였다.

그 결과, 공법 혁신을 선언한 지 무려 17년 만인 1444년에 마침내 공법 혁신을 이뤘으니, 이른바 "전분육등법田分六等法"과 "연분구등법年分九等法"이 확립된 것이다.

전분육등법은 토지를 질에 따라 여섯 등급으로 나눠서 세금을 걷는 것인데, 질이 좋은 토지일수록 생산량이 높기 때문에 평당 세금을 높게 책정하는 방법이었다. 또한 연분구등법은 매해 풍년과 흉년의 정도를 상년, 중년, 하년 셋으로 나누고 상년, 중년, 하년을 다시 각각 상, 중, 하로 구분하여 세금을 걷는 제도였다. 그래서 풍년이 크게 든 해일수록 세금을 많이 내고, 흉년이 심할수록 세금을 적게 내게 했던 것이다.

이런 제도를 마련한 것은 고려시대 말 과전법 도입 후 실시하던 세법을 개선하기 위한 조치였다. 당시엔 토지의 비옥도와 상관없이 전국을 세 지역으로 나눈 뒤, 농사의 상황을 고려하여 세금을 걷는 방법을 썼다. 이를 위해 농사상황을 조사하는 담험관과 조사 내용을 바탕으로 세금을 결정하는 심사관을 뒀는데, 이들 담험관과 심사관의 부정이 매우 심했다.

그래서 결과적으로 좋은 땅을 가진 부유한 자들에게 유리한 결과를 낳았는데, 이런 문제점을 개선하기 위해 각 땅마다 등급을 매겨 세금을 징수하는 방법으로 바꾼 것이다. 또한 풍작과 흉작에 따라 생산량이 다르기 때문에 풍흉의 정도에 따라 세금 징수량도 달리하도록 연분구등법을 함께 적용함으로써 보다 합리적인 세금을 내도록 한 것이다.

이렇듯 세종은 무려 17년 동안의 끈질긴 싸움 끝에 마침내 세법 혁신을 이뤄냈다. 물론 완벽한 세법은 아니었지만, 과거의 세법보다 한층 합리적인 법이었다.

세종은 비단 세법뿐 아니라 혁신이 필요한 분야가 있으면 망설이지 않고 과감하게 추진하였다. 그 과정에서 난관이 생기면 포기하지 않고 끈질기게 지속하여 반드시 합리적인 방안을 찾아냈고, 비록 시간이 오래 걸리더라도 기어코 혁신을 이끌어냈다.

4. 대세관에 입각한 냉철한 실리주의자

세종에 대해 비판적인 시각을 가진 사람 중에는 세종을 향해 사대주의자라고 말하기도 한다. 사대주의란 주체성을 잃고 실익도 없이 강한 국가에 무조건 의존하는 성향을 일컫는데, 세종은 과연 그런 왕이었을까?

사실, 세종의 명나라에 대한 태도는 얼핏 보면 사대주의로 비칠 만한 것도 많았다. 세종 재위 10년(1428년) 11월 19일의 다음 기록에서도 세종의 그런 면모를 엿볼 수 있다.

> 정사를 보았다. 판부사 변계량이 아뢰었다.
> "성상께서 지성으로 사대事大하시와 해청海靑(맷과의 새)을 잡으면 즉시 바치오나, 옛날에는 포획하기가 쉽지 않던 것이, 지금은 잡은 것이 조금 많아졌사오니, 청하건대 좋은 것을 택하여 바치고 많이

바치지는 마소서. 또 그 포획이 심히 괴롭사오니 뒷날에 잡지 못할
는지 어찌 알겠으며, 혹시 많이 바치라는 명이 있다면 어찌 감당
하겠습니까?"

이에 임금이 말하였다.
"황제께서 만약에 많이 포획한 것을 들었는데도 다 바치지 않는
다면 불가하지 않겠는가."

이 기록 속에 등장하는 임금이 곧 세종이다. 당시 조선에서는 명나
라를 섬기는 사대의 예로 조공을 했는데 해청은 명나라에서 요구하는
공물 중 하나였다. 해청海靑의 본래 명칭은 해동청海東靑으로 흔히 송
골매, 보라매 등으로 불리는 사냥용 매다. 명나라는 매년 조선 조정에
송골매를 공물로 바칠 것을 요구했는데, 사실 송골매를 포획하는 것은
매우 어려운 일이었다.

또한 명에서 요구하는 송골매는 잘 훈련된 사냥용 매였기 때문에
어릴 때 새끼를 포획하여 훈련시켜야 했다. 그런데 송골매 새끼를 포
획하려면 매우 위험한 낭떠러지까지 사람이 직접 올라가야 했다. 이
때문에 송골매를 포획하는 전문가를 고용해야 했고, 설사 전문가를 고
용한다손 치더라도 포획한 숫자는 얼마 되지 않았다. 심지어 어떤 해
는 한 마리도 포획하지 못해 송골매가 아닌 다른 매를 송골매라고 속
이고 바치는 경우도 있었고, 그것이 탄로 나서 매우 곤란한 상황이 되
기도 했다.

그런데 1428년, 그 해엔 포획한 송골매의 숫자가 좀 많았던 모양이다. 그래서 변계량이 포획한 송골매를 모두 명나라에 바치면 명나라에서 다음에도 많이 바치라고 할 것을 염려하여 일부만 바치라고 한 것이다. 하지만 세종은 포획한 것들 중 일부만 바쳤다가 명나라 황제가 그 사실을 알게 되면 큰일이 생긴다고 모두 다 바치라고 한 것이다.

이처럼 세종은 명나라에 대한 사대 행위를 매우 극진하게 했다. 심지어 사대의 일환으로 명나라에 바치던 공녀 문제에 있어서도 세종은 매우 극진한 태도를 보였다. 그래서 중국에서 공녀를 요구하면 금혼명령을 내린 후 처녀들을 뽑아 명나라에 바쳤다. 또한 그 과정에서 명나라 사신의 눈을 지나치게 의식하는 행동을 하기도 했고, 직접 나서서 처녀를 뽑기도 했다.

이런 까닭에 명나라 사신들의 횡포가 심했다. 당시 명나라에서는 주로 환관들이 사신으로 왔는데, 그들은 개인적으로 원하는 것을 조선에 요구하는 일이 많았다. 이런 경우에도 세종은 그들의 청을 들어주라고 했다. 그러자 조정 신하들 중에 세종이 사대의 예를 지나치게 한다는 비판이 있었다. 이 말을 듣고 세종이 이런 말을 하였다.

"이제 들으니, 명나라에서 요구하는 매와 검은 여우 등의 물건은, 모두가 환자宦者 윤봉(명나라 사신)이 원하는 바라고 우리나라에서 뒷공론하는 자들이 간혹 있다고 한다. 그런데 나는 이 말이 혹시나 명나라에 알려질까 두렵다. 또 들으니, 내가 사대事大의 예를 지나치게 한다고 말한다는데, 지금 명나라가 사신을 보내오고 상을 주고 하는 일이 해가 없을 정도로 예우가 융숭함이 일찍이 없었다. 다만 우리나라는 본래 예의의 나라로서 해마다 직공職貢의 예를 닦아, 때에 따라 조빙朝聘하면 명나라가 이를 대우하는 것이 매우 후하였다. 그런데 정성을 다하여 섬기지 않는다면 이것은 크게 불경하는 일이고, 특히 신하된 도리를 다하지 못하게 되는 것이니, 그럴 수가 있겠느냐."

〈세종 10년(1428년) 윤4월 18일〉

말인즉, 세종은 명나라 황제가 보낸 사신을 융숭하게 대접하는 것도 사대의 예이며, 대국을 섬기는 소국으로서 신하의 예를 행하는 일이라고 생각한 것이다.

세종을 사대주의자였다고 비판하는 시각은 바로 이런 세종의 태도 때문에 생긴 것이다. 또한 세종 당대에도 명나라에 대한 세종의 사대가 지나치다는 비판이 있었으니, 오늘날 세종을 사대주의자라고 비난하는 것도 과한 일은 아닐 것이다.

하지만 세종의 이런 태도는 얼핏 보면 사대주의적 행동 같지만 자세히 보면 실리주의적 행동임을 알아야 한다. 세종을 사대주의자라고 비판하는 것은 세종의 실리적인 면모를 확인하지 못한 데서 비롯된 섣부른 판단일 수 있다는 뜻이다.

세종이 명나라에 대한 사대의 예를 극진하게 한 것은 사실이었지만, 그렇다고 무턱대고 명나라의 요구라면 무조건 들어주자는 것은 아니었기 때문이다. 오히려 세종은 사대의 예를 극진하게 하는 것이 크게 보고 멀리 보면 국가적으로 더 이익이 된다고 생각했다.

세종은 어차피 조선은 작은 나라이기 때문에 명나라와 같은 대국에 의지하여 살 수밖에 없다고 판단했다. 그래서 명나라를 극진히 섬기고 우대하여 그들과 전쟁을 치르거나 분쟁을 겪는 것을 막고 여진족이나 일본 등의 침입이 있을 때에 도움을 받는 것이 현명하다고 본 것이다. 그렇다고 마련하기 어려운 공물을 지속적으로 계속 바친 것도 아니었다.

조선이 공물에서 빼달라고 요청한 것 중에 대표적인 것이 금과 은이었다. 금과 은은 조선에서 많이 생산되지도 않는데, 명나라에서는 금과 은을 조공 품목에 넣어 매년 바칠 것을 강요했다. 이에 세종은 조공의 예를 극진하게 행하는 가운데, 명나라에 금과 은은 조공 품목에서 빼달라고 여러 차례 요청하였고, 결국 재위 11년에 마침내 더 이상 금과 은을 바치지 않아도 된다는 명나라 황제의 약속을 얻어냈다.

이에 대해 당시 명나라에 사신으로 다녀온 김을현이 그해 11월 29일에 이렇게 보고했다.

"주청하신 바 있는 금·은의 세공歲貢을 면제해 달라고 청한 일을, 황제께서 육부에 내려 논의하게 하시니, 이부상서 건의蹇義가 아뢰기를, '이는 곧 고황제(명태조 주원장)께서 이루어 놓으신 법이라 고칠 수 없습니다.' 하니, 황제께서 우순문右順門에 나아가서 건의 등에게 유시하시기를, '조선이 사대를 지성으로 해왔고, 또 먼 변방 사람의 청을 들어주지 않을 수 없으므로, 짐이 이미 칙서로 그의 견면鐲免을 허락하였으니 고집하지 말라.' 하셨습니다."

세종은 단순히 공물의 품목을 줄이는 정도의 실리만 챙긴 것은 아니었다. 가장 큰 실리는 무엇보다도 국방과 영토문제였다. 예컨대 조선이 왜구 소탕 작전의 일환으로 실행한 대마도 정벌은 원래 명나라의 요구에 의한 것이었다. 당시 명나라는 조선이 왜와 연합하여 명나라를 공격하려 한다고 의심하고 있었고, 이 의심을 불식시키려면 조선이 군대를 동원하여 왜구의 본거지인 대마도를 정벌하라고 요구했다.

이에 조선은 이종무에게 군대를 안겨 대마도를 공략함으로써 명나라의 의심으로부터 벗어났을 뿐 아니라 왜구의 노략질로 엄청난 피해를 입고 있던 조선 백성들의 삶도 안정시켰다. 거기다 조선 수군의 전투력도 크게 상승시키는 결과를 얻었다. 그야말로 일석삼조의 이익을 얻은 셈이었다.

대마도 정벌뿐 아니라 여진 정벌을 통한 변방 안정과 영토 확장도 사대정책과 결코 무관하지 않다. 조선은 건국 초부터 여진과 자주 영토 분쟁을 겪곤 했고, 그 때문에 여진을 정벌하여 변경을 안정시켜야 할 입장이었다. 하지만 독자적으로 여진을 정벌하고 그 땅을 차지할 경우 명나라의 의심을 살 수 있기 때문에 섣불리 실행에 옮길 수 없었다. 그런데 명나라 또한 여진의 성장을 두려워하여 어떻게 해서든 여진의 힘을 약화시켜야하는 입장이었다. 그래서 주기적으로 군대를 동원하여 여진 정벌에 나서곤 했는데, 이때 명나라는 늘 조선의 동참을 요구했고, 그래서 자연스럽게 조선은 여진을 공격할 수 있었다.

말하자면 명나라의 경계심 때문에 함부로 여진을 공격하지 못하던 상황에서 지극한 사대정책으로 명나라에 신뢰를 줌으로써 오히려 명나라의 지원을 받으며 여진을 공격하는 상황이 된 것이다. 조선은 그 과정에서 4군과 6진을 개척했을 뿐 아니라 압록강과 두만강을 넘어 파저강과 송화강 유역으로 영토를 확대하는 성과까지 거뒀다.

따라서 당시 명에 대한 세종의 극진한 사대는 단순히 강자에게 고개를 숙이는 의존적인 행위가 아니라 작은 것을 내주고 큰 것을 얻는 냉철한 실리적 행위였음을 알 수 있다. 대세를 인정하고 소국으로서 대국에게 머리는 숙이되, 실리는 확실히 챙기자는 것이 세종의 대세관이었다는 뜻이다.

4장
인성과 사생활로 본 세종

1. 너그러운 성품, 품 넓은 포용력

실록은 세종의 인성과 행동 방식, 대인 관계와 생활 방식에 대해
"슬기롭고 사리에 밝으며, 굳세고 용감하며, 헤아림이 깊고 의지가 강
하며, 행동이 무겁고 상대에게 정중하며, 너그럽고 용서를 잘 하며, 인
자하고 공손하며, 검소하다"고 했다. 좀 더 간단하게 표현하면 머리는
뛰어나고 사리에는 밝으나 행동은 가볍지 않고, 성품은 너그럽고 인자
하며, 생활 방식은 공손하고 검소했다고 할 수 있다.

대개 머리 좋은 사람은 행동이 가볍기 십상이고, 사리에 밝은 사람
은 깐깐하기 십상이다. 하지만 머리도 좋고 사리에도 밝았지만 행동
은 신중하고 성품은 너그러웠다니 그야말로 완전한 인격체에 가깝다.
이런 세종의 인격에 대해 당대의 신하들은 다음과 같이 평했다.

"인륜에 밝았고 모든 사물에 자상하니, 남쪽과 북녘이 복종하여 나라

안이 편안하여, 백성이 살아가기를 즐거한 지 무릇 30여 년이다. 거
룩한 덕이 높고 높으매, 사람들이 이름을 짓지 못하여 당시에 해동요
순海東堯舜이라 불렀다."

　요순은 곧 성군의 대명사인데, "해동요순"이라는 표현은 왕에겐 최
고의 찬사가 아닐 수 없었다. 사실, 태종이 상왕으로 있던 시절을 제외
하곤 세종시대엔 반역 사건이 하나도 없었고, 대역 사건으로 참형을
당하는 일도 없었다. 세종은 웬만한 잘못을 해도 신하들을 죽이는 일
은 없었고, 웬만한 부정을 저질러도 심하게 몰아세우지 않았다. 또한
아끼는 신하가 있으면 늘 따뜻하게 대하면서 자신이 아끼고 있다는 것
을 어떤 방식으로든 알려주곤 하였다. 덕분에 신하들이 충심으로 따
르고 진심으로 존경했다. 그래서 신하들은 세종을 일러 "동방요순"이
라 부르며 성군으로 추앙했다.

　세종이 성군의 면모를 갖춘 배경에는 그의 타고난 천성과 갈고 닦은
인품이 있었다. 세종은 함부로 사람을 몰아치거나 궁지로 내모는 태종
의 성격과는 전혀 다른 천성을 가진 인물이었다. 그는 인정이 많고 너
그러웠으며, 웬만한 일로 화를 내지 않으며, 화를 낸 뒤에도 그것으로
앙갚음을 하지 않는 성정을 가졌다. 또한 상대의 처지를 헤아리고 배려
함으로써 함부로 기를 누르거나 의기소침하게 만들지 않았다. 혹 부족
한 부분이 있으면 자세하게 알려주면서 직접 가르치기도 하였고, 실력
이 부족할 땐 시간적 여유를 주고 전문성이 확보될 때까지 기다렸다.
또한 능력을 발휘하여 성과를 내면 반드시 그에 대한 보상을 하였고,
어렵고 힘든 일이 있으면 솔선수범하여 불만을 갖지 않도록 포용력

을 발휘했다.

 이런 세종의 포용력은 능력 있는 인재를 발굴하고 키우는데 큰 역할을 했다. 이와 관련하여 성현의 『용재총화慵齋叢話』(1525년 간행)에 다음과 같은 내용이 전한다.

 김하는 중국어 번역을 잘하므로 세종에게 특별한 총애를 받았다. 그가 파사로 있을 때에 녹명이란 여인과 가깝게 지냈다. 종친 한 사람과 도승지도 그녀에게 관심을 보였다. 종친은 자신이 먼저 사귄 여성에게 김하가 접근했다고 불쾌해했다. 그러자 임금이 사람을 시켜 종친을 타일렀다.
 "그대 같은 사람은 나라로 보아 있으나 마나 하다. 김하는 다른 사람이 하지 못하는 일을 한다. 명나라와의 외교를 위해서는 이 사람이 꼭 필요하다. 또 김하는 아들이 없으니, 그 여인을 첩으로 삼게 하라. 만약 이 일로 다툰다면 죄를 물을 것이다."

 세종은 대단하지 않은 재주라도 아끼고 장려하는 것이 이와 같았다. 『필원잡기』에 나오는 신숙주와 관련한 다음 이야기에서도 세종의 인재에 대한 마음이 각별했음을 엿볼 수 있다.

 신숙주가 과거에 오르자 고전을 널리 연구하고자 하여 집에 서적이 없음을 한탄하였다. 이에 집현전에서 일직 할 때에 장서각에 들어가 전날에 보지 못한 글을 가져와 다 읽되 남김없이 두루 열람하였다. 어떤 때에는 동료에게 대신 숙직하기를 청하여 밤이 새도록 잠을 이루지 않았다. 경루가 세 번 치매 세종이 어린 환관을 보내어 엿보았더니 단정히 앉아서 글 읽기를 쉬지 않고 경루가 네 번 치매 또 가서 보라 하였더니 역시 그러하였다. 그래서 곧 어의를 내려서 권장하였다.

세종의 인재 사랑은 때론 신분을 초월하기도 했다. 왕조시대는 근본적으로 신분제 구조로 되어 있고, 신분을 초월하여 직분을 맡기는 것은 엄격히 제한되어 있었다. 특히 천민이 신분을 초월한다는 것은 극히 드문 일이었다. 하지만 세종은 관노 장영실의 재주와 능력을 높이 평가하여 벼슬을 주고 천민 신분에서 벗어나게 하는 조치를 취했다. 이에 대해 조정 대신들이 강하게 반대하자, 세종은 영의정 황희를 불러 이렇게 말하였다.

"장영실은 재주만 정교하고 뛰어난 것이 아니라 명민하기가 보통이 넘는다."

그러면서 세종은 장영실에게 정4품 호군 벼슬을 내렸다.

세종은 인재를 알아보고 총애하는 것에 그치지 않았다. 일단 인재를 뽑으면, 그의 능력에 맞는 곳에 배치하고, 그곳에서 오랫동안 그가 능력을 발휘하여 국가 발전에 보탬이 되도록 했다. 그래서 세종 재위 이전에는 그다지 빛을 발하지 못하다가 세종에게 발탁된 이후부터 대단한 능력을 발휘하여 그 분야의 일인자가 된 인물들이 많았다. 천문학의 대가 이순지, 조선 음악의 거장 박연, 육진 개척의 주역 김종서, 세종 정치의 주춧돌이 된 황희와 맹사성, 과학 혁명의 초석을 다진 정초鄭招 등 수많은 인재들이 세종에 의해 빛을 발했다.

세종은 벼슬을 내림에 있어서는 적자와 서자를 가리지 않고 능력 위주로 등용하였고, 비록 도덕적인 흠결이 있다고 하더라도 뛰어난 능력이 있으면 그 능력을 발휘할 기회를 주었다. 대표적으로 황희 같은 인물은 뇌물과 청탁 문제로 여러 차례 탄핵을 받고, 심지어 살인 사건을 은폐하려는 시도도 했지만 그의 뛰어난 정무 처리 능력과 탁월한 대인관계를 높이 평가하여 20년이 넘도록 정승 자리에 머물게 했다.

또 허조許稠, 1369~1440 같은 인물은 예와 법에 밝긴 했으나 지나치게 꼬장꼬장하고 융통성이 별로 없어 세종과 의견이 부딪치는 일도 많았으나 오랫동안 이조판서로 지내게 하며 인사 문제를 총괄하게 했으며, 고약해 같은 인물은 말버릇이 없고 행동에 절제가 없어 임금에게 함부로 덤비는 일도 있었으나 쓸모가 있다는 이유로 끝까지 포용하여 능력을 발휘하게 하였다.

세종시대의 정치, 외교, 국방, 문화, 과학, 교육 등 다방면에서의 성공은 바로 이런 세종의 너그러운 성품에 기반을 둔 품 넓은 포용력의 결과였다.

2. 깐깐한 남편, 엄격한 아버지

세종은 주변 사람과 신하들에게 대해서는 매우 너그러웠지만, 자신의 가족에겐 깐깐하고 엄격한 편이었다.

세종은 한 명의 왕비와 12명의 후궁을 뒀다. 왕비 소헌왕후 심씨는

12살에 결혼한 2살 연상의 여인이었다. 그녀는 세종이 충녕군 시절에 결혼했으므로 군부인이 되었다가 후에 세자빈을 거쳐 왕비에 올랐다. 하지만 그녀는 왕비가 된 이후 매우 불행한 일을 겪었다. 시아버지 태종이 친정아버지 심온을 죽이고, 어머니와 형제자매들이 모두 노비의 신분으로 전락했던 것이다. 그런 상황은 세종 재위 기간 내내 계속 되었다.

세종은 태종이 죽은 뒤에도 장인의 신분을 복권시키지 않았다. 아버지가 한 일을 아들이 바꿔서는 안 된다는 소신을 지키기 위해서였다. 이 때문에 소헌왕후는 평생 마음의 고통을 안고 살아야 했다. 어느 남편이었다면 아내의 고통을 덜어주기 위해서라도 장인을 복권시킬 만했건만 세종은 소헌왕후가 죽은 뒤에도 처가 사람들의 신분을 회복시켜주지 않았다.

그렇다고 아내 심씨를 사랑하지 않은 것도 아니었다. 어릴 때부터 함께 살아온 조강지처인 그녀에 대해 매우 자상했지만, 아버지가 결정한 일을 아들이 뒤엎어서는 안 된다는 소신을 죽을 때까지 바꾸지 않았던 것이다. 세종은 그것이 효의 실천이라고 생각했다. 그리고 효를 실천하는데 있어서는 타협의 여지가 없었다. 효자와 자상한 남편 중에 효자를 선택한 셈이었다. 흔히 남편이 효자면 아내가 힘들다는 말이 있는데, 세종이 딱 그 짝이었다. 조금만 융통성을 발휘하면 사랑하는 아내가 고통에서 헤어 나올 수 있었음에도 세종은 전혀 그럴 여지를 주지 않았다. 참으로 비정한 남편이라 할 수 있었다.

그런 깐깐한 면모는 후궁들에게도 마찬가지였다. 소헌왕후 외에 세종이 가까이 한 여인은 모두 12명이었는데, 그들 중에 정식으로 후궁의 반열에 오른 사람은 영빈 이씨, 신빈 김씨, 혜빈 양씨, 숙빈 이씨, 귀인 박씨, 귀인 최씨, 숙의 조씨, 소용 홍씨 등 8명이었다. 그리고 나머지 상침 송씨, 사기 차씨, 상식 황씨, 전찬 박씨 등 네 명은 후궁의 반열에 오르지 못했다. 이들 네 명은 상궁 출신인데, 원래 상궁은 임금과 동침하거나 또는 아이를 낳아도 후궁이 될 수 없는 것이 법도였다. 물론 이 법도는 세종이 정한 것이었다. 이 법도를 지키기 위해 세종은 자신의 아이까지 낳은 상궁들에게 후궁 첩지를 주지 않았던 것이다.

세종의 깐깐함은 총애하는 후궁에게도 마찬가지였다. 『공사견문』에 나오는 다음 이야기는 세종의 그런 면모를 잘 보여준다.

> 한 어린 궁녀가 사랑 받음이 후궁 중에서 으뜸이 되어 항상 좌우에 뫼
> 셨는데, 임금의 사랑을 믿고 작은 일을 부탁한 일이 있었다. 그러자
> 세종이 이렇게 말했다.
> "아녀자가 감히 청탁을 하였으니, 이는 내가 사랑을 보여서 그런
> 것이다. 이 계집이 어림에도 불구하고 이러하니 자라나면 어떠할
> 것인가를 가히 짐작하겠다."
> 그렇게 말하고는 물리쳐 멀리하니, 다시는 가까이 하지 않았다.

이렇듯 부인들에겐 매우 깐깐했지만, 그렇다고 후궁을 지나치게 미워하거나 쫓아내는 경우는 없었다. 잘못에 대해선 혼을 내고 냉정한 태도를 보일망정 자신의 여인을 저버리는 짓은 결코 하지 않았던

것이다.

세종은 자식들에게 대해서는 유별날 만큼 애정이 많은 사람이었지만, 패륜 행각을 일삼은 자식에 대해서는 매우 엄격했다.

세종의 자녀는 18남 7녀나 되었는데, 이들 대부분은 매우 뛰어나고 착실했다. 하지만 가지 많은 나무 바람 잘날 없다는 말처럼 자식이 많다 보면 꼭 속 썩히는 자식이 있기 마련인데, 세종에게도 예외는 아니었다. 세종 21년(1439년) 5월 3일에 세종은 넷째 아들 임영대군 이구의 직첩을 회수하고 대군 자격을 박탈했다.

사실, 이전에도 임영대군은 섹스스캔들로 두 번이나 세종을 화나게 한 일이 있었다. 한 번은 대궐 여종 막비와 가야지 등 두 명의 여인과 사통했는데, 이 일로 대간에서 강력하게 처벌을 요구했지만 세종은 아이까지 밴 여자들을 내쫓을 수 없다며 첩으로 받아들이도록 묵인해줬다. 그 뒤에는 악공의 딸이자 기생인 금강매에 빠져 첩으로 삼겠다고 설쳤다. 세종은 그것도 받아들였다. 세종이 임영대군의 축첩을 받아들인 것은 태종과 양녕대군처럼 최악의 부자 관계가 되지 않도록 하기 위함이었다. 그런데 이번에 또 여종 금질과 사통했다는 소리를 듣자, 마침내 엄벌을 내렸던 것이다.

당시 임영대군의 나이는 갓 스물이었다. 한창 때이긴 했지만, 성욕을 주체하지 못하고 부왕의 얼굴에 먹칠하고 다녔으니, 참고 있을 세종이 아니었다. 마음 같아선 유배를 보내 고생을 시키고 싶었지만 자식 문제라 그렇게 강하게 나가지는 못했다. 그리고 1년 뒤에 임영대군의 직첩을 다시 돌려주기까지 했다. 그러나 임영대군은 그 뒤에도 또다시 섹스스캔들을 일으켰고, 결국 세종은 그에게 3년 동안 궁궐 안에서 연금 생활을 하도록 조치했다. 이미 장가들어 자식까지 여럿 있는 자식을 대궐에 연금까지 시켜 행실을 잡으려 했으니, 아비로서 얼마나 골치를 썩었으면 그랬을까 싶다.

임영대군 이구 말고도 화의군 이영도 세종의 속을 끓인 아들 중에 하나였다. 세종 23년(1441년) 8월 12일에 세종은 임영대군과 화의군이 여자들을 궁에 들인 죄를 물어 직첩과 과전을 빼앗았다. 당시 임영대군은 세종의 명으로 궁궐에서 일종의 연금 생활을 하고 있었는데, 여종 매읍금과 사정 박지를 시켜, 여자 두 사람에게 남복을 입히고 도롱이를 두르게 하여, 어둠을 타서 광화문으로 들어오게 하다가 문지기에게 붙잡혔던 것이다. 이 일로 세종은 이런 명령을 내렸다.

"이구와 이영은 법에 의하여 시행하지 못할 것이니, 다만 직첩과 과전을 거두고, 종들을 대궐 안에 두어서 다른 곳에 가지 못하게 하고, 다만 본가에만 왕래하게 하되, 그것 역시 시간을 제한하여 마음대로 하지 못하게 하라."

이구야 이미 전력이 있었고, 나이도 22살의 청년이었지만, 당시 화의군 이영는 비록 결혼한 몸이었지만 17살 청소년이었다. 그럼에도 세종은 단호하게 화의군에게도 엄벌을 내려 궁궐에 연금하도록 조치한 것이다.

3. 비정한 시아버지, 넘치는 부성애

세종은 소헌왕후에게서 8명의 아들을 얻었는데, 그 적자들을 결혼시킨 뒤, 무려 4명의 며느리를 내쫓은 비정한 모습을 보이기도 했다.

세종이 내쫓은 첫 번째 며느리는 세자 향(문종)의 세자빈으로 입궁한 휘빈 김씨였다. 휘빈은 세자 향이 14살 되던 세종 9년(1427년) 4월 9일에 맞이한 며느리로 김구덕의 손녀이자 김오문의 딸이었다. 그런데 세종은 2년 뒤인 1429년 7월 18일에 휘빈 김씨를 사가로 내쫓았다.

그 이유를 짧게 요약하자면 휘빈 김씨가 남편인 세자 향의 사랑을 받기 위해 주술을 사용했다가 발각됐다는 것이다. 거꾸로 헤아려보면 세자 향이 아내인 자신에겐 냉랭하게 대하면서 오히려 효동이나 덕금 같은 시녀에겐 따뜻하게 대하자, 질투가 나서 저지른 일종의 해프닝이라고 볼 수 있다. 물론 세자빈이라는 직분에 어울리지 않는 경박한 행동임에는 분명하지만 그 본질을 살펴보면 남편의 사랑을 받기 위한 아내의 다소 발칙한 몸부림 정도로 이해할 수도 있는 일이었다. 더구나 주변에 크게 소문이 난 것도 아니고 세자 향에게 무슨 변고가 생긴 것도 아니었다.

그야말로 세종이 눈만 한 번 슬쩍 감아주면서 휘빈에게 훈계 한 마디 던지고 끝내면 될 일이었다. 더구나 사가에서는 흔히 일어나는 일이었고, 휘빈 김씨는 십 대의 어린 소녀였다. 그런데도 세종은 휘빈을 내쫓아버렸다. 참으로 무서운 시아버지의 면모였다. 거기다 휘빈에게 주술을 알려준 시녀 호초는 참형에 처해버렸다. 사실, 호초는 주인이

시키면 무슨 일이든 해야만 하는 입장이었는데, 그녀를 극형에 처했다는 것은 정말 이해할 수 없는 대목이다.

하지만 세종의 며느리 내쫓기는 거기서 그치지 않았다. 휘빈을 내쫓고 세자 향은 3개월도 되지 않아서 창녕 현감 봉려의 딸 순빈을 세자빈으로 맞아들였다. 그런데 세종은 1436년 10월 26일에 순빈 봉씨도 폐출시켰다. 당시 순빈 봉씨는 결혼한 지 7년이나 되었지만, 아이를 낳지 못하고 있었다. 세종은 그녀를 내쫓은 이유를 이렇게 설명한다.

> 봉씨는 성질이 시기하고 질투함이 심하여서, 처음에는 사랑을 독차지하지 못한 일로 오랫동안 원망과 앙심을 품고 있다가, 권 승휘(현덕왕후 권씨)가 임신을 하게 되자, 봉씨가 더욱 분개하고 원망하여 항상 궁인에게 이렇게 말하였다.
> "권 승휘가 아들을 두게 되면 우리들은 쫓겨나야 할 거야."
> 그러면서 때로는 소리내어 울기도 하니, 그 소리가 궁중에까지 들리었다. 내가 중궁과 같이 봉씨를 불러서 이렇게 타일렀다.
> "네가 매우 어리석다. 네가 세자의 빈이 되었는데도 아들이 없는데, 권 승휘가 다행히 아들을 두게 되었으니, 인지상정으로서는 기뻐할 일인데도 도리어 원망하는 마음이 있다니, 또한 괴이하지 않는가."
> 하지만 봉씨는 조금도 뉘우치는 기색이 없었다.

> 그 후에 또 세자에게 항상 이렇게 가르쳤다.
> "비록 여러 승휘가 있지마는, 어찌 정적(세자빈)에서 아들을 두는

것만큼 귀할 수가 있겠느냐. 정적正嫡을 물리쳐 멀리할 수는 없느니라.”

이때부터 세자가 순빈에게 조금 우대하는 예절을 보였는데, 그 후에 봉씨가 스스로 말하기를, “태기胎氣가 있다.”하여, 궁중에서 모두 기뻐하였다. 그래서 순빈이 혹시 놀람이 있을까 염려하여 중궁으로 옮겨 들어와서 조용히 거처한 지가 한 달 남짓했는데, 어느 날 봉씨가 또 스스로 말하기를, “낙태落胎를 하였다.”고 하면서 이렇게 말했다.

“단단한 물건이 형체를 이루어 나왔는데 지금 이불 속에 있다.”

그래서 늙은 궁궐 여종으로 하여금 가서 이를 보게 했으나, 이불 속에는 아무것도 보이는 것이 없었으니, 그가 말한 “임신했다.”는 것은 거짓말이었다.

또 지난해 세자가 종학에 옮겨 거처할 때에, 봉씨가 시녀들의 변소에 가서 벽 틈으로부터 외간 사람을 엿보았었다. 또 항상 궁궐 여종에게 남자를 사모하는 노래를 부르게 했었다.

요사이 듣건대, 봉씨가 궁궐의 여종 소쌍을 사랑하여 항상 그 곁을 떠나지 못하게 하니, 궁인들이 혹 서로 수군거리기를, “빈께서 소쌍과 항상 잠자리와 거처를 같이 한다.”고 하였다. 어느날 소쌍이 궁궐 안에서 소제를 하고 있는데, 세자가 갑자기 묻기를, “네가 정말 빈과 같이 자느냐.”고 하니, 소쌍이 깜짝 놀라서 대답하기를, “그러하옵니다.”하였다. 그 후에도 자주 듣건대, 봉씨가 소쌍을 몹시 사랑하여 잠시라도 그 곁을 떠나기만 하면 원망하고 성을 내면서 말하기를, “나는 비록 너를 매우 사랑하나, 너는 그다지 나를 사랑하지 않는구나.”하였고, 소쌍도 다른 사람에게 늘 말하기를, “빈께서 나를 사랑하기를 보통보다 매우 다르게 하므로, 나는 매우 무섭다."하였다.

소쌍이 또 권 승휘의 사비 단지와 서로 좋아하여 혹시 함께 자기도 하
였는데, 봉씨가 사비 석가이를 시켜 항상 그 뒤를 따라 다니게 하여
단지와 함께 놀지 못하게 하였다.
봉씨가 새벽에 일어나면 항상 시중드는 여종들로 하여금 이불과 베개
를 거두게 했는데, 자기가 소쌍과 함께 동침하고 자리를 같이 한 이후
로는, 다시는 시중드는 여종을 시키지 아니하고 자기가 이불과 베개
를 거두었으며, 또 몰래 그 여종에게 그 이불을 세탁하게 하였다.

이러한 일들이 궁중에서 자못 떠들썩한 까닭으로, 내가 중궁과 더불
어 소쌍을 불러서 그 진상을 물으니, 소쌍이 말하기를, "지난해 동짓
날에 빈께서 저를 불러 내전으로 들어오게 하셨는데, 다른 여종들은
모두 지게문 밖에 있었습니다. 저에게 같이 자기를 요구하므로 저는
이를 사양했으나, 빈께서 윽박지르므로 마지못하여 옷을 한 반쯤 벗
고 병풍 속에 들어갔더니, 빈께서 저의 나머지 옷을 다 빼앗고 강제로
들어와 눕게 하여, 남자의 교합하는 형상과 같이 서로 희롱하였습니
다."하였다.

내가 항상 듣건대, 시녀와 종비 등이 사사로이 서로 좋아하여 동침하고
자리를 같이 한다고 하므로, 이를 매우 미워하여 궁중에 금령을 엄하게
세워서, 범하는 사람이 있으면 이를 살피는 여관이 아뢰어 곤장 70대
를 집행하게 하였고, 그래도 능히 금지하지 못하면 혹시 곤장 1백 대를
더 집행하기도 하였다. 그런 후에야 그 풍습이 조금 그쳐지게 되었다.

내가 이러한 풍습이 있음을 미워하는 것은 아마 하늘에서 내 마음을 인도하여 그리 된 것이리라. 어찌 세자빈이 또한 이러한 풍습을 본받아 이와 같이 음탕할 줄 생각했겠는가. 이에 빈을 불러서 이 사실을 물으니, 순빈이 대답했다.

> "소쌍이 단지와 더불어 항상 사랑하고 좋아하여, 밤에만 같이 잘 뿐
> 아니라 낮에도 목을 맞대고 혓바닥을 빨았습니다. 이것은 곧 저희
> 들의 하는 짓이오며 저는 처음부터 동숙한 일이 없었습니다."

하지만 여러 가지 증거가 매우 명백하니 어찌 끝까지 숨길 수 있겠는가. 또 저들의 목을 맞대고 혓바닥을 빨았던 일을 또한 어찌 빈이 알수 있었겠는가. 항상 그 일을 보고 부러워하게 되면 그 형세가 반드시 본받아 이를 하게 되는 것은 더욱 의심할 여지가 없다. 그 나머지 시중드는 여종들로 하여금 노래를 부르게 한 것과 벽 틈으로 엿본 따위의 일은 모두 다 자복하였다. 그러나 나머지 일은 모두 경하므로 만약 소쌍의 사건만 아니면 비록 내버려 두어도 좋겠지만 뒤에 소쌍의 사건을 듣고 난 후로는 내 뜻은 단연코 폐하고자 한다.

세종이 순빈 봉씨를 폐한 사유는 이렇듯 길지만 요약하자면 첫째는 순빈이 아이를 갖지도 않았으면서 임신을 하고 낙태를 했다고 거짓말한 것이며, 둘째는 궁궐 여종 소쌍과 동성애를 즐겼다는 것이다. 그렇다면 순빈은 일종의 동성애자였다는 말인데, 세종의 말을 자세히 살펴보면 그녀가 동성애자는 아니었던 것 같다. 그녀가 여종으로 하여금 "남자를 사모하는 노래를 부르게 했었다"는 내용이 나오는데, 이는 순빈이 남자를 그리워했다는 것을 의미한다. 하지만 세자 향은 순빈을 냉랭하게 대했고, 잘 찾지도 않았다. 그래서 순빈이 택한 것은 다른

방식으로 자신의 성욕을 채우는 것이었다.

당시 궁궐 안에는 궁녀들끼리 함께 지내며 동성애를 즐기는 일이 허다했다. 심지어 나무로 남성의 성기를 만들어 사용하기도 했다. 궁녀들이 이런 동성애를 행한 것은 그들의 특수 신분 때문이었다. 왕 이외에는 어떤 남자와도 가까이 할 수 없는 그녀들이었기에 인간의 본능인 성욕을 그런 방식으로라도 해소해야 했던 것이다. 사실, 순빈 봉씨의 처지도 그들 궁녀들과 별반 차이가 없었다. 남편이 있기는 했으나 찾아주지도 않았기에 궁녀들의 처지와 다를 바가 없었던 것이다.

휘빈 김씨와 순빈 봉씨 폐출 사건의 공통점은 남편의 사랑을 받지 못한 처지의 두 여인이 남편의 사랑에 목말라 다소 황당한 행동을 했다는 것이다. 한 사람은 남편의 사랑을 얻기 위해 방술까지 행하며 애타는 심정을 표현하고 있고, 다른 한 사람은 자신을 찾아주지도 않는 냉랭한 남편을 포기하고 자신의 성욕을 다른 수단으로 채우려고 했다. 말하자면 이들 두 여인이 쫓겨나게 된 배경에 세자 향이 있다는 것이다. 그는 아내로 맞아들인 두 여인에게 전혀 관심을 보이지 않았고, 심지어 냉랭하고 매정하게 대하면서 다른 여자들에게만 사랑을 쏟았던 것이다. 이 때문에 세종과 소헌왕후가 세자 향을 불러 타일러 보았지만 소용없는 일이었다.

따라서 휘빈 김씨와 순빈 봉씨 폐출에 근본적인 원인을 제공한 사람은 다름 아닌 남편인 세자 향이라는 것을 알 수 있다. 세자 향은 적법적인 절차를 거쳐 혼인한 부인에 대해 남편으로서의 의무를 전혀 행하지 않았던 것이다. 휘빈과 순빈의 일을 세종에게 고해바친 사람도 세자 향이었다. 하지만 세종은 이는 제쳐두고 두 여인의 행위만을 따져 며느리들을 폐출시켰으니, 비정한 시아버지라 할 만하다.

만약 세종이 내쫓는 며느리가 이들 두 사람에만 한정된다면 세종을 비정한 시아버지라고 몰아붙이는 것이 과한 것일 수도 있다. 하지만 휘빈 김씨와 순빈 봉씨 사이에 또 쫓겨난 며느리가 있었다.

세종 15년(1433년) 6월 14일, 세종은 영의정 황희, 좌의정 맹사성, 우의정 최윤덕 등을 불러 이렇게 말했다.

> "임영대군의 아내 남씨는 나이가 12세가 넘었는데 아직 오줌을 싸고 눈빛이 바르지 못한데다가 혀가 심히 짧고 행동이 놀라고 미친 듯한 모습이기에 내쳐야 되겠다."

세종의 이 말은 임영대군의 아내 남씨가 나이에 비해 여러 모로 뒤처지고 혀 짧은 소리를 한다는 것이다. 하지만 이 내용을 가만히 분석해 보면 남씨의 행동을 이해 못할 바도 아니다. 이제 겨우 12살의 소녀다. 그리고 갑자기 시집을 와서 낯선 곳에서 낯선 사내 아이와 한 이불을 덮고 자야 했다. 이는 12살 어린 소녀에게는 매우 힘들고 무서운 상황일 수 있다. 그래서 겁을 먹고 오줌도 싸고 눈빛이 바르지 못할 수 있다. 하지만 세종은 이런 남씨를 가차 없이 내쳤다.

세종이 남씨를 내친 시기는 휘빈 김씨를 폐출한 때로부터 4년 뒤다. 그리고 3년 뒤에 다시 순빈 봉씨를 내쫓았다. 그리고 1449년에 막내

아들 영웅대군의 처 송씨를 내쫓았다. 영웅대군은 1444년에 11살의 나이로 송씨와 결혼했는데, 5년 만에 내친 것이다. 송씨가 병이 있다는 것이 이유였다. 그리고 영웅대군 이염은 그 해에 정충경의 딸에게 장가들었다. 하지만 영웅대군은 쫓겨난 송씨를 잊지 못했다. 그래서 세종이 죽은 뒤에 몰래 송씨와 만나 두 명의 딸까지 두게 된다. 그녀가 두 명의 딸을 낳은 것을 보면 대단한 지병을 가지고 있던 것도 아닌 모양이었다. 또한 영웅대군은 여전히 그녀를 사랑했다. 그럼에도 세종은 왜 송씨를 내쫓았을까?

사실, 송씨는 세종 부부에 의해 직접 간택된 며느리였다. 세종은 순빈 봉씨를 내쫓은 이후에 며느리를 간택하는 과정에 직접 참여하였다. 이 이전에는 왕과 왕비는 며느리 간택 과정에서 직접 며느리를 뽑지 않았다. 상궁이 먼저 물색하고 종친 대표들이 평가하여 간택했던 것이다. 하지만 순빈 봉씨 사건을 경험한 후, 세종은 1439년에 의창군을 장가보낼 때부터 자신이 직접 보고 며느리를 선택했다. 송씨는 그렇게 세종이 직접 보고 뽑은 며느리였다. 더구나 세종은 생애의 마지막을 영웅대군의 집에서 맞이할 정도로 막내아들인 영웅대군을 몹시 총애했다. 그렇기에 더욱 유별나게 막내며느리를 고른 끝에 송씨를 간택했다. 그런데 그녀의 어떤 부분이 못마땅했던지 병이 있다는 이유를 대고 내쫓았던 것이다.

세종이 내쫓은 네 명의 며느리 중에 동성애를 했던 순빈 봉씨를 빼고는 내쫓은 이유가 빈약하다. 휘빈 김씨는 방술을 썼다는 것이 이유였고, 임영대군의 첫 부인 남씨는 어리숙하다는 것이 이유였으며,

영웅대군의 첫 부인 송씨는 병이 있다는 애매한 이유였다.

조선 왕조의 어느 왕도 세종처럼 여러 차례에 걸쳐 며느리를 내쫓는 경우는 없었다. 그렇다면 왜 유독 세종은 이렇게 반복적으로 며느리들을 내쫓은 것일까? 그것은 아마도 아들들에 대한 지나친 사랑 때문이 아니었을까 싶다. 세종의 아들 사랑은 여느 왕들보다 다소 지나친 감이 있었는데, 일례로 다음 경우를 들 수 있다.

세종은 재위 30년(1448년) 8월 24일에 선공감정 이사평을 파직시켰다. 그 이유를 실록은 이렇게 기록하고 있다.

> "선공감정 이사평을 파직시켰으니, 평원대군이 가까이한 의녀 백이를 첩으로 삼은 까닭이었다."

이사평은 대마도 정벌로 잘 알려진 이종무의 셋째 아들이었다. 말하자면 한양에서 제법 내로라하는 집안 출신인데, 백이라는 의녀를 첩으로 들였다. 당시 양반들은 의녀를 첩으로 들이면 자신의 개인 여종 한 명을 공노비로 내놓곤 했는데, 이것이 국법을 어기는 것은 아니었다. 그런데 세종은 이사평을 파직시켜버린다. 백이가 평원대군과 친밀했다는 이유 때문이었다. 그렇다고 백이가 평원대군의 첩이었던 것도 아니었다. 단지 자신의 아픈 아들이 총애하던 의녀를 첩으로 들였다는 사실만으로 이사평을 파직했던 것이다.

이러한 아들에 대한 지극한 사랑은 며느리에 대한 욕심으로 이어졌는지도 모른다. 그래서 성에 차지 않는 며느리는 가차 없이 내쫓지 않았을까 싶다.

4. 가슴에 묻은 자식, 병마에 시달리는 육신

세종은 25명의 자녀 중에 6명을 일찍 잃었다. 소헌왕후 소생이자 장녀였던 정소공주가 일찍 죽었고, 광평대군과 평원대군이 젊은 나이에 죽었다. 그리고 신빈 김씨 소생 옹주 2명이 어린 나이에 죽었고, 사기司記 차씨 소생의 옹주 1명도 일찍 죽었다. 이렇듯 세종은 6명의 자녀를 먼저 보냈는데, 이로 인해 매우 고통스러워했다. 흔히 먼저 죽은 자식은 가슴에 묻는다고 하는데, 세종의 심정도 마찬가지였다.

세종이 장녀 정소공주를 먼저 보낸 것은 재위 6년(1424년) 4월이었다. 당시 정소 공주는 13살이었는데, 천연두에 걸려 사망했다. 정소공주는 부부가 결혼한 지 4년 만에 얻은 첫 아이였다. 당시 세종은 16살, 부인 심씨는 18살이었다. 대군의 딸로 자란 그녀는 7살 때에 궁궐로 들어와 공주가 되었고, 14살이 되면 관례를 올리고 시집을 보내기로 했었다. 그러나 관례를 한 해 남겨두고 죽으니, 세종 부부는 몹시 슬퍼했다. 정소공주가 죽고 2년 뒤인 1426년 4월 12일에 세종은 딸을 기리는 제문에서 이런 말을 하였다.

"장수와 단명에 운명이 있으니, 예로부터 피하기 어렵지만, 부녀간의 정은 언제나 변할 리가 없는 것이다. 대개 사랑하고 귀여워하는 마음은 천성에서 나오는데 어찌 삶과 죽음을 가지고서 다름이 있다 하겠는가. 아아, 네가 죽은 것이 갑진년(1424년)이었는데, 세월이 여러 번 바뀌매 느끼어 생각함이 더욱 더하도다. 이제 담제일이 닥쳐오매 내 마음의 슬픔은 배나 절실하며, 나이 어리고 예쁜 모습을 생각하매 영원히 유명幽明(저승과 이승)이 가로막혔도다. 이에 중관을 명하여 사실을 진술하고 제사를 올리게 하노라. 아아, 제도는 비록 한정이 있지마는 정에는 한정이 없도다. 영혼이여, 어둡지 않거든 와서 흠향하기를 바라노라."

   죽은 딸을 생각하는 부모의 정은 한정이 없음을 토로하고 있는 세종의 슬픈 얼굴이 스쳐가는 듯한 문장이다. 누구든 자식을 잃으면 땅이 꺼지고 가슴이 터지는 듯한 고통을 느끼기 마련이다. 더구나 13살의 한창 예쁠 나이에 잃은 자식은 더욱 더 아리는 법이다. 이후에도 세종은 세 명의 딸을 더 잃게 되지만, 이들 세 옹주는 태어나서 얼마 되지 않아 죽었기 때문에 이렇듯 절절한 아픔을 표현하고 있지는 않다. 하지만 세종의 슬픔은 여기서 끝나지 않았다.

   세종 26년(1444년) 12월 7일에는 왕비 심씨의 다섯째 아들 광평대군 이여가 스무 살의 젊은 나이에 홍역으로 죽었다. 그가 위독하다는 소리를 듣고 세종은 잠을 자지 않고 낫기를 염원했는데, 끝내 목숨이 끊어지자 절망한 나머지 식음을 전폐하고 드러누웠다. 그렇듯 광평을 잃은 슬픔이 다 가시기 전에 또다시 세종은 일곱째 아들 평원대군을 잃었다. 광평을 잃고 불과 한 달여 만이었다. 이때 평원의 나이는 불과 19살이었다. 평원 역시 홍역을 앓다가 죽었다. 이에 세종이 또 수라를 중지하니, 의정부와 육조에서 수라 들기를 요청했다.

당시 세종의 몸 상태도 매우 좋지 않았다. 세종은 젊은 시절부터 여러 질병에 시달렸다. 세종을 괴롭힌 질병을 나열해보면 우선 조선 왕들에게 가장 흔했던 종기는 늘 달고 살았고, 다음으로는 소갈증으로 불리던 당뇨병, 거기다 당뇨 합병증으로 발생한 눈병에 요통, 중풍까지 겪었다.

세종이 종기를 겪은 것은 한두 번이 아니었다. 거기다 동시에 여러 곳에 생겼다. 세종의 몸에 종기가 처음 생긴 것은 23살 때였다. 이때 세종은 왕위에 오른 지 1년 남짓 되었을 때였는데, 발에 종기가 생긴 것이다. 이후 툭하면 종기가 생겼는데, 부위도 다양했다. 겨드랑이에 날 때도 있었고, 어깨나 등에 날 때도 있었다. 때론 한꺼번에 여러 곳에 동시에 종기가 생기기도 했다. 이 때문에 세종은 자못 고생이 많았다. 하지만 세종의 종기는 치명적으로 악화되지는 않았다.

종기와 함께 세종을 괴롭힌 질병은 요통이었다. 어릴 때부터 책상에 앉아 있는 시간이 많았던 세종은 항상 허리가 좋지 않았다. 거기다 운동도 즐기지 않기 때문에 허리병을 달고 살아야 했다. 하지만 못 움직일 정도로 심각한 상황으로 치닫지는 않았다.

세종이 앓고 있던 질병 중에 가장 큰 문제는 바로 소갈증, 즉 당뇨였다. 세종은 어릴 때부터 육식을 좋아했을 뿐 아니라 뚱뚱한 몸매였다. 말하자면 음식을 즐기는 편이었는데, 이것이 당뇨를 부른 것이다. 물론 타고난 체질이었지만, 운동도 싫어하여 몸 관리가 제대로 되지 않았고, 늘 정사에 몰두하여 병을 제대로 돌보지도 않은 탓이 컸다.

세종이 소갈증, 즉 당뇨를 본격적으로 앓은 것은 이십 대 말부터였다. 이십 대에 당뇨가 시작되었다는 것은 매우 유전적인 영향이 컸다는 뜻이다. 그럼에도 세종은 소갈증 관리를 제대로 하지 못했다. 거기다 동시에 여러 병이 함께 생겼다. 물론 앞에서 말한 종기도 계속 되고 있었다. 이 때문에 세종은 재위 20년이 넘어가면서부터는 정사에서 손을 뗄 결심을 했다.

말하자면 세자에게 서무결제권을 넘겨주려 한 것인데, 신하들은 강하게 반대했다. 세자에게 서무결제권을 넘겨주면 졸지에 두 명의 왕을 섬기는 꼴이 되기 때문에 조정 대신들로선 여간 피곤한 일이 아니었기 때문이다. 그러자 세종은 자신이 여러 병을 앓고 있는 환자라면서 신하들에게 이렇게 호소한다.

"내가 젊어서부터 한쪽 다리가 치우치게 아파서 10여 년에 이르러 조금 나았는데, 또 등에 부종浮腫으로 아픈 적이 오래다. 아플 때를 당하면 마음대로 돌아눕지도 못하여 그 고통을 참을 수가 없다. 또 소갈증을 앓은 지 열 서너 해가 되었다. 그러나 이제는 역시 조금 나았다. 지난해 여름에 또 임질淋疾을 앓아 오래 정사를 보지 못하다가 가을 겨울에 이르러 조금 나았다.
지난봄 강무講武한 뒤에는 왼쪽 눈이 아파 안막眼膜을 가리는 데 이르고, 그로인해 오른쪽 눈도 어두워서 한 걸음 사이에서도 사람이 있는 것만 알겠으나 누가누구인지를 알지 못하겠으니, 지난 봄에 강무한 것을 후회한다.
한 가지 병이 겨우 나으면 한 가지 병이 또 생기매 나의 쇠로衰老함이 심하다. 나는 큰일만 처결하고 작은 일은 세자로 하여금 처결하게 하고자 하나, 너희들과 대신들이 모두 말리기에 내가 다시 생각하매, 내가 비록 병이 많을지라도 나이가 아직 늙지 아니하였으니, 내가 가볍게 말을 낸 것을 후회한다."

세종이 이 말을 한 것은 재위 21년(1439년) 6월 21일이다. 1397년 생인 세종이 43살 때였다. 당시 세종이 열거한 병은 다리 통증, 종기, 소갈증, 임질, 안질 등이다. 세종은 젊어서부터 이미 다리 통증으로 제대로 걷기 힘들었다고 호소하고 있는데, 이는 아마도 오래 전부터 앓고 있던 요통과 관련 있는 듯하다. 한쪽 다리가 치우치게 아팠다고 말하는 것으로 봐서 허리디스크나 척추만곡증을 앓고 있었을 가능성이 높다. 또 등에 난 종기 때문에 제대로 누울 수도 없다고 했는데, 이 역시 허리 병의 원인이었을 수도 있다.

세종이 앓은 질병 중에는 대표적인 성병으로 알려진 임질도 있었다. 남성의 임질 증세는 대개 요도염으로 귀결된다는 점을 감안할 때, 세종은 급성 요도염을 앓았던 듯하다. 당시 세종은 열 명이 넘는 후궁을 거느리고 있었다. 또한 세종은 매우 왕성하게 성생활을 한 것으로 보인다. 그래서 여러 후궁에게서 많은 자식을 낳았다. 임질은 아마도 그 과정에서 걸린 듯하다.

그러나 무엇보다도 세종을 지속적으로 괴롭힌 병마는 역시 소갈증, 즉 당뇨였다. 이 소갈증 때문에 세종은 하루에 몇 동이의 물을 마셔야 한다고 스스로 고백하고 있다. 당뇨는 당뇨 그 자체보다도 합병증이 더

무서운 법인데, 세종에게도 합병증이 닥쳤다. 바로 눈에 문제가 생긴 것이다.

　당뇨 합병증으로 눈에 이상이 생기는 대표적인 병이 당뇨망막병증인데, 세종의 눈병은 아마도 이것일 가능성이 높다. 당뇨망막병증은 망막의 미세혈관이 손상되는 질환으로 시력이 감퇴되고, 시야가 흐려지며, 독서에 장애를 준다. 그런데 세종의 증세가 거의 이와 일치한다.
　세종은 이 병을 치료하기 위해 충청도 초정리까지 거동하여 탄산수에 눈을 씻어 보기도 했지만 별다른 효험이 없었다. 당시 의술로는 치료가 거의 불가능했던 셈이다.

　이런 여러 질병과 함께 세종은 풍습병까지 앓았다. 풍습병은 요즘 용어로는 딱히 마땅한 용어를 대입하기 힘들지만, 그 증세에 대해 『의방유취』에서는 "풍사風邪와 습사濕邪가 결합하여 온몸이 한없이 욱신거리게 아프다"고 표현하는 것으로 봐서 관절통 정도 되지 않았을까 싶다. 어쨌든 세종은 늘 온갖 병마에 시달리며 온몸에 통증을 느끼며 지냈다는 것을 알 수 있다.

　세종은 이렇듯 온갖 병마에 시달리다 결국 만년에는 중풍까지 걸리고 말았다. 여러 질병에 더해 중풍 증세까지 겹친 상태에서 세종은 두 아들과 아내마저 잃었다. 그리고 결국 그 고통을 이기지 못하고 자신마저 재위 32년(1450년) 2월 17일, 가장 사랑하던 아들, 영응대군의 집 동별궁에서 54세를 일기로 생을 마감했다.

제2부

군주 세종, 그는 어떤 통치자인가?

조선이 추구하던 이상적인 사회는 왕도王道정치가 구현되는 나라였다. 왕도정치란 중국 상고시대 요순의 정치로 대표되는데, 이는 덕으로 나라를 다스리고 덕 있는 자가 우매한 백성을 교화해야 한다는 것이 핵심이다. 따라서 힘으로 나라를 지배하고 형률로 백성을 다스리는 패도覇道정치와 대비된다.

왕도정치의 목표는 백성들이 모두 조화롭게 잘 사는 태평성세를 일구는 것이다. 공자와 맹자, 주자로 대표되는 조선의 국시 성리학은 왕도정치 실현을 위해 가장 중시되는 개념으로 중용을 내세웠다.

중용이란 과하거나 부족함이 없이 떳떳하며 결코 한쪽으로 치우침이 없는 상태를 의미한다.

세종은 중용의 정신을 통해 왕도정치를 실현하는 것을 통치의 목표로 삼았다. 또한 이런 중용의 정치관을 바탕으로 경제를 운용하고, 법을 집행했다.

그가 추구하던 중용의 정치는 곧 왕권을 주체적으로 행사하되 신하들의 제도적 권리를 보장하여 왕권과 신권의 조화를 꾀하는 것, 신하의 죄는 벌하되 믿음과 의리는 저버리지 않는 것, 문文을 숭상하되 무武와 균형을 유지하는 것, 실리를 중시하되 명분을 잃지 않는 것, 이상을 추구하되 현실과 조화를 이루는 것 등이었다.

이런 중용의 정치관은 그만의 독특한 경제관과 법사상을 낳았다. 경제 정책을 실시함에 있어서는 현실주의의 기반 위에서 국고의 안정과 민생의 균형을 추구하였으며, 법을 집행함에 있어서는 억울한 백성이 생기지 않는 것을 최우선 과제로 삼아 인간의 도리와 법 규정, 그리고 사회적 환경의 조화를 꾀하는 방식을 택했다.

이 단락에서는 세종의 이런 정치관, 경제관, 법사상이 구체적으로 어떻게 적용되고 구현되었는지 알아본다.

5장
왕도정치 실현을 위한 중용의 정치관

1. 왕권과 신권의 융합을 통한 조화의 정치

신권정치를 꿈꾼 정도전과 태종의 패도정치

익히 알려져 있듯이 조선을 설계하고 통치 이념을 세운 사람은 삼봉 정도전이었다. 정도전이 염원하던 나라는 유학적인 이상사회였고, 유학이 꿈꾸던 이상사회는 왕도정치가 구현되어 모든 백성이 조화롭게 잘 사는 사회였다. 정도전은 왕도정치가 실현되기 위해서는 왕권이 아닌 신권 중심의 나라가 되어야 한다고 생각했고, 그 신권중심 국가의 요체는 바로 재상정치의 실현이라고 굳게 믿었다.

조선의 유일한 성문헌법인 『경국대전』의 토대가 된 『조선경국전』은 정도전의 신권정치에 대한 소신이 고스란히 담긴 책이었다. 정도전은 『조선경국전』에서 국가의 통치 실권은 재상이 가져야 한다고 적고 있는데, 이는 국가는 왕의 정치가 아니라 재상의 정치에 의해 운영

되어야 한다는 것을 표방한 것이다. 왕은 국가의 상징이며 왕조의 뿌리로서 기능하고 통치는 재상이 하는 것이 올바른 국가 운영 체제라고 본 셈이다.

정도전은 재상 정치의 실현을 위해 조선의 국정 운영 체제를 의정부서사제議政府署事制로 설계했다. 의정부서사제는 조선 정부의 기둥인 이·호·예·병·형·공으로 이뤄진 육조의 모든 업무를 반드시 의정부를 거쳐 왕에게 올라가게 하는 제도였다. 의정부엔 영의정, 좌의정, 우의정, 좌우찬성, 좌우참찬 등으로 이뤄진 일곱 명의 재상이 있었는데, 이들이 육조를 지배하며 실질적으로 국정을 이끄는 집단 지도 체제가 바로 의정부서사제였다.

조선 태조 이성계는 정도전의 재상 정치를 받아들여 의정부서사제를 실시하였고, 덕분에 태조 시절엔 의정부 중심의 재상 정치가 실시되었다. 하지만 정도전이 내세운 재상 정치의 꿈은 태종 이방원의 제1차 왕자의 난에 의해 무참히 짓밟혔다. 정도전을 죽이고 태조를 용상에서 밀어낸 태종은 의정부서사제를 폐지하고 왕이 육조의 업무를 직접 챙기는 체제로 변경시켰다. 이로써 신권 중심의 재상 정치는 무너지고, 왕권 중심의 육조직계제로 국가가 운영되었다.

육조직계제六曹直啓制는 왕권을 절대화시키고 모든 권력이 왕 한 사람에게 집중되는 현상을 불러일으켰다. 때문에 왕의 감정 상태나 심리 상태가 국정에 지대한 영향을 미칠 수밖에 없었다. 특히 태종은 반란을 통해 왕위에 올랐기 때문에 늘 주변을 경계하고 신하들을 불신하는 경향이 짙었다. 그래서 권력을 오로지 왕에게 집중시키는 데 주력했고, 조금이라도 왕권에 도전한다는 느낌이 들면 상대를 가리지 않고 무차별 숙청을 감행했다. 심지어 그 상대가 왕비나 처남, 사돈이라도 가차 없이 응징하거나 죽였다. 그런 까닭에 태종 재위 시에는 누차에 걸쳐 피바람이 일었다. 그야말로 태종은 철저히 힘의 논리로 신하와 백성을 지배하는 패도정치의 전형을 보여준 셈이었다.

이렇듯 패도정치를 구사한 까닭에 태종 시절엔 실력보다는 왕에 대한 충성도가 더 중시되었다. 그래서 요직은 모두 태종의 측근들이 장악했다. 그도 그럴 것이 태종은 아버지를 내쫓아 불효를 저질렀고, 형제를 죽이거나 대적하여 우애를 해쳤으며, 혁명을 함께 한 동지를 처참하게 살해하고, 친구와 아내의 집을 몰락시켜 신의를 저버렸으니, 그 누구도 믿지 못하고 오직 자신에게 머리를 숙이는 자만 곁에 뒀기 때문이다.

비록 사가들은 이런 태종의 행동들이 왕권을 안정시키고 국가의 기틀을 다졌다고 평가하고 있으나, 이는 근본적으로 승자의 논리에 불과했다. 냉정하게 말해서 태종은 권력에 눈먼 패륜아였고, 아버지를 쫓아낸 불효자였으며, 탐욕스럽고 의심 많은 권력자였을 뿐이다. 그 때문에 당시 조선의 정치는 늘 불안하여 항상 폭풍전야의 고요함 같은 공포감에 짓눌려 있었다.

왕도 세자도 아닌 시절

세종은 그런 태종이 살아있는 상황에서 용상에 올랐다. 그것도 국가 권력의 핵심인 군권을 갖지 못한 반쪽 자리 왕이었다. 군권을 놓지 않고 세종에게 선위한 것을 두고 태종은 아들 세종을 외풍으로부터 보호하기 위한 차원이었다고 변명할지도 모른다. 하지만 그 내막을 냉정하게 살펴보면 태종은 오히려 세종의 입지를 크게 약화시켜 자칫 세종을 온실 속 화초로 전락시킬 뻔했다. 비록 왕위에 오르긴 했으나 세종은 부왕 태종이 생존해 있던 4년 동안 늘 부왕의 입장을 고려해야 했고, 부왕의 심기를 살펴야 했으며, 부왕이 원하는 일이면 무조건 양보해야 하는 처지였기 때문이다.

사실, 세종의 재위 초기 4년은 차라리 세자로 머무는 것이 행복했을 시기였다. 왕위에 오르긴 했으나 왕권을 제대로 행사할 수 없는, 그럼에도 모든 결과에 대한 책임을 져야만 하는 난처한 입장이었다. 그 과정에서 영의정에 올라있던 장인 심온과 그의 형제들은 역적으로 몰려 목이 달아났고, 장모와 처가 사람들은 노비로 전락하여 유배지를 떠돌아야 했다. 그 때문에 사랑하는 아내 소헌왕후는 고통과 눈물로 밤을 지새워야 했지만, 세종은 어찌할 바를 모르고 그저 말문을 닫고 바라만 봐야 했다.

하지만 세종은 그 암울했던 4년을 굳건히 잘 견뎌냈다. 조급증을 드러내지도 않았고, 아버지의 처사에 흥분하거나 반기를 드는 일도 없었다. 그저 묵묵히 4년 동안 자신의 치세를 준비했고, 인재를 살폈으며, 학문을 진작시켰다. 비록 왕좌에 앉긴 했지만, 부왕이 살아있는 동안엔 세자의 처지와 다를 바가 없다는 것이 그의 판단이었다.

그렇게 4년이 지난 1422년 5월 10일, 태종이 56세를 일기로 사망하자, 세종은 본격적으로 자기의 정치를 펼쳐나가기 시작했다.

왕권과 신권의 조화를 위한 재상 정치의 실현

세종은 태종이 죽은 뒤에도 쉽사리 강력한 왕권의 상징인 육조직계제를 폐지하지 않았다. 세종은 근본적으론 의정부서사제를 골자로 한 신권정치가 옳다고 생각했지만, 그렇다고 왕권을 배제한 재상 정치만이 왕도라고 보지도 않았다. 왕권이 안정되지 않은 상황에서 재상 위주의 정치가 실현되면 자칫 왕은 유명무실한 존재로 전락하고 세력이 강한 자들이 패거리를 형성하여 의정부를 독점할 우려가 있다고 판단했다. 왕권이 약화된 상황에서는 올곧고 뛰어난 인재를 재상에 앉힐 수 없을 것이고, 그렇게 되면 허울만 재상 정치일 뿐 그 실상은 일군의 세력이 신권을 장악하여 국정을 농단하기 십상이라고 본 것이다.

세종은 오히려 제대로 된 재상 정치를 실시하기 위해서는 우선 왕권이 확립되어 재상에 대한 선택권을 확실히 왕이 장악해야만 한다고 생각했다. 왕이 힘이 없으면 재상다운 재상을 선택할 수도 없을 것이고, 그것은 결과적으로 신권 중심의 패도정치로 치닫게 될 것이 뻔했기 때문이다. 왕권은 확실히 보호되면서 동시에 재상 중심의 신권 정치가 실현되는 것, 그것이 가장 합리적이고 현실적인 왕도정치체제라고 판단했던 셈이다.

이런 이유로 세종은 친정 이후 십여 년 동안은 육조직계제를 그대로 유지하면서 왕권을 안정시키는 데 주력했다. 하지만 그렇다고 의정부의 재상들을 도외시한 건 아니었다. 오히려 정사 결정 과정에서 재상들의 의견대로 진행하는 경우가 더 많았다. 그리고 재상들의 의견이 자신과 다를 경우, 우선 그들의 말을 충분히 듣고 합리성과 현실성을 따진 이후에 자신의 의견을 곁들이는 방식을 택했다.

이런 형태의 국정 운영이 십여 년 지속된 후, 왕권이 안정되었다고 판단되자, 세종은 전격적으로 육조직계제를 폐지하고 의정부서사제를 부활시켰다.

세종이 의정부서사제의 부활을 선언한 것은 재위 18년인 1436년이었고, 전격적으로 의정부 중심의 재상 정치를 실시한 것으로 이듬해인 1437년 10월부터였다. 이때 세종은 이런 지시를 내렸다.

> "지금 의정부에서 세 의정이 사고가 있을 시엔 찬성은 수표를 하지 못하기 때문에 많은 일들이 정체되고 있다. 이제 의정이 두 명 있을 때에는 찬성이 인장을 맡아 결정할 수 없지만 의정이 한 명뿐일 때는 찬성이 그 일을 대신할 수 있도록 하라."

이에 대해 의정부에서는 다음과 같이 제의했다.

> "이전에 의정부도 수표를 할 때는 영의정 한 명과 좌우의정 한 명씩 그리고 찬성, 참찬, 지사, 참지가 각각 두 명씩 있었습니다. 그러나 육조가 사무를 분담하여 직접 보고하게 된 이후에는 찬성 한 명과 지사, 참지를 없애버렸습니다. 그런데 의정부가 다시 수표를 하게 된 때에 와서도 찬성 이하의 인원수가 늘어나지 않은 것은 제도에 어긋납니다. 찬성 한 명을 더 두시고 좌찬성과 우찬성으로 나눠 부르도록 하시옵소서."

세종은 의정부의 건의를 받아들여 재상의 수를 다시 7명으로 복원했다. 의정부서사제를 부활한 것은 한 해 전인 1436년이었지만, 실제로 의정부 조직을 서사제에 맞게 확대한 것은 바로 이때에 이르러서였다.

그런데 세종은 재상들의 힘을 강화시키면서 동시에 왕의 친위세력도 함께 강화했다. 우선 왕의 비서기관인 승정원을 확대 개편하여 기능을 강화했다. 동시에 승정원의 여섯 승지가 육조를 하나씩 맡아 왕과 육조가 직접적으로 연결될 수 있도록 조치하는 한편, 정3품의 승지 자리에 종2품 출신을 기용할 수 있도록 함으로써 승지의 위상을 한층 높였다. 거기다 집현전을 단순히 학문 기관이 아닌 왕의 자문 기관으로 승격시켜 정치적 영향력을 확대했다. 이는 왕의 친위 세력을 강화하여 재상들을 견제함으로써 왕권과 신권의 융합을 통한 조화의 정치를 이루고자 함이었다.

2. 믿음과 의리에 바탕 한 포용의 정치

과를 덮고 공을 세워 황희를 정승의 대명사로 만들다

조선사를 통틀어 재상정치가 제대로 실시된 것은 세종 대뿐이었다. 뿐만 아니라 정승들의 재임 기간이 가장 길었던 시기도 역시 세종 대였다. 조선의 정승들 중에 가장 오랫동안 재임했던 인물은 황희였는데, 무려 24년 동안이나 정승 자리를 지켰다. 재위 32년 중에 태종이 상왕으로 있던 4년을 뺀 친정 기간 28년 중에 황희가 정승이 아니었던 시절은 단 4년뿐이었다. 이는 물론 황희의 탁월한 업무 처리 능력 덕분이기도 했지만, 무엇보다 신하들에 대한 군은 신뢰와 의리를 중시했던 세종의 신념이 낳은 결과였다.

세종은 일단 인재를 선택하면 무한한 신뢰를 보내고, 어떤 경우에도 결코 왕과 신하간의 의리를 저버리지 않았다. 특히 정승을 맡은 원로에 대해서는 각별히 우대하고 배려했으며, 정사를 결정하는 과정에서는 반드시 그들 원로들의 의견을 깊게 듣고 되도록 그들의 뜻을 전폭 수용하였다. 또한 웬만한 구설수와 비리 사건에도 신뢰를 거두지 않았고, 웬만한 잘못에도 다시 불러 썼다.

세종시대 정승의 대명사인 황희만 하더라도 앞에서 보았듯이 살인 사건을 은폐한 적도 있고, 국유지를 자신의 땅으로 바꿔놓기도 했으며, 뇌물을 받거나 친인척의 비리를 감싸주는 등 범죄와 비리에 연루된 일이 많은 인물이었다.

예컨대 1428년 1월 28일, 첨절제사 박유가 황희에게 뇌물을 보내다가 단속 관원들에게 붙잡힌 적도 있고, 그해 6월 14일에는 황희가 역졸 박용으로부터 말과 술대접을 받고 그를 비호하는 편지를 썼다는 대간의 보고서가 세종에게 올라간 적도 있다.

세종은 뜬소문이라고 일축하며 황희를 탄핵하지 말라고 지시했다. 하지만 소문이 점차 커져서 조정이 시끄러워지자 대간에서는 황희를 탄핵했고, 황희는 스스로 나와 자신의 누명을 조사해줄 것을 청했다. 이에 따라 황희의 서찰을 받아갔다는 박용의 아내 복덕에 대한 국문이 이뤄지고, 의금부에서는 황희와 복덕의 대질 신문을 요청했다. 그러나 대질은 이뤄지지 않았고, 탄핵을 받은 황희는 임금에게 사직을 요청했다. 하지만 이번에도 세종은 사직 요청을 받아들이지 않았다. 사건 정황으로 봐서는 황희가 어느 정도 관련된 것 같았지만, 그런 일로 뛰어난 신하를 잃고 싶지 않았던 것이다.

이 사건 이외도 황희의 몇몇 행적은 구설수에 올랐다. 처남들인 양수와 양치가 위법을 저지른 것이 발각되자, 그들은 잘못이 없고 단지 풍문일 뿐이라는 글을 세종에게 올려 구차한 변명으로 처남들을 구해낸 적도 있고, 관청에서 몰수한 과전을 아들 황치신에게 돌려주려고 사사로이 글을 올려 임금에게 청한 적도 있다. 그 외에도 온정에 이끌려 몇몇 사건에 청탁이나 권력을 행사하다가 탄핵을 받은 일들이 있었다.

이렇듯 황희는 여러 비리 사건으로 누차에 걸쳐 탄핵을 당했지만, 그때마다 세종은 그의 능력을 믿고 아낌없이 배려하며 결코 신뢰를 거두지 않았다. 그 과정에서 잠시동안 파직한 적이 몇 차례 있지만, 이내 다시 불러 기용했다. 덕분에 황희는 조선시대 가장 뛰어난 재상으로 우뚝 설 수 있었다.

노골적으로 대드는 고약한 신하까지 품다

비단 황희뿐 아니라 세종의 이런 태도는 모든 신하에게 한결같았다. 그들 중에는 세종의 정책에 대해 노골적으로 반대하고 비판하는 이도 있었지만, 그들조차도 늘 곁에 두고 그들의 능력을 한껏 발휘하도록 했다. 심지어 고약해 같은 인물은 지방관 임기 문제로 덤벼들 듯이 무례한 행동을 했음에도 잠시 파직했다가 다시 서용하는 아량을 보이기도 했다. 고약해가 세종에게 덤벼든 사건의 전말은 이렇다.

1440년 3월에 당시 형조참판으로 고약해가 정사를 논의하는 자리에서 갑자기 벌떡 일어서서 덤빌 듯이 할 말이 있다고 하였다. 세종이 말해 보라고 하니, 지방관의 6년 임기제는 폐해가 많고 너무 가혹한 법이므로 3년으로 바꿔야 한다고 주장했다.

고약해는 이미 한 달 전에 같은 내용으로 임금에게 상언한 바 있었다. 이때 고약해는 눈물까지 흘리며 법을 바꿀 것을 주장했지만 임금은 들어주지 않았다. 또 오래 전에도 같은 내용으로 임금에게 상언한 바 있었다. 이번이 세 번째 상언이었다. 옛말에 선비가 세 번 상언하여 답을 받지 못하면 벼슬을 버리고 낙향한다는 말이 있어, 그는 각오를 단단히 하고 덤비듯이 임금에게 자기주장을 펼쳤다.

그 행동이 무례하고 쓰는 말투가 경박하여 임금이 몹시 화를 냈다. 임금은 3년 임기에서도 지방관의 잘못과 폐해가 드러나게 마련인데, 6년을 한다고 해서 더 심해졌다는 증거를 대보라고 추궁하였다. 이에 고약해는 자신이 세 번이나 청한 일을 들어주지 않아 너무나 유감이라고 말하면서 이런 말을 쏟아냈다.

"전하께서 현명한 임금이 아니라면 신이 뭐 하러 조정에서 벼슬을 하겠습니까? 신이 무슨 이해관계를 가지고 거짓말을 하겠습니까? 신이 그 폐단을 직접 목격하였기 때문에 감히 말했을 뿐입니다. 이제 신의 청을 승인하지 않을 뿐 아니라 오히려 신을 옳지 못한 자로 여기고 있으니 신은 사실 실망스럽습니다."

임금이 모두 물러간 다음 도승지 김돈을 불러 말했다.
"고약해가 행동이 크고 속을 숨기지 못하는 성미는 알고 있다. 하지만 오늘 한 말들은 무례하기 짝이 없다. 나는 그를 신문하고자 한다."

김돈이 대답했다.
"고약해는 평소에도 말을 함부로 하고 행동과 말이 일치하지 않습니다. 그래서 소신도 오늘의 무례한 언사는 죄를 줘야 한다고 생각하고 있었습니다."

그러자 임금은 사헌부에 내려 보내 신문하라고 하였다. 하지만 사간원과 사헌부에서는 의견이 달랐다. 비록 고약해가 말이 무례하긴 했으나 그것으로 죄를 주면 임금이 신하들의 간언을 듣지 않는다고 할까봐 두렵다는 이유였다. 또 만약 고약해에게 죄를 주면 앞으로 신하들이 임금에게 직언을 하지 못하게 될 것이라는 염려를 덧붙였다.

하지만 임금은 고약해의 간언에 대해서는 질책할 생각이 없다고 말하면서 다만 그 무례한 말투와 행동은 질책해야 한다고 말했다. 그래도 사헌부에서는 신문을 하는 것은 옳지 않다고 하자, 임금은 황희와 신개 등 정승들의 의견을 물어오라고 하였다.

황희 등도 고약해를 신문하는 것에는 반대하였다. 그래서 임금은 고약해를 벼슬에서 파면시키는 것으로 이 일을 종결시켰다. 그리고 이듬해에 세종은 다시 고약해를 불러들여 관직을 주고 기용함으로써 왕으로서 신하에 대한 포용력을 발휘했다.

사사건건 반대하는 신하도 늘 곁에 두다

세종은 사사건건 비판으로 일관했던 신하들도 늘 곁에 두고 국정의 동반자로 삼았다. 세종의 주요 정책에 대해 가장 많은 반대 상소를 올린 인물은 단연 최만리였다. 최만리는 세종 재위 1436년(세종 18년)부터 1444년까지 무려 8년 동안 집현전 부제학으로 있었는데, 이 기간 동안 세종과 크게 세 번 부딪쳤다. 세종은 집권 후반기에 이르러 불교를 포용하여 민심을 다독이고, 한글을 반포했으며, 첨사원을 세워 세자에게 서무를 이관했는데, 당시 집현전 부제학이었던 최만리는 이 세 건의 주요정책에 대해 모두 강력한 반대 상소를 올리며 세종과 대립했던 인물이다.

세종은 원래 집권 초기에는 강력한 억불정책을 썼는데, 집권 후반기에는 갑자기 불교 포용정책으로 전환했다. 뿐만 아니라 왕자들로 하여금 자신이 신뢰하던 승려 신미를 스승으로 삼게 하였다. 또한 내불당을 설치하고 내불당 내에 사리를 봉안하기까지 했다. 이 때문에 유학을 신봉하던 신하들과 강하게 대립했다. 그 대립의 선봉에 선 인물이 바로 집현전 부제학 최만리였다.

최만리는 1443년에 세종이 흥천사에 사리각을 세우는 것을 축하하는 경찬법회를 허용하자, 이를 강력하게 비판하며 경찬회는 승려들의 사치스럽고 망령된 행동이며 이를 허용하는 것은 그 같은 악행에 동참하는 것과 같다고 주장했다. 이 과정에서 최만리는 집현전 관원들과 함께 자신을 파면해 달라는 상소를 올리며 세종과 정면으로 대립했다. 하지만 세종은 그들의 파면 요구를 받아들이지 않았고, 기어코 경찬법회를 강행했다.

이 사건 이후에도 세종의 불교 포용 정책을 두고 세종과 최만리는 지속적으로 대립했다. 최만리는 불교는 허위와 망상의 논리로 이뤄진 잡스런 종교라며 이를 유학의 나라 조선에서, 왕이 불교를 섬긴다는 것은 있을 수 없는 일이라고 비판했다. 하지만 세종은 불교가 천하에 다 퍼졌는데, 우리 같은 작은 나라에서 어떻게 불교를 금할 수 있느냐고 반박하며 불교 포용 정책을 지속하겠다는 의지를 강하게 피력했다. 이 때문에 불교 포용을 두고 최만리와 세종의 대립은 이후에도 지속된다. 하지만 최만리는 끝내 세종의 뜻을 꺾지 못했다.

세종과 최만리의 두 번째 대립은 세종이 첨사원을 설치한 이후 세자 향(문종)으로 하여금 서무를 대행하게 하고, 세자 향이 왕처럼 남쪽으로 향해 앉도록 한 조치 때문에 일어났다. 이와 관련하여 최만리는 1443년 4월 20일에 이런 상소를 올렸다.

"하늘에는 두 개의 태양이 없고 백성에게는 두 임금이 없습니다. 명분이 지극히 엄하니 조심하지 않을 수 없습니다. 지금 만약 남면하여 조회를 받고 백관들이 신이라 칭한다면 이것은 지존과 분별이 없게 될 터이니, 그 명분에 어떻다고 하겠습니까?"

최만리는 세자시강원 보덕을 지낸 적이 있으므로 문종에게는 스승과 다름없는 인물이었다. 따라서 문종이 섭정이 되어 정사를 처리하는 것은 본인에게 결코 해가 될 일이 없는 것이었다. 하지만 최만리는 원칙을 앞세우며 세자가 정사를 대신 처리한다고 하더라도 결코 왕이 아니라 아직 세자의 신분으로 섭정을 하는 것이므로 왕처럼 남쪽을 향해 앉아서는 안 된다고 주장한 것이다.

이렇듯 최만리는 깐깐한 원칙주의자였다. 이런 최만리가 싫을 법도 한데 세종은 결코 그를 멀리 하거나 집현전에서 내쫓거나 하지 않았다. 단지 그의 의견을 받아주지 않고 자신의 뜻대로 세자로 하여금 왕 노릇을 하게 할 뿐이었다.

이후 최만리는 또 다시 세종과 강하게 대립하게 되는데, 바로 훈민정음 반포와 관련된 일이었다. 최만리는 훈민정음을 반포하는 것은 스스로 문자를 버리고 오랑캐가 되는 일이라며 세종을 힐난했다. 또한 혹 중국에서 훈민정음 반포에 대해서 알기라도 하면 중국의 비난을 면하지 못할 것이라는 협박조의 말까지 했다.

이 상소문을 읽고 세종은 최만리를 불러 면전에 대고 이렇게 말했다.

"네가 운서를 아느냐? 사성칠음에 자모가 몇 개나 되느냐?"

그렇게 언어학에 대한 최만리의 무지를 꾸짖은 뒤, 그를 의금부에 하옥시켜버렸다. 이는 임금을 힐난한 죄를 묻는 차원이었지만, 다음날 세종은 최만리를 석방시켰다. 또한 집현전 부제학 자리에도 그대로 두었다.

당시 집현전은 단순한 학문 기관이 아니라 왕의 자문 기관이자 비서기관이었다. 또한 집현전 부제학은 실질적인 집현전의 우두머리였다. 따라서 집현전 부제학은 왕의 정책에 호의적인 인물이 배치될 가능성이 높았다. 하지만 세종은 최만리같이 자신의 정책에 매우 비판적인 인물을 임명했다. 그것도 무려 8년이나 그 자리를 지키게 했다.

당시 최만리뿐 아니라 집현전 관리들은 모두 세종에게 쓴 소리를 하는 집단이었다. 세종은 그 쓴 소리를 기꺼이 들으며 때론 그들의 소리를 귀담아 듣기도 했고 때론 그들과 대립했다. 그 과정에서 사사건건 자신의 뜻에 반하는 말을 하는 신하도 늘 품는 자세를 취했다. 이는 자신이 임명한 신하에 대한 굳건한 믿음과 군신의 의리를 중시하는 세종의 포용력이 낳은 결과였다.

3. 토론과 여론 수렴을 통한 합일의 정치

합리적 결론에 도달할 때까지 의논을 지속하게 하다

"의논하여 보고하라!"

이 문구는 세종이 국정 운영 과정에서 가장 자주 썼던 말이다. 세종은 국가 중대사에 해당되는 모든 문제를 의정부와 육조, 삼사의 핵심들에게 토론하게 했고, 작은 일들은 해당부서에서 토론하게 하여 그 내용을 그대로 보고하게 한 후 마지막으로 자신이 결정을 내놓은 방식을 취했다.

토론이란 근본적으로 서로 다른 의견을 자유롭게 개진하고 의논하는 것이므로 이는 회의와는 근본적인 차이가 있다. 회의는 하나의 가장 좋은 의견을 정하는데 목적을 두고 있다면 토론은 어떤 문제에 대해 찬성하는 쪽과 반대하는 쪽이 나뉘어 서로의 주장을 앞세우며 팽팽히 맞선다는 데 특징이 있다. 세종은 이 토론 과정을 여과 없이 그대로 듣고, 그 내용을 합리적으로 정리하는 형태로 국가 중대사를 결정했다.

이와 관련된 사례가 실록에는 수도 없이 많이 등장하지만, 그 중 몇 가지 사례를 들어본다. 다음은 세종 12년(1430년) 12월 27일의 기록이다.

상정소詳定所에서 아뢰었다.

"서반 3품 이하의 관직으로서 죄가 태형 40대에 해당하는 자는, 병조에서 아뢰지 아니하고 직접 처단하고, 내금위나 내시위는 진무소에서 결정하여 처벌하기로 법이 마련되어 있습니다. 그러나 타당하지 못한 점이 있사오니, 바라옵건대 지금부터 서반 4품 이상에 대하여는 임금께 아뢰어 논죄하게 하소서."

임금이 말하였다.

"강무할 때에는 병조에서 직접 처결할 것이지 보고할 필요가 무어 있느냐."

이에 총제 정초가 대답했다.

"동반은 9품까지 임금께 아뢰어 논죄하면서, 서반은 3품 이하를 모
두 아뢰지 않고 논죄한다는 것은 사실상 부당합니다."

임금이 말하였다.

"동반과 서반은 사실상 다르다. 더구나 이 법으로 말하면 태종께서
만들어 놓은 법이 아닌가. 만일 모두 보고하여 결정한다면 군사 문
제가 허술하게 될 우려가 있다. 다시 의논하여 올리라."

이에 정초가 또 아뢰었다.

"모든 조회에서 종친은 왕족으로서 서반에 있고, 돈녕부는 다른
성이며 또 현직도 없는데 동반에 있는 것은 타당하지 못한 듯합
니다."

이에 임금이 말하였다.

"나도 부당하였다고 생각하였다. 당초에 관제를 마련할 때에도 이
런 의논이 있었는데 찬성 허조가 주장하기를, '돈녕부를 만일 서
반에다 둔다면 정부와 서로 마주보게 될 것이니, 동반에 앉히는 것
이 옳다.' 하여 태종께서 이를 따르셨다. 경은 이에 대하여 다시
의논하여 올리라."

상정소詳定所는 국가의 법규나 법전을 제정하거나 정책 및 제도를
마련하기 위해 설치한 기구인데, 이 기구에서 동반(문반)과 서반(무반)
의 관원들에 대한 처벌에 관해서 불합리한 측면이 있다며 고쳐야 한다
고 주장했다. 이에 대해 세종은 그 내막을 들어보고 자신의 의견을 개
진한 뒤, 그래도 불합리한 면이 있다고 하자, 결국 "다시 의논하여 보
고하라"고 한다. 또 문무반의 관제를 마련할 때 외척 중심의 돈녕부는

문반인 동반에 두고, 종실 중심인 종친부는 무반인 서반에 둔 것에 대해 불합리한 면이 있다고 하자, 이 역시 "논의하여 보고하라"고 한다.

이렇듯 세종은 대부분의 국사를 결정하기에 앞서 관계되는 기관의 관료들이 논의한 후, 그 내용을 보고토록 하고, 이후에 그 보고 내용을 듣고 합당하면 그대로 수용하고, 불합리한 면이 있으면 자신의 의견을 내비친 후 다시 의논하게 하여 보고하게 하였다. 이후에도 조금이라도 미흡한 부분이 있으면 다시 한 번 논의를 주문한다. 합리적 결론에 도달할 때까지 지속적으로 토론을 주문하는 것이다.

모든 재상들의 의견을 듣고 결론을 내리다

세종은 민감한 사안을 결정할 때 가급적 해당 기관이나 의정부 재상들의 토론 과정을 반드시 거쳤다. 특히 고위 관료의 탄핵 사건이 있을 때에는 반드시 의정부 재상들의 의견을 취합했는데, 세종 13년(1431년) 11월 10일의 다음 기사도 그 사례 중 하나다.

사헌부에서 아뢰었다.

"양녕 대군 이제의 첩의 딸 건이가 자주색 명주로 말의 고삐를 만들어 길을 다니다가 금란리禁亂吏(의금부 관원)에게 잡혔는데, 건이는 공녕군 이인의 기생첩인 봉금종과 함께 대사헌 오승의 기생첩인 금강아의 집에 가서 이를 청하니, 금강아가 이웃 여자인 소사를 시켜 오승에게 청하였습니다. 이에 오승이 금란리에게 이르기를, '본부에 알리지 말라.' 했으니, 건이와 봉금종에게는 각기 태형 50대를 치고, 금강아와 소사에게는 태형 40대를 치고, 오승은 사중이 이미 명백한데도 부끄럽게 풍헌風憲(사헌부)의 장관으로 공공연히 청탁을 행하고도 실정을 말하려 하지 아니하니, 청컨대, 모두 형률에 의거하여 과죄하소서."

이에 명하여 건이와 봉금종에게는 속전贖錢(벌금)을 거두게 하고, 소사는 논죄하지 말게 하고, 오승은 관직을 파면하도록 하였다.

내용인즉, 오승이 청탁을 받아 죄인을 봐주라고 했다가 사헌부의 탄핵을 받고 파면되었다는 것이다. 그런데 이 날 오승이 자신의 억울함을 토로하는 글을 올렸다. 이 글에서 오승은 자신은 청탁을 받은 사실이 없다고 주장했고, 이 때문에 세종은 의정부의 재상들에게 토론하여 각자의 의견을 내놓도록 했다. 그 내용을 옮기면 이렇다.

대사헌 오승이 상언했다.

"신은 재주가 없는 사람으로 외람되이 풍헌의 웃자리에 있어 밤낮으로 공경하고 두려워하였사온데, 어찌 감히 사정에 따라 세상 사람의 비난을 받았겠습니까? 돌아보건대, 사리에 어둡고 용렬하여 사람들의 기대에 합하지 못할 뿐입니다. 지난달에 평소부터 아는 이웃 여자인 소사가 와서 고하기를, '제가 아는 한 여자가 자주색 명주 말고삐를 사용하다가 금란리禁亂吏에게 잡혔다.'고 하므로, 신은 이 말을 듣고도 한 마디 말도 하지 않았습니다. 그 후에 본부에 나아가니 형방리刑房吏(형조의 관원)가 그 일을 보고하였으나, 신은 이 말을 듣고는 다시 다른 말을 하지 않았습니다, 그 아전이 집의에게 가서 말하니, 집의가 그 아전에게 눈짓하여 갑자기 다른 일을 독촉하니, 그 아전은 곧 나가버렸습니다.

그 후 며칠 만에 동료들이 서리들의 공사를 가져다가, '어소에 아뢰지 말고, 금란리에게 잡힌 것을 알리지 말라.'는 말을 엮어 만들어 드디어 신을 탄핵했습니다. 신은 가만히 의심하기를, 공사의 체통은 마땅히 먼저 영을 범한 사람을 국문하여 그 죄를 다스려야 될 것인데, 지금은 그 범인은 석방하고 신을 탄핵하는 데만 급급하여 오로지 신을 쫓아내기를 마음먹으니, 풍헌의 임무는 마땅히 이와 같지는 않아야 할 것입니다. 삼가 바라옵건대, 성상께서 살피옵소서."

좌대언 김종서에게 명하여 대신들에게 의논하게 하니, 신상·윤회·정초 등이 아뢰었다.

"사헌부의 제사는 명백하오나 오승의 상서에는 발명發明(죄나 잘못이 없음을 말하여 밝힘)한 것이 없사오니, 마땅히 다시 분별하지 말 것입니다."

신상은 이렇게 아뢰었다.

"오승으로서는 부끄러워 자복할 여가도 없을 것인데 도리어 상서하였으니, 마땅히 죄책을 가해야 될 것입니다."

맹사성은 이렇게 아뢰었다.

"시리를 따지자면 한정이 없으니 어찌 오승이 법을 굽히지 않았는지 알겠습니까. 그러나 일이 이미 이 지경에 이르러 변명하기가 어렵게 되었으니 변명하지 않는 것만 같지 못합니다."

황희는 이렇게 아뢰었다.

"대신의 말을 분변하지도 않고 죄를 다스린다는 것은 옳지 못한 것 같습니다. 그러나 오승의 상서에는 변명하는 말이 없었으니, 비록 형조에 내려 분별하더라도 반드시 발명하지 않을 것이므로, 해명하지 못할 줄 알고 하옥하는 것도 또한 심히 옳지 못합니다."

허조·권진 등은 이렇게 아뢰었다.

"사헌부의 계사가 근거가 있으니 만약 범죄한 사람과 함께 모두 옥에 내려서 힐문한다면, 대원臺員(사헌부 관원)이 옥에 갇혀 있게 되므로 의리상 다시 변명할 수 없게 될 것입니다."

이에 명하여 그 글을 머물러 두게 하였다.

이 내용에서 알 수 있듯이 세종은 오승의 글에 대한 여러 재상들의 의견을 모두 청취한 뒤에 처리 방향을 결정하고 있다. 결론은 오승의 글을 더 이상 의논에 붙이지 않고 일단 유보시키는 것이었다. 이왕 사건은 벌어졌고, 그 과정에서 오승이 사건을 제대로 처리하지 못했으니, 그에 대한 처벌로 그를 파직하는 것은 옳다고 보았다.

그런데 오승에게도 나름 억울한 면이 있다고 생각하고 더 이상 사건을 확대하지 않은 것이다. 이후 세종은 오승을 중추원사로 임명함으로써 그의 억울함에 대한 나름의 보상을 하였다. 대신들의 의견을 종합한 결과 오승의 실책은 인정하되 그를 죄인으로 모는 것은 가혹하다는 판단에 따른 것이다.

이렇듯 세종은 대다수의 국사를 항상 재상들에게 토론을 시킨 후 자신이 결론을 내리곤 했는데, 이는 국정 운영 과정에서 의정부 재상들의 뜻을 최대한 존중하겠다는 신념에 의한 것이다. 이런 세종의 신념은 결과적으로 왕권과 신권이 하나가 되는 합일의 정치로 귀결된다.

4. 문무를 아우르는 균형의 정치

무과에 문과 과목을 추가하여 무관의 위상을 높이다

조선의 지배 계급을 흔히 양반이라고 부른다. 양반이라는 것은 원래 문반과 무반을 지칭하는 개념이었다. 하지만 시간이 흐르면서 단순히 관제상의 문반과 무반뿐 아니라 지배 신분층을 지칭하는 개념으로 바뀌었다.

사실, 양반이라는 개념이 처음 등장한 것은 고려 초였다. 골품제로 신분을 구분하던 신라와 이를 호족 연합체 성격을 띤 고려 초만 하더라도 문반과 무반의 구분이 없었다. 그러다 고려 경종 때에 전시과가 실시됨에 따라 문반과 무반으로 구성된 관료체제가 성립되었기 때문이다. 하지만 이때만 하더라도 제대로 된 양반 체제가 갖춰지지 않았다. 명실상부한 양반 체계를 갖춘 것은 성종 때인 995년이었다. 물론 문반과 무반의 차별 대우는 없었다. 단지 문반은 정치를 담당하고 무반은 군사를 담당했을 뿐이다.

그러나 시간이 흐르면서 문반 위주로 변화되기 시작했다. 문반의 직급이 무반 위에 있었기 때문이다. 이 때문에 무신의 난이 일어나 한동안 무반 중심의 시대가 전개되면서 양반 체제는 완전히 무너졌다. 양반체제가 다시 복구된 것은 조선이 개국된 이후였다. 그런 까닭에 조선시대를 양반들의 시대라고 하는 것이다.

조선시대에 와서 양반사회에서 큰 변화가 하나 생겼는데, 그것은 무신도 과거를 거쳐야만 무관이 될 수 있다는 것이었다. 우리 역사에 무과가 처음 실시된 것은 고려 공양왕 때였지만, 무과가 제대로 자리를 잡은 것은 조선에 이르러서였다. 특히 세종시대에 이르러 무과가 정착되었는데, 세종시대의 무과는 그 이전과 확연히 다른 것이 있었다. 무과 시험 과목에도 문과 과목을 넣은 것이다.

이와 관련하여 실록은 세종 1년(1419년) 2월 16일에 다음과 같은 기록을 남기고 있다.

> 좌의정 박은이 계하였다.
> "문신文臣을 선발하여 집현전에 모아 문풍文風을 진흥시키시는 동시에, 문과는 어렵고 무과는 쉬운 때문으로 자제子弟들이 많이 무과로 가니, 지금부터는 『사서四書』를 통달한 뒤에라야 무과에 응시할 수 있도록 만들어 주시옵소서."
> 이에 임금이 아름답게 여기고 받아들였다.

원래 세종 이전의 무과 과목은 목전木箭·철전鐵箭·편전片箭·기사騎射·격구擊毬 등 6기六技로 구성된 무예 시험만 있었다. 그런데 세

종이 여기에 문과 과목인『사서』를 추가한 것이다. 실록의 기록대로
무과에『사서』를 넣은 것은 지배층의 자제들이 많은 경전 공부가 필
요한 문과를 어렵게 생각하여 기피했기 때문이다. 이렇듯『사서』가
무과 과목에 추가된 뒤로 무과과목은 크게 무예와 강서講書, 두 분야
로 나뉘어지게 된다.

　무과 시험에 강서를 도입한 뒤로도 세종은 무과 응시자들의 능력
과 소양을 높이기 위해 강서 과목을 다양화 할 필요가 있다고 생각했
다. 그래서 재위 16년(1434년) 3월 4일에 이런 명령을 내렸다.

　　　"시험을 선발할 때에는 먼저 기사騎射를 실시하고, 다음에 격구擊毬
　　　를, 그 다음에 1백 50보를 실시할 것이며, 그 다음에는『오경』・『사
　　　서』・『통감』・『장감박의將鑑博議』・『소학』・『무경칠서武經七
　　　書』중에서 자원에 따라 한 가지 글을 강講할 것이다."

　이 명령에서 알 수 있듯 세종은 무과 응시자들이『사서』와 같은 유
학 서적 외에도『자치통감』과 같은 역사서,『장감박의』나『무경칠
서』와 같은 병서를 공부하도록 했다. 이는 무과 응시자들의 능력을 향
상시키기 위한 아주 합리적인 조치였다.

　『장감박의』는 중국 송나라 때의 대계戴溪가 춘추 전국 시대의 손무
부터 오대五代의 곽숭도까지 역대 명장들의 병법과 전투를 논한 책이
고,『무경칠서』는『손자병법』,『오자병법』,『사마병법』,『위료병법』,
『이위공병법』,『육도』,『삼략』등의 일곱 가지 병법 서적이다. 이들

서적은 무관이라면 반드시 익혀야 하는 것들이었다.

이후 무과에 합격하기 위해서는 무예 외에도 사서오경 중 하나, 무경칠서 중 하나, 『통감』이나 『병요』, 『장감박의』, 『소학』 중 하나를 각각 택하게 함으로써 적어도 세 종류의 책은 익혀야 했다. 거기다 훗날에는 조선의 법전인 『경국대전』까지 추가되어 무과의 강서 과목이 총 네 가지로 확대된다. 이로써 무관 출신자들도 더 이상 학문에 문외한이라는 소리를 듣지 않게 되었다.

세종이 무과에 학문을 도입한 일차적 배경은 양반의 자제들이 무과에만 몰리는 것을 막기 위한 것이었지만, 보다 궁극적인 목적은 무관들의 능력과 소양을 향상시켜 국정에 문무 양반을 고르게 참여시키는 데 있었다. 예컨대 왜구의 침입이나 여진족의 침입이 빈번한 지역의 지방관으로 무과 출신을 보내는 것이 가능하게 한다든지, 병조판서 등의 국방 관련 고위직에 무관을 임명한다든지 하는 인사 정책을 실시할 계획이었던 것이다.

무관 출신을 정승으로 삼다

세종이 무과에 강서 과목을 도입하여 문무를 겸비한 무관들이 늘어나자, 무관을 지방관으로 임명하는 것이 가능해졌다. 특히 외적의 침입이 심한 변방 지역엔 가급적 무관을 지방관으로 파견했다. 또한 병조판서에도 무관을 임명하기도 했으며, 심지어 의정부 정승 자리에도 무관을 임명하는 경우도 있었다.

세종시대에 무관 출신으로 의정부 재상이 된 첫 인물은 대마도 정벌을 이끌었던 이종무였다. 이종무가 1419년에 대마도를 정벌하고 돌아오자, 세종은 그를 의정부 찬성사에 임명하여 재상의 일원이 되게했던 것이다. 그러나 이종무는 삼정승에 오르지는 못했다. 무관으로서 정승의 자리에 오른 첫 인물은 사군을 개척한 최윤덕이었다.

최윤덕은 세종시대 무인의 표상이라 할 만한 인물이었다. 그는 그야말로 여진족에게는 호랑이로 통했으며, 백성들에겐 인정 많고 유순한 목민관이었으며, 세종에겐 나라를 지키는 보검 같은 존재였다.

최윤덕은 1402년에 무과에 합격한 이후로 변방에서 주로 병마사를 맡아 활약했는데, 그 과정에서 태안군수를 맡기도 했고, 평안도 도절제사와 안주목사를 겸임하기도 했다. 또한 변방에서 많은 공을 세워무관의 최고위직인 중군도총제를 지냈다. 그런데 세종은 무관인 그를문관 직인 병조판서에 임명하여 국방을 책임지게 했다. 또한 거기서한 발 더 나아가서 그를 우의정으로 삼았다가 다시 좌의정에 임명하기도 했다.

문관 출신에게 변방을 맡기다

세종은 무관 출신을 지방관이나 판서, 정승 등에 임명하는 한편, 문관 출신 중에서 문무를 겸비한 인물이 있으면 과감하게 변방을 맡겼다. 문관으로서 변방의 안정을 꾀하고 영토를 안정시킨 대표적인 인물은 육진을 개척한 김종서였다.

김종서는 문관 출신이었지만 장수 못지 않은 기개와 용맹을 갖췄고, 학문 또한 깊어 세종이 특별히 아끼고 중용했다. 김종서는 16살의 어린 나이에 문과에 합격한 문관이었지만, 그의 집안은 원래 무인 가문이었다. 아버지는 도총제를 지낸 김추였기 때문이다. 그래서 김종서는 어린 시절부터 문무를 함께 익혔다. 비록 몸은 왜소하고 작았지만 무술을 익힌 까닭에 기백과 용맹이 뛰어났다. 세종은 그런 김종서의 능력을 높이 평가하여 1433년에 그를 함길도 관찰사로 파견했다.

사실, 김종서는 북방 변방에 파견되기 전에는 전도유망한 문관이었다. 문과에 급제한 이후 여러 관직을 거쳐 정5품 사간원 헌납이 되었고, 다시 사헌부 지평, 이조 정랑을 지내고 38살에 종3품 사헌부 집의가 되었다. 그리고 마흔 살에 승정원 승지가 되어 세종을 곁에서 보필했다. 이때 세종이 김종서가 문무를 겸비하여 변방을 맡을 능력이 있다고 판단하여 그를 함길도 관찰사로 파견했던 것이다.

당시 북변 여진의 한 족속인 우디거족이 알목하(지금의 하령) 오도리족을 습격하여 건주좌위도독 동맹가티무르 부자를 죽이는 사태가 일어났다. 세종은 이 기회를 이용하여 두만강 주변을 완전히 조선 영토에 편입시키는 계획을 마련하고 그 임무를 김종서에게 맡긴 것이다.

김종서는 함길도 관찰사로 파견된 뒤, 영북진 절제사로 있던 이징옥과 함께 육진을 개척하는 개가를 올렸다. 세종은 육진을 개척하기 위해 김종서를 무려 10여 년 동안 함길도 관찰사로 머물게 했다. 덕분에 두만강 주변의 변방이 크게 안정되었다.

이후 김종서는 변방으로 떠난 지 무려 12년이 지난 1445년에 한양으로 돌아와 예조판서에 임명되었다. 하지만 세종은 그를 다시 도순찰사로 임명하여 경상, 전라, 충청 삼도의 군사 시설을 감찰하는 임무를 맡겼다. 그리고 1449년에 달달야선이 침입하여 요동 지역이 소란스러워지자 이번에는 그를 무관직인 평안도 도절제사로 파견하여 변방을 안정시키도록 했다.

이렇듯 세종은 문무를 겸비한 인재를 매우 아끼고 요긴하게 활용했다. 무관 출신으로 4군을 개척한 최윤덕을 문관이 독점했던 병조판서로 기용한 후 정승으로 삼는가 하면, 문관 출신으로 문무를 겸비한 김종서를 북방에 파견하여 6진을 개척하고 영토를 확장하는 임무를 맡기기도 했던 것이다. 이는 문무 양반을 능력에 따라 적재적소에 배치함으로써 중앙의 정치력과 변방의 국방력을 동시에 안정시키는 결과를 가져왔다. 그야말로 문무를 아우르며 차별을 두지 않는 균형의 정치가 낳은 개가라고 해야 할 것이다.

6장
민생과 국고의 균형추가 된 현실주의적 경제관

1. 세금은 줄이고, 세수는 늘리다

세종은 즉위 초부터 세수를 확대하여 국가 재정을 안정시키는 데 주력했다. 당시는 농업사회였던 만큼 대다수의 국가 재정은 농토에서 거둬들이는 세금이 중심이었다. 따라서 세수를 확대하기 위한 가장 좋은 방안은 농토에서 거둬들이는 세금 수입을 늘리는 것이었다.

하지만 이는 결코 녹록한 일이 아니었다. 어떤 백성도 세금을 더 걷는 것을 달가워하지 않았기 때문이다. 그래서 농민이 부담할 세금을 줄이면서도 세수는 확대할 방안을 모색했다. 이는 당연히 이율배반적인 계획이었고, 누가 들어도 터무니없는 소리 같았다. 그러나 세종은 고려 때 마련된 답험손실법을 폐지하고 새로운 세법인 공법貢法을 마련하면 충분히 가능한 일이라고 판단했다.

답험손실법은 농사 작황의 현지조사에 의한 답험법踏驗法과 작황 등급에 의한 손실법損失法을 병용하여 세금을 받아들이는 세법이었다.

답험손실법이 마련된 것은 고려 공양왕 3년인 1391년이었다. 이때 과전법이 시행되면서 함께 마련된 세법이었는데, 여러 가지 문제를 안고 있었다.

답험손실법은 크게 답험 규정과 손실 규정을 중심으로 형성된 세법이었는데, 이 두 가지 규정 모두 매우 불합리한 구석이 있었다. 이 두 규정의 핵심은 농지를 심사하여 농지의 등급을 매기고, 매년 작황의 등급을 매겨 세금을 책정하는 것이었다. 하지만 농지의 심사와 작황의 등급을 매기는 과정에서 중간 수탈이 많아 농민들의 고통을 가중시키고 있었다.

물론 원칙대로 심사하고 등급을 매겼다면 큰 문제가 없었겠지만, 심사와 등급 판정 모두 법대로 이뤄지지 않았다. 농지에 대한 답험손실 규정에는 1차로 해당 고을의 수령이 직접 농지를 방문하여 심사하고 작황을 관찰사에게 보고하면, 관찰사는 다시 여러 명의 다른 고을 출신 향관들을 판정관으로 보내 2차 심사를 하고, 다시 관찰사의 보좌관인 감사수령관을 파견하여 3차 심사를 한 뒤, 농지와 작황의 등급을 결정하게 되어 있었다.

하지만 실제는 전혀 딴판이었다. 대개 농지와 작황 심사는 토착 향리들이 하였고, 또 심사비용은 농민들이 부담했으며, 그 과정에서 엄청난 비리와 협잡이 벌어졌다. 그리고 이는 결과적으로 세금 수입을 감소시켜 국가 재정을 어렵게 만들었다.

이런 문제를 해결하기 위해 조선 건국 후 태종 때에 규정을 대폭 손질하여 개선책을 마련했지만, 역시 법대로 이뤄지지 않았고, 종전의 수탈 상황은 그대로 유지되었다.

원래 답험손실법을 마련한 취지는 흉작으로 인한 농민의 고충을 덜어준다는 것이었다. 하지만 법이 제대로 시행되지 않아 되레 농민들에게 답험실시에 필요한 경비만 부담시키고, 수령과 향리들의 중간 수탈로 인한 농민들의 고통을 가중시키는 결과를 낳았다.

공법은 이런 문제점들을 없애기 위해 마련한 혁신적인 세법이었다. 말하자면 중간 수탈을 봉쇄하여 실질적인 국세 수입 증대를 노리는 한편, 백성들의 세금 납부액을 줄이는 효과를 얻고자 한 것이다.

세제 개혁을 통한 세수 확대를 노린 공법에 대한 논의가 시작된 시점은 세종 9년인 1427년이었다. 이후 3년 동안 논의가 지속되는 가운데, 1430년에 공법 시안이 나왔다. 시안의 내용은 답험손실법을 폐지하고 그 대신에 농토를 상, 중, 하 3등급으로 매겨 풍흉에 상관없이 일률적으로 1결당 10두씩 세금을 징수한다는 것이었다.

세종은 이 시안을 전국 각 도의 수령 및 관리, 그리고 농민 대표 17만여 명에게 가부를 묻게 하였는데, 반대 의견이 절반에 미치는 바람에 확정하지 못했다. 이에 세종은 세법 개혁 기관인 공법상정소를 설치하여 연구를 거듭한 끝에 마침내 세법 혁신 논의가 시작된 지 무려 17년 후인 1444년에 공법을 확정하여 공표하였다.

공법의 핵심은 전분육등제와 연분구등제 아래 세율을 생산량의 10%에서 5%로 줄인다는 것이었다. 말하자면 농지의 등급을 생산량에 따라 6등급으로 나누고, 풍흉의 정도를 9등급으로 세분화하여 생산량의 과표를 정하고, 그 과표의 5%를 세금으로 낸다는 내용이었다. 이에 따라 토착 향리나 수령을 비롯하여 관련 업무를 맡고 있던 관리들에 의한 중간 수탈을 줄여 세수는 증가시키는 한편, 백성들의 세금 부담을 줄이는 일석이조의 효과를 얻게 되었다.

2. 같은 땅에서도 얼마든지 수확량을 늘릴 수 있다

세종은 세법 혁신 외에도 농민의 소득을 높여 백성들의 삶을 안정시킬 수 있는 다양한 방안을 모색했다. 그 중에 첫 번째는 무엇보다도 권농관의 역량을 강화하여 경작법을 개선하는 일이었다.

권농관은 수령과 협력하여 향촌사회의 농업문제를 관장하고, 수령의 업무를 보좌하는 역할을 수행하는 지방 관직이었다. 권농관이라는 직책이 처음 생긴 것은 고려 명종 때였는데, 당시만 하더라도 중앙에서 파견하는 관리였다. 때문에 각 지역마다 파견되지 않았고, 숫자도 많지 않아 실질적인 역할을 하지 못했다. 그러다 조선이 개국되면서 각 현마다 5개에서 10개 정도의 마을을 하나로 묶어 면을 만들고, 그 면 단위에 그 지역 사람을 한 명씩 권농관으로 임명하여 농사를 장려하는 업무를 맡겼다.

이들 권농관들의 주요 업무 중에 하나가 좋은 경작법을 농민들에게 소개하는 것이었는데, 이 일이 제대로 이뤄지지 않았다. 당시 권농관들이 새로운 경작법이라고 소개할 수 있는 것이 기껏 중국의 농서에 근거한 내용뿐이었고, 설상가상으로 그 내용을 권농관들조차도 제대로 이해하지 못했기 때문이다.

사실, 세종도 이 문제 때문에 매우 고민이 많았다. 세종의 생각으로는 같은 토질과 같은 크기의 땅에서 수확량을 늘릴 수 있는 유일한 방법은 경작법을 개선하는 것뿐이었다. 이를 위해 세종은 중국의 선진적인 경작법을 도입하고자 했다. 그래서 중국의 농업 서적들을 구해 와서 학자들에게 연구하도록 했고, 동시에 지방관들에게도 배포했다.

세종은 지방관을 임명할 때마다 그들을 직접 만나 농민들에게 경작법을 개량시켜 곡식의 수확량을 늘리도록 당부하곤 했는데, 재위 14년(1432년) 1월 7일엔 평안도의 경력으로 발령 난 박효를 만나 이런 말을 하기도 했다.

> "그 도는 토지가 메마르고 백성이 가난한데다가 그 위에 사신의 지대
> 支待로 인하여 생업이 더욱 어려운 처지에 있다. 또 이전에는 논의 이
> 로움을 알지 못하다가, 지난해부터 농사의 지도 서적을 나누어 주어
> 서 비로소 논 농사의 방법을 알게 되었으니, 가서 부지런히 농사를 권
> 장하여 백성이 살아가는 데에 후하게 하라."

이 내용에서 알 수 있듯이 당시 조선의 북방 지역에서는 논 농사법을 알지 못했다. 그 때문에 논 농사와 관련된 책들을 지방관들에게 배

포하여 권농관으로 하여금 농민들에게 농사법을 가르쳐주도록 한 것인데, 별다른 효과를 보지 못했다. 정부에서 배포한 농서에는 논 농사법을 비롯하여 경작법을 개선하여 수확량을 늘린 사례들은 물론 새로운 경작법을 소개하는 내용이 많았지만 그 방안들을 조선의 땅에 적용하기엔 한계가 있었다. 중국의 농서들은 모두 중국의 풍토에 기초하여 각 지역에 맞는 경작법들을 소개하고 있었는데, 이런 내용을 조선 땅에 그대로 적용할 수 없었기 때문이다.

하지만 당시만 하더라도 세종은 그 실정을 제대로 파악하지 못하고 어떻게 해서든 농서를 퍼뜨려 농민들이 선진적인 경작법을 익히기를 원했다. 뿐만 아니라 세종은 어떻게 해서든 수확량을 늘리기 위해 지방관들을 독려하는 말을 자주했다.

박효를 평양으로 보낸 지 4개월 쯤 뒤인 5월 25일에는 전국의 수령들에게 이런 글을 내리기도 했다.

> "대체로 농사는 좀더 일찍이 논밭의 잡초를 매고 곡식 뿌리에 북을 돋우어 놓으면 비록 이른 가뭄이 있더라도 또한 추수할 것이 있는 것인데, 백성들이 농사의 지식이 없고 농사에 게을러서 조금만 가뭄 기운이 있으면 싹을 매 주는 일을 서두르지 않기 때문에, 잡초는 성하고 곡식 싹은 약하여 농사를 실패하게 되니, 이제부터는 만약 가뭄 기운이 있는 때를 당하거든 수령이 돌아다니며 권고하여 급히 매고 북돋우게 하라."

그런 가운데 세종은 단순히 농서를 전국에 배포하는 것만으로 경작법을 개선시킬 수 없다는 것을 알았다. 당시 농서들이 모두 중국 서적이라 우리 풍토에는 적용할 수 없는 내용임을 비로소 깨달은 것이다.

그래서 세종은 정초, 변효문 등의 학자들로 하여금 조선의 풍토에 맞는 농법을 소개하는 책을 편찬하도록 지시했다.

세종은 이 작업을 위해 전국의 모든 관찰사와 지방관들에게 명하여 각 지역의 숙련된 농부들에게 직접 물어서 토질에 따라 어떤 경작법이 필요한지 묻고 그 내용을 수집하여 책을 편찬하도록 했다.

그렇게 해서 탄생한 농법 개량 전문 서적이 바로 『농사직설農事直說』이다. 『농사직설』은 그야말로 우리 실정과 풍토에 맞는 농법을 담고 있었다.

그 내용을 살펴보면 『농사직설』이 당시 농민들에게 얼마나 요긴한 책인지 잘 알 수 있다. 열 개의 항목으로 이뤄져 있는 이 책의 첫 장에서는 종자를 선택하는 것부터 시작해서 저장하고 처리하는 방법을 다루고 있고, 다음으로 논밭갈이법을 다루고 있으며, 그 뒷장에서는 삼의 파종과 재배법, 벼의 재배법, 기장과 조, 수수, 피, 콩, 팥, 녹두, 보리, 밀의 재배법이 이어지고 있다. 또한 참깨 가꾸는 법, 메밀 재배법 등 농민들에게 정말 필요한 정보들만 모아놓고 있다.

또 그 재배법이 매우 구체적이고 현실적이다. 예컨대 농민들의 농사 대부분을 차지하는 벼의 재배법을 보면, 논에 볍씨를 뿌려 그대로 키워 거두는 방식인 직파법부터 밭에서 벼를 파종하여 키우다가 장마 이후로는 물을 밭에 가둬서 논벼로 기르는 건답법, 못자리에서 키운 벼의 모를 논에 옮겨 심어 재배하는 묘종법 등을 자세히 소개하고 있다. 그 중에서 농민들이 가장 선호한 것이 묘종법인데, 이후 묘종법은 우리나라 벼 재배법의 대세가 되었고, 덕분에 벼 수확량 개선에도 큰 도움이 되었다. 하지만 지역에 따라서는 직파법이나 건답법을 사용하는 경우도 있었고, 아예 밭에서 벼를 기르는 산도법을 쓰는 경우도 있었다.

『농사직설』은 곡식을 키우기 위해 필요한 경작농구나 거름 등에 대해서도 지역과 토질에 맞게 잘 소개하고 있는데, 이 역시 수확량 증가에 큰 도움이 될 것이 분명했다.

『농사직설』 편찬 이후 세종은, 재위 19년(1437년) 7월 23일에 각 지방의 관찰사에게 이런 명령을 내렸다.

> "먹는 것은 백성에게 으뜸이 되고 농사는 정치의 근본인 까닭으로, 수령들의 백성에게 가까이 하는 직책은 권농勸農보다 중한 것이 없다. 만약에 수재·한재나 충재蟲災(벌레로 인한 재난)·황재蝗災(메뚜기로 인한 재난)같은 재변은 하늘의 운수에서 나오는 것이니 어찌할 수가 없으나, 그 사람의 힘으로 할 수 있는 일이라면 의당 마음을 다 써야 할 것이다.
>
> 그러나 우리나라 백성들은 조심성이 항상 있지 않아 농사일에 정신을

쓰지 않아서 조금도 근본에 힘쓰는 마음이 없다. 그러므로 지난 기유년에 여러 가지 책을 수집하여 『농사직설農事直說』을 만들어 각도에 반포하여, 어리석은 백성이라도 역시 명백하게 쉽게 알도록 하였다.

다만 권과勸課하는 데 마음을 덜 써서 책은 비록 반포하였으나 그 실효를 보지 못하였다. 이제 또 약간의 책을 박아서 여러 도에 더 보내니, 경들은 나의 지극한 뜻을 몸받아서 즉시 각 고을의 수령들에게 반포하여, 농민을 깨우치고 가르쳐 책에 의거해 시험해 보여서 풍속을 이루도록 하라. 만약에 어리석은 백성으로서 자력이 부족한 자나 제 스스로 하기를 원하지 않는 자는 반드시 강제로 시킬 것이 아니라, 적당하게 권과하기를 시종 게을리 하지 말아서 점차로 흥행하도록 하라."

이 글에서 알 수 있듯이 세종은 『농사직설』의 내용이 농민들에게 제대로 전달되기만 하면 분명히 곡식 수확량의 증대로 이어질 수 있다는 확신이 있었다.

세종의 기대대로 『농사직설』은 권농관들의 지침서가 되었다. 덕분에 『농사직설』 보급 이후 농가의 수확량은 확실히 증대되었다. 특히 다양한 벼농사법의 보급은 농업 발전에 크게 기여했을 뿐 아니라 농기구의 개선에도 크게 한 몫 했다. 벼농사 외에도 보리, 콩, 수수 등의 잡곡류 생산에도 큰 변화가 생겼다. 덕분에 세종시대는 조선 역사상 농업 생산량이 가장 높은 시대가 되었다. 물론 그에 따라 세금 수입도 좋아져서 국고 역시 가장 넉넉한 시절이 되었다.

같은 토질, 같은 크기의 농토에서도 얼마든지 수확량을 늘릴 수 있다는 세종의 생각이 마침내 이런 엄청난 결실로 이어졌던 셈이다.

3. 백성이 사용하지 않는 돈은 돈이 아니다

어느 나라 역사에서든 경제의 발전 과정에서 반드시 등장하는 것이 화폐다. 화폐는 가치의 척도가 되고 지급의 수단이 되며, 가치를 저장하고 교환하는 기능까지 할 수 있으니, 경제 운용의 수단으로 화폐만큼 요긴한 것이 없기 때문이다. 그런데 화폐의 기능은 이 네 가지 외에도 통치를 원활하게 하는 측면도 있었다. 특히 흔히 돈이라고 부르는 명목화폐는 중앙집권적 지배 체제를 확립하는 데 크게 도움이 되었다. 그런 까닭에 국가의 안정과 권력 집중화에 집착한 왕들은 한결같이 명목화폐를 만들려고 노력했다.

하지만 어느 나라나 대다수의 백성들은 명목화폐보다는 쌀이나 베 등 생필품 중심의 물품화폐를 선호했다. 일반 백성들이 물품화폐를 선호한 이유는 단순했다. 극단적 상황에서 명목화폐는 목숨을 부지하는 데 도움이 되지 않았기 때문이다. 특히 전쟁이나 자연재해 등으로 인해 나라가 혼란스러운 상황에서는 명목화폐는 아무런 의미가 없었다.

조선의 백성들도 명목화폐보다는 물품화폐를 선호했다. 백성들의 물품화폐 선호 현상은 고려시대에도 마찬가지였다. 고려왕조도 역시 국가 안정과 중앙집권화를 위해 명목화폐제도를 정착시키려는 시도가 있었다. 하지만 백성들의 저항으로 실패했다. 건원중보나 해동통보 같은 철전이나 동전을 유통시킨 적도 있고, 은병이나 저화(종이돈)를 보급시킨 적도 있었지만, 결국 백성들의 신뢰를 얻지 못해 사라지고 말았다. 특히 무신정권과 몽골의 침략으로 국가가 혼란스러워지면서 명목화폐는 완전히 영향력을 상실했고, 오직 물품화폐만이 상거래 수단이 되었다.

그런 가운데 조선이 개국되었고, 이후 태종시대에 이르러 다시 명목화폐를 만들었다. 놀랍게도 태종이 도입한 명목화폐는 저화, 곧 지폐였다. 하지만 역시 백성들은 이 명목화폐인 저화를 불신했다. 당시 저화 한 장의 가치는 쌀 1말이었고, 30장의 가치는 목면 1필로 정해졌다. 그런데 백성들은 저화의 가치를 인정하지 않았던 것이다.

때문에 백성들은 암암리에 여전히 쌀이나 베 등의 물품화폐를 사용했고, 조정에서는 법으로 물품화폐를 사용하는 것을 금지시켰다. 또한 물품화폐를 사용하다 발각되면 엄청난 벌금을 물리도록 했다. 그럼에도 백성들의 물품화폐 사용을 막지 못했다.

태종에 이어 세종 시절에도 조정에서는 다시 명목화폐 사용 문제가 등장했다. 이 때문에 의견이 분분했다. 세종 4년(1422년) 10월 16일의 다음 기록은 당시 조정의 상황을 잘 드러내고 있다.

임금이, 백성들이 저화楮貨를 쓰지 않고 동전銅錢이나 포폐布幣를 쓰고자 하므로, 김익정과 정초로 하여금 세 의정議政에게 가서 의논하게 하였더니, 유정현은 굳이 저화를 쓰게 하여, 쓰지 않는 자는 엄한 형벌을 하자고 청하고, 이원은 동전銅錢으로 통용하기를 청하고, 정탁은 포폐布幣를 쓰자고 청하였다.

이 기록은 화폐정책을 두고 세 정승의 의견이 모두 달랐음을 잘 보여주고 있다. 사실, 정승 세 사람뿐 아니라 조정 관료들의 의견도 모두 세 가지로 나눠져 있었다. 어떤 이는 태종 시절에 만든 저화를 그대로 사용하고자 했고, 어떤 이는 동전을 새로 주조하자고 했으며, 또 다른 이는 포폐, 즉 베를 수단으로 하는 물품화폐를 쓰자고 주장했던 것이다.

물론 이 중에서 백성들이 가장 선호한 것은 물품화폐인 포폐였다. 그리고 그 다음으로는 동전이었고, 마지막이 저화였다. 백성들이 이런 선호도를 보인 것은 당연했다. 포는 언제든지 쌀로 바꿀 수 있는 생필품이었고, 동전을 만드는 구리는 구하기 어렵기 때문에 교환 가치가 있었다. 하지만 저화는 생필품도 교환 가치도 없었다. 그저 신용을 담보로 하는 것이었으니 백성들이 꺼려하는 것은 당연했다.

이 세 가지 의견 중에 채택된 것은 동전을 주조한다는 것이었다. 그렇게 해서 만들어진 것이 조선통보였다. 사실, 조선통보는 세종 때에 처음 만들어진 것은 아니었다. 태조, 정종, 태종 때에 이미 만들어서 유통한 적이 있었다. 하지만 크게 호응을 얻지 못했다. 당시 조선통보는 구리가 아닌 쇠로 만들었기 때문에 교환가치가 많이 떨어졌다. 세종 5년(1423년)에 주조한 조선통보 역시 쇠로 만든 것이었다.

그로 인해 백성들의 호응을 얻지 못하자 1426년에 구리로 만든 동전을 주조했다. 이때의 만든 조선통보는 구리 1근으로 동전 150개에 준하도록 했다. 그리고 구리의 실거래가를 동전 150푼으로 한정했다. 이는 동전의 교환가치를 한껏 높인 것이었다. 동전에 구리를 많이 사용한 이유는 위조를 막기 위함이었다. 말하자면 구리로 위조 동전을 만드는 비용이 실제 동전을 만드는 비용보다 더 많이 들게 함으로써 위조하는 것이 손해가 되도록 한 것이다.

　하지만 여전히 백성들은 물품화폐를 선호했다. 동전의 가치를 한껏 높였음에도 불구하고 조선통보는 백성들의 신뢰를 얻지 못한 것이다. 이 문제를 해결하기 위해 조정은 강제력을 동원했다. 물품화폐로 거래하다 적발될 경우 가산을 몰수하는 법을 정해 명목화폐 사용을 강제한 것이다. 그럼에도 백성들은 여전히 암암리에 물품화폐로 거래했다.

　이렇게 되자, 세종은 조정 중신들을 모아놓고 화폐 사용 문제를 다시 논의했다. 이 논의 과정에서 세종은 전적으로 백성들의 편을 들게 되는데, 그 내용이 1426년(재위 8년) 2월 28일의 다음 기사에 보인다.

　　임금이 화폐법에 대하여 의논하며 말했다.
　　"화폐는 새로 생긴 법이 아니라, 옛적부터 통행하여 백성의 생활에
　　　편리하게 한 것인데, 지금 백성이 모두 이를 싫어하고 있다."

　　이에 최윤덕, 하연, 정초가 아뢰었다.
　　"가산을 관가에서 몰수하는 것은 매우 엄중합니다."

그러자 임금이 말하였다.

"당초에 법을 세울 때는 이렇게까지 심하지 않았다. 지금 경들도
이를 말하므로, 벌써 그 법을 완화하여 자기의 희망에 따라 일반
물품으로 매매에 사용하게 하였다. 만일 화폐가 제대로 쓰이게 되
지 않는다면 사용하지 않는 것이 오히려 낫지 않겠는가?"

이에 안순이 대답하였다.

"화폐는 사용하지 않으면 안 됩니다. 그 법의 실시는 당연히 귀한
사람으로부터 시작되는 것인데, 지금 대신의 집에서는 오로지 화
폐만을 쓰고 있사오니, 일반 백성들도 따라 융통되게 될 것입니다."

그러자 임금이 말하였다.

"화폐의 법은 곧 성인聖人이 마련한 것인데, 내가 지금 보기에는
공적으로도 유익되는 것이 없고, 사적으로도 유익되는 것이 없는
것 같다."

세종의 말인즉, 화폐가 아무리 유용한 것이라도 백성들이 원하지
않는다면 쓰지 않는 것이 옳다는 것이다. 국가에서 강제력까지 동원
하여 물품화폐를 금하고 명목화폐를 쓰도록 했으나, 그럼에도 백성들
은 여전히 물품화폐를 원하므로 백성들의 뜻대로 하는 것이 좋지 않겠
느냐는 견해였다.

당시 동전을 사용하게 하기 위해 조정이 얼마나 강력한 정책을 실
시했는지는 다음 법조항에 잘 나타난다.

"동전銅錢을 쓰지 않는 자는 그가 범한 죄의 경중輕重에 따라, 중한 자는 형刑에 처하고, 경한 자는 장杖 1백 대를 치고 수군에 충당하며, 그의 재산을 몰수한다."

이 법에 따르자면 동전을 쓰지 않고 물품화폐로 거래한 자는 집안이 몰락하는 것은 물론이고 졸지에 중죄인이 되는 형편이었다. 그럼에도 백성들은 여전히 동전 사용을 기피했다.

그쯤 되자, 조정에서도 백기를 들고 법을 바꿨다. 그래서 1430년에는 식량을 거래하는 것만 동전을 사용하고 나머지는 쌀이나 베 등의 물품화폐 사용을 허용했다. 그리고 결국, 화폐제도를 거두고 물품화폐를 전면 허용하기에 이른다. 이 과정에서 조선 조정은 여러 방책으로 화폐제도를 유지하기 위해 안간힘을 썼지만, 결국 성공하지 못했다.

그런데 이 과정에서 발견되는 재미있는 사실 하나가 있다. 조정의 관료들은 화폐제도 정착을 위해 온갖 제도를 만들어 백성들에게 강제하려 했지만, 정작 세종은 화폐에 대해 매우 회의적이었다는 것이다.

앞에 소개한 실록 내용에도 나오듯이 세종은 화폐가 공적으로나 사적으로 별로 유익하지 않다고 보았다. 세종이 그렇게 판단한 이유는 간단하다. 근본적으로 화폐는 백성들의 편리를 위해 만든 것인데, 정작 백성들이 사용을 거부한다면 그 화폐는 의미가 없다는 것이다.

그래서 세종은 화폐를 사용하지 않는 것이 현실적이라고 보았다. 나라는 화폐를 만들기 위해 일본에서 수입까지 해서 어렵게 구한 구리를 엄청나게 소비하여 국고를 탕진하고, 백성들은 그 화폐를 사용하지 않기 위해 온갖 잔꾀를 다 부리는 통에 국고도 줄어들고 민생도 고통받는 이중고를 겪고 있었기 때문이다.

　　세종은 근본적으로 국가의 모든 경제 정책은 민생을 최우선으로 고려해야 하고, 또한 그것이 얼마나 현실적인가 하는 것이 성패를 좌우한다는 의식이 강했다. 그래서 화폐가 경제 운용에 유용한 수단이긴 하지만 백성이 이를 거부하여 민생에 별 도움이 되지 않는다면 군이 억지로 화폐 사용을 강요하지 않는 것이 옳다고 판단했다. 거기다 설상가상으로 국고 낭비까지 심하다면 화폐 사용은 무리임에 분명했다.

　　아무리 좋은 정책이라도 백성의 동의 없이는 성공하지 못하는 것은 당연한 이치인데, 화폐 정책이라고 해서 예외일 수는 없었다. 돈이 아무리 유용한 것이라도 백성이 사용하지 않는 돈은 돈이 아니라는 것이 세종의 생각이었다.

민생과 국고의 균형추가 된 현실주의적 경제관

7장
인간의 도리와 형법의 조화를 추구한 법사상

1. 억울한 사람이 없게 하는 것이 법관의 첫째 소임이다

왕조시대의 임금이란 입법, 사법, 행정을 장악한 최고 권력자이다. 때문에 사법을 집행함에 있어서는 지금의 대법관 역할을 했다. 말하자면 임금은 권력자이기도 했지만 한 나라의 최고 법관이었다는 의미다.

조선시대의 재판은 원칙적으로 삼심제였다. 그래서 1심의 판관은 각 도의 도백인 관찰사 또는 부윤이 맡고, 2심과 3심은 형조 또는 의금부나 사헌부에서 맡았다. 그런데 국가적인 중요 사건이나 살인 사건과 같이 사형과 관련된 삼심의 최종 판관은 임금이 맡았다. 그래서 신분과 관계없이 사형 죄에 해당하는 최종 심판은 항상 임금이 했다.

그렇다면 법관으로서 세종은 어떤 인물이었을까? 우선 1427년에 세종이 행한 판결 사건 하나를 살펴보자.

1427년 6월 17일 세종은 좌의정 황희, 우의정 맹사성, 형조판서 서선을 의금부에 하옥하라고 명령했다. 그리고 그 다음 날에 형조참판 신개와 대사헌 조계생도 잡아들여 하옥시켰다. 세종이 이런 명령을 내린 것은 신창현의 아전 살인사건에 대한 조서를 읽다가 앞뒤가 맞지 않는 정황들을 발견하고, 이 사건이 전반적으로 고위 관료들에 의해 조작되었다고 판단했기 때문이다.

신창현 아전 살인사건은 놀랍게도 좌의정 황희와 우의정 맹사성, 형조판서 서선을 비롯하여 사헌부 수장인 대사헌과 형조의 담당관리, 충청도 감사, 해당 지역의 지방관들이 가담한 엄청난 비위사건이었고, 이로 인해 조선 조정은 발칵 뒤집혔다.

사건의 내막을 조사해보니, 사건이 일어난 시점은 수년 전 황희가 의정부 찬성으로 있을 때였다. 황희와 서선은 사돈지간이었는데, 황희의 사위이자 서선의 아들 서달이 모친 최씨와 함께 대흥현으로 가는 길에 충청도 신창현(지금의 아산시 신창면과 그 주변 일대)을 지나게 되었다. 그런데 그 고을 아전 하나가 서달에게 예를 갖추지 않고 달아나는 일이 발생했다. 화가 난 서달은 잉질종 등 세 명의 종을 시켜 아전을 붙잡아오게 했다. 잉질종은 길에서 신창현 아전 한 명을 붙잡아 결박하여 끌고 오면서 도망친 아전의 집을 대라고 했다.

그때 광경을 본 표운평이라는 아전이 서달의 종들에게 소리쳤다.
"어떤 놈들이기에 관청의 아전을 묶어놓고 때리느냐?"

인간의 도리와 형법의 조화를 추구한 법사상

종들이 그 말에 발끈하여 표운평의 머리채를 잡아끌고 발길질을 한 뒤, 몽둥이로 볼기와 등을 사정없이 때려 서달에게 끌고 갔다. 운평은 정신을 잃고 제대로 말도 못했는데, 서달은 운평이 술에 취해 말도 못한다면서 수하인 서득을 시켜 운평의 양손을 묶고 몽둥이로 정강이를 마구 치도록 했다.

그런데 이튿날 운평은 그만 명줄을 놓고 죽어버렸다. 그의 가족들이 감사에게 이 사실을 고소하였고, 감사 조계생은 조순과 이수강을 시켜 신창현으로 가서 서달과 그 종들을 신문토록 했다. 두 관리는 서달이 종들을 시켜 운평을 때려죽이게 한 것으로 처결 문건을 만들어 신창의 관청 종을 시켜 감사에게 보고하게 했다.

당시 황희는 의정부 찬성 벼슬에 있었다. 그는 사위가 살인을 한 사태를 접하고 친분이 깊던 판부사 맹사성을 찾아가 피해자 집안과의 중재를 요청했다. 신창현은 맹사성의 본향이었기에 피해자 집안과 화해를 주선해주리라 믿었던 것이다.

그때 운평의 형인 표복만이 한양에 머물고 있었는데, 맹사성이 그를 불러 권고했다.
"이런 일로 고향 풍속을 더럽혀서야 되겠는가?"

복만을 타이른 맹사성은 한편으로 신창현감 곽규에게 편지를 보내 어떻게 해서든 무사하게 처리해달라고 청탁을 하였다. 서선의 사위인 노호는 신창현 옆의 대흥현감으로 있었는데, 신창현감을 찾아가 선처를 부탁하고, 사람을 시켜 애걸하기도 하면서 청탁을 했다.

고관과 동료의 부탁으로 난처한 처지에 놓인 신창현감 곽규는 노호에게 이렇게 통지했다.

"차사관이 장계를 가지고 이미 떠났소이다."

즉 장계를 빼앗든 말든 마음대로 하라는 뜻이었다. 속내를 알아차린 노호는 즉시 사람을 풀어 길목을 지키고 있다가 장계를 강탈했다.

서선의 부인 최씨의 친족인 강윤도 피해자 집안을 찾아가 큰 보상을 해주고 이속을 챙겨주겠다며 없던 일로 해줄 것을 청했고, 운평의 형 복만까지 뇌물을 받고 가세하여 운평의 처를 타일렀다.

"죽은 사람이야 다시 살아날 수 없는 일이고, 신창에 본향을 둔 재상과 상관의 지시를 아전 된 사람으로서 따르지 않다간 결국 어떻게 되겠소?"

복만은 운평의 가족이 가해자 집안과 개인적으로 화해했다는 글까지 써주며 운평의 처에게 신창현에 제출하도록 종용했다. 또한 감사의 지시로 사건을 담당했던 온수현감 이수강과 직사현 지사 조순에게도 보내게 했다.

이수강과 조순은 논의 끝에 이 사건과 관련된 증인들을 한자리에 모아놓고 처결문건과는 전혀 상반되는 결정을 내리고 서달을 면죄시키고 잉질종에게 죄를 뒤집어씌워 감사에게 보고했다. 감사 조계생은 직산현감 이운과 목천현감 윤환을 시켜 다시 조사하게 했는데, 서선과 노호, 이수강의 청탁을 받은 이들은 이수강과 조순의 처결문건을 그대로 받아 감사에게 보고했다.

감사 조계생과 도사 신기는 그들의 말을 사실로 믿고 자세히 살펴보지도 않은 채 형조에 보고했고, 형조좌랑 안숭선은 7개월 동안 시간을 끈 뒤 사건의 내막을 다시 살펴보지도 않고 보고했으며, 형조참판 신개도 제대로 심리하지 않고 서달을 석방시켜버렸다. 그리고 잉질종 등 종들에게 죄를 묻고 법조문을 적용해서 의정부에 보고했다.

그러나 세종은 그냥 넘어가지 않았다. 처결문건들을 낱낱이 살펴보면서 앞뒤가 맞지 않은 부분이 많아 의심의 여지가 있다고 보고, 의정부에 사건을 다시 내려 보내 죄인들을 신문할 것을 명령했다. 그 결과 사실이 백일하에 드러났고, 사건을 은폐하기 위해 청탁과 뇌물이 오갔음이 밝혀졌다.

법대로 하면 서달은 교수형감이었다. 하지만 세종은 그가 외아들이라는 이유로 형장 100대와 3천 리 밖 유배형을 대신하여 벌금을 내게 했다. 또 범행에 가담한 좌의정 황희와 우의정 맹사성을 직책에서 파면시키고, 형조판서 서선의 임명장을 회수했다. 형조참판 신개는 강음에, 대사헌에 올라 있던 조계생은 태인에, 형조좌랑 안숭선은 배천에 유배시켰다. 또 온수현감 이수강은 형장 100대에 3천 리 밖인 광양으로 유배되었으며, 직사현 지사 조순, 직산현감 이운, 목천현감 윤환은 각각 장형 100대와 도형 3년을 선고받았다. 그 외에 대흥현감 노호는 형장 90대와 도형 2년 반, 신창현감 곽규와 신창 교도 강윤은 각각 장형 100대와 도형 3년, 도사 신기는 장형 100대에 처했다.

세종이 이렇듯 철저히 조작되고 은폐된 사건의 내막을 백일하에 드러낼 수 있었던 것은 범죄의 심판은 사건의 진실이 우선이라는 평소의 소신 때문이었다. 또한 세종은 범죄 앞에서는 신분과 지위를 따지지 않는다는 철칙이 있었다.

세종은 형법은 항상 정의를 세우고 누구에게나 법에 맞게 적용되어야 하는 것이 중요하지만 더 중요한 것은 형법이 생사람을 잡는 수단으로 쓰이면 안 된다는 신념이 있었다. 말하자면 결코 억울한 사람이 있어서는 안된다는 것이었다. 재위 13년(1431년) 11월 14일에 강릉의 판관으로 내려가는 권심에게 하는 다음의 당부는 세종의 그런 신념을 잘 드러내고 있다.

> "형벌은 중대한 일이므로 신중히 하지 않으면 안 되는데, 근래 수령들이 법을 어겨 형법을 억울하게 하여 생사람을 상해하게 되니, 이는 내가 몹시 염려하는 바이로다. 그대는 그것을 조심하라."

신창현의 사건에서도 세종의 이런 면모가 유감없이 발휘되었다. 여느 임금 같으면 한낱 개인노비가 살인을 저지른 일에 불과한 사건을 면밀히 검토하고 따지지 않았을 것이다. 하지만 세종은 비록 개인노비라고 하더라도 그의 목숨이 달린 문제인 만큼 자세히 살피지 않을 수 없었다. 억울한 죽음이 발생하지 않게 하는 것이 최종 판관 역할을 하는 임금의 책무라고 여긴 것이다. 그 결과, 범인이 한낱 노비가 아니라 고관대작의 아들이라는 사실을 밝혀낸 것이다. 그것도 한 나라의 조정을 좌지우지하는 정승과 법을 맡은 형조판서 그리고 청요직의 수장이라고 할 수 있는 대사헌까지 가담한 전방위적인 조작사건이었다. 세종은 이 엄청난 사건을 가감없이 드러내 법에 따라 그들을 처벌했다. 그야말로 법의 정의가 살아 숨쉬고 있음을 몸소 증명한 것이다.

2. 정의로운 법관은 친분을 따지지 않는다

어떤 일로 변호사들을 접하다 보면 그들이 흔히 하는 말 중에서 이런 말이 있다.

  "판사도 사람이다."

이 말이 의미하는 것은 여러 가지다. 판사도 사람이니 판단을 잘못할 수 있다는 말로도 들리고, 판사도 사람이니 개인감정을 판결과 연결시킨다는 말로도 들린다. 또 판사도 사람이니 친분 관계에 따라 다른 판결을 할 수 있다는 뜻으로도 들린다. 어쨌든 이 짧은 문장 하나가 의미하는 것은 다소 복잡하다. 그 때문에 변호사를 구할 때 기소와 관련된 부분은 검사 출신 변호사를 선임하고, 판결과 관련된 부분은 판사 출신 변호사를 선임하라는 말도 있다. 거기다 해당 판사나 검사와 연수원 동기라든가, 대학 동창이라든가 아니면 과거에 상관이라든가 하는 것들이 선임 여부를 결정하기도 한다. 그 만큼 지금의 법정이 친분 관계에 따라 좌우된다는 뜻일 것이다.

친분 관계에는 여러 종류가 있다. 혈육으로 연결된 관계도 있고, 친구나 선후배 등으로 엮이어 직접적으로 아는 관계도 있고, 몇 다리 건너서 간접 경로를 통해서 줄이 닿는 관계도 있다. 그 중에서 사회적으로 가장 문제가 되는 것은 전관예우라고들 한다. 말하자면 검찰청이나 법원의 직장 선후배로 엮인 관계가 가장 큰 문제라는 것이다. 이는 단순히 친분 관계뿐 아니라 이권 관계로도 묶여 있는 만큼 검사나 판사들이 무시할 수 있는 문제가 아니기 때문이다.

이권과 개인 관계 등이 재판에 직접적인 영향을 끼치는 것은 조선시대라고 다르지 않았다. 오히려 조선시대엔 더욱 심각한 문제였다. 아무래도 지금에 비해 조선시대의 투명성이 훨씬 약했으니, 그런 비리가 지금보다 극심한 것은 당연한 일일 수도 있다. 모름지기 폐쇄된 곳일수록 부정부패가 심하기 마련인 만큼 조선시대가 지금보다 훨씬 폐쇄적인 시절이었으니 부정의 강도도 훨씬 강했던 것이 분명하다. 그런 까닭에 왕이 친분 있는 사람의 죄를 면하게 해주는 일은 지금보다 훨씬 쉬웠다.

그렇다면 세종은 어땠을까? 세종도 친분 관계에 따라 법을 다르게 적용했을까? 친분관계 중에 가장 밀접한 사람이라면 당연히 혈육일 것이다. 혈육 중에서도 자식이 최우선일 것이다.

세종은 자식이 많았다. 특히 아들이 많았다. 무려 18명의 아들을 뒀으니, 아들 부자인 셈이다. 그런데 가지 많은 나무 바람 잘 날 없다는 말이 있다. 자식이 많으면 걱정거리도 많을 수밖에 없다는 뜻이다. 세종에게도 망나니 아들이 있었다. 그 대표적인 아들이 넷째아들 임영대군 이구였다.

세종은 1439년 5월 3일에 임영대군의 직첩을 빼앗고 대군 자격을 회수하는 조치를 취했다. 궁중의 여종과 간통하다가 발각되었기 때문이다. 임영대군은 그 이전에도 몇 번이나 성 추문을 일으킨 적이 있었다. 그때도 간통 문제였다. 그런데 또다시 간통 사건을 일으키자, 이번에는 직첩을 빼앗고 3년 동안 궁궐에 연금시켰다. 이미 결혼하여 일가를 이루고 있는 몸이었지만 세종은 임영대군의 버릇을 고치기 위해 궁궐 안에서만 생활하도록 했던 것이다. 임영대군으로서는 여간 고통스런 일이 아닐 수 없었다. 법대로라면 유배를 보내야 마땅했다. 하지만 유배를 보내봤자, 왕족이라 별다른 제재를 받지 않을 것이 뻔했다. 그래서 고육지책으로 생각해낸 것이 궁궐 안에 연금하는 것이었다. 사실, 임영대군 입장에서는 유배보다도 더 갑갑한 일이었다.

임영대군 말고도 또 애를 먹이는 자식이 더 있었다. 세종의 서자인 화의군 이영이었다. 이영 역시 간통 문제였다. 그런데 화의군을 꼬드긴 사람이 임영대군이었다. 당시 22살이었던 임영대군은 궁궐 안에 연금되자, 17살이었던 화의군을 꼬드겨 궁궐 안에 여인을 끌어들인 후, 간통하다 또 발각됐다.

세종은 이 일을 알고 불같이 화를 내며 그들의 직첩은 물론 논밭을 모두 빼앗고, 대궐 안에서 연금 생활을 하게 했다. 이후에도 이들 두 사람은 몇 번 더 사고를 쳤고, 그때마다 세종은 직첩을 빼앗고 벌을 줬다.

이렇듯 세종은 자식들에 대해서 매우 엄한 아버지였다. 그렇다면 자신이 아끼고 총애하는 신하에 대해서는 어땠을까? 세종이 가장 총애하던 인물 중에 대표적인 사람이 장영실이었다. 그런데 세종은 장영실의 잘못에 대해서도 예외 없이 벌을 줬다.

장영실은 모두 세 번에 걸쳐 벌을 받았는데, 첫 번째 사건은 사직 벼슬에 있던 1425년(세종 7년)에 일어났다. 그해 5월 8일에 장영실은 탄핵을 받았는데, 뇌물을 받은 사실이 들통 났기 때문이다. 당시 사헌부에서는 대사성 황현, 양주부사 이승직, 한을기, 황득수, 장영실, 구중덕, 조맹발, 기석손 등이 이간에게 뇌물을 받았으니 모두 태 20대를 쳐야 한다고 장계를 올렸다. 장물이 1관 이하일 때 태 20대를 내리곤 했으니, 대수롭지 않은 뇌물이었던 것으로 보이나 세종은 공신의 후손인 황득수와 조맹발만 제외하고 나머지에겐 사헌부가 올린 대로 벌을 줬고, 장영실은 태 20대를 맞아야 했다.

장영실이 두 번째로 벌을 받은 사건은 1430년에 일어났다. 그해 4월 27일에 의금부에서 계를 올려 세종에게 아뢰었다.

"이징과 이군실이 동관 노상에서 각각 종자를 거느리고 참마站馬를 타고 사냥하다가 요동도사에게 욕을 당했으며, 각 역참에 이르러 중국 사람을 손으로 때렸사옵니다. 청하건대 주범과 종범을 가려 이징은 형장 100대에 처하고 이군실, 종사관 구경부, 박세달, 장영실, 신서, 홍노, 이득춘, 이초, 장현, 조일신 등은 형장 90대로 하며 장후는 검찰관으로서 사냥을 금하지 아니하였으니, 형장 100대에 처하소서."

놀랍게도 이 일은 중국 요동에서 벌어진 사건이다. 이 무렵에 장영실은 사신 오승을 따라 중국에 갔다. 직책은 사신을 보좌하는 종사관이었지만, 실제 임무는 세종의 지시에 따라 중국의 특정한 과학기술을 견학하기 위한 것일 게다.

이들은 북경에서 돌아오던 길에 요동 조선관에 잠시 머무르는 틈을 이용해 관아의 말을 타고 사냥을 즐겼던 모양이다. 사냥에는 부사신 이군실, 판부사 이징 그리고 수행하던 종사관이 모두 가담했다. 요동 도사가 이 일을 사헌부에 통보하자, 의금부에서 오승은 물론이고 이징 이하의 관리들을 모두 벌주라 했던 것이다.

이런 보고를 받고 세종은 사신 오승을 하옥시켰다가 나중에 사냥에 가담하지 않은 것이 밝혀져 풀어줬다. 그러나 이징과 이군실은 외방직으로 쫓아보내는 한편, 나머지 종사관은 품계를 2등씩 감하도록 했다.

다만 장영실은 특별히 벌금으로 처리했다. 아마도 두 사람은 특별한 임무를 띠고 사신 행렬에 따라갔다가 사냥을 함께 하자는 일행의 강압에 마지못해 참여했던 모양이다. 비록 같은 종사관이었지만 장영실은 천민 출신이었고, 그런 까닭에 양반들의 제의를 거부할 수 없는 처지였을 것이다. 세종은 그 점을 감안하여 벌금형으로 처리한 듯하다.

그리고 장영실이 세 번째로 벌을 받은 사건은 1442년에 일어났다.

그해 3월 16일에 장영실은 안여安輿(가마)를 잘못 만들어 국문을 당했다. 대호군 장영실의 주도 아래 임금의 가마를 만들었는데, 시험으로 타보던 중에 부서지는 사태가 발생한 것이다. 이 일로 장영실은 탄핵을 당했다. 죄는 불경죄였다. 사헌부에서는 곤장 80대를 쳐야 한다고 했지만, 세종은 2등을 감해주라고 했다. 2등을 감하는 것은 세종이 일상적으로 행하는 일이었을 뿐 특별히 장영실을 봐주는 판결은 아니었다.

불경죄는 본래 크게 다루는 죄였기에 세종은 정승들에게 장영실의 처리 방안을 물었다. 정승 황희가 대신들과 의논하여 이렇게 보고했다.

"그의 죄는 불경죄에 해당하니, 마땅히 직첩을 회수하고 곤장을 집행하여 다른 사람들의 경계로 삼아야 할 것입니다."

세종도 그 말을 옳게 여기고 장영실의 직첩을 빼앗아 파직시켰다. 『조선왕조실록』에는 이후 장영실이 어떻게 되었는지에 관한 기록이 없다. 실록에 더 이상 등장하지 않는 것으로 봐서 파직 이후에 서인으로 살다가 죽은 것으로 보인다.

이 사건을 두고 사학계 일부에서는 세종이 장영실을 버린 것이라며 세종을 비판하는 이들도 있다. 심지어 어떤 이는 타임머신을 타고 그 시절로 돌아갈 수 있다면 세종을 만나 "장영실에게 왜 그랬냐"고 따지겠다는 말도 한다.

하지만 세종의 당시 판결은 법령에 따라 행한 조치였다. 그것도 대신들의 의견에 따른 결과였다. 아끼는 사람이라고 해서 특별히 봐주지도 않았다. 친분은 친분이고 형률은 형률이라는 것이 세종의 평소 소신이었다. 그 대상이 자식이라고 해도 예외가 아니었는데, 아끼는 인재라고 해서 예외일 순 없었다. 따라서 당시 장영실에게 장 80대를 처결한 것은 장영실을 버린 행위가 아니라 친분에 상관없이 공평하게 법 집행을 한 것으로 보아야 할 것이다.

세종이 만약 아끼는 인재라고 해서 장영실의 죄를 가볍게 다뤘다면 오히려 그것이 문제라고 봐야 한다. 판관이 친분에 따라 법을 다르게 적용한다면 그런 판관이야말로 지탄받아 마땅할 것이기 때문이다.

친분을 따지지 않는 판관이야말로 진정 정의로운 판관이라 할 수 있고, 세종의 그런 정의로운 면모야말로 진정 존경받아 마땅하다.

3. 합리적 의심이 들면 절대 그냥 넘어가지 않는다

세종은 판결에 앞서 항상 사건의 실체 파악을 우선시했다. 사건의 실체를 제대로 파악하지 않고서 판결을 내리면 당연히 오심으로 이어질 수밖에 없다는 생각이었다. 그런 까닭에 세종은 형조에서 올라오는 조서를 깐깐하게 살핀 뒤에 조금이라도 앞뒤가 맞지 않은 부분이 있으면 결코 그냥 넘어가는 법이 없었다.

황희의 사위 "서달 사건"의 진상을 밝혀내는 과정에서 보았듯이 세종은 형조의 조서를 곧이 곧대로 믿는 경우가 별로 없었다. 조금이라도 합리적인 의심이 들면 의금부에 재조사를 명령하곤 했다. "서달 사건"에서 보듯 법을 맡은 관청에서도 얼마든지 사건의 실체를 조작하거나 왜곡할 수 있다고 생각했기 때문이다.

세종 재위 12년(1430년) 1월 14일에도 세종은 합리적 의심이 드는 사건 하나를 형조에서 의금부로 송치하라는 명령을 내렸다. 이른바 "기상렴 사건"으로 불리는 이 사건에 대해서도 합리적 의심이 드는 구석이 많았기 때문이다. 사실, 형조에서는 이 사건을 접수한 뒤에 여러 날 동안 피고들을 신문했지만, 사건의 전모를 파악하는데 실패했다. 그래서 세종은 형조에서 올린 조서를 읽어보고는 미심쩍은 부분이 많다고 판단하여 사건의 실체를 처음부터 다시 조사하라고 한 것이다.

이 사건은 원래 강상죄로 고발된 것이었다. 한성에 만호 벼슬을 했던 기홍경이라는 인물이 있었는데, 그는 세 명의 부인에게서 다섯 명의 아들을 얻었다. 첫 부인은 장자 기상렴을 낳았고, 둘째 부인은 기상질을 낳았으며, 셋째 부인은 세 명의 아들을 낳았다. 그리고 기홍경은 죽었는데, 기홍경이 죽기 전에 재산의 상당 부분과 노비를 셋째 부인 김씨에게 주었다. 그런데 기홍경의 첫째 부인 소생이자 장자인 기상렴이 김씨에게 상속된 재산을 빼앗기 위해 문서를 탈취했다. 이 때문에 그의 계모인 김씨가 기상렴을 형조에 고소했다.

그런 상황에서 기상렴은 계모와 이복동생 기상질의 몸을 포갠 채로 이불로 싸서 묶고, 두 사람의 머리카락을 자른 후, 형조로 끌고 와서는 두 사람이 간통을 했다고 고소했다. 기상렴은 두 사람이 간통하는 현장을 덮쳐 그대로 끌고 온 것이라 했고, 이 때문에 형조에서는 계모와 의붓자식이 간통을 했으니 강상죄를 저지른 것으로 판단하고 이들을 신문했다. 그리고 그 내용을 조서로 작성하여 세종에게 올린 것이다.

세종은 형조의 조서를 읽어보고 아무래도 기상렴이 계모의 재산을 탈취하기 위해 두 사람을 무고한 것이 아닌지 의심했다. 앞뒤 상황을 자세히 살펴보니, 이 사건의 원인이 재산 문제 때문인 것으로 보였고, 그래서 기상렴이 아버지의 유산을 독차지하기 위해 계모와 이복동생의 간통을 조작했다는 합리적 의심이 든 것이다.

세종은 사건을 의금부로 송치하라 명하고, 승지 김종서에게 이렇게 말했다.

> "기상렴이 계모의 머리털을 자르고 양손을 등 뒤로 결박한 채 형조에 고하니, 형조에서 이를 받아 추핵推劾(추궁하여 죄의 실상을 조사함)하였는데, 내 생각에는 어미와 자식 사이에 이와 같을 수는 없으므로 의금부로 넘겼으니, 그대는 의금부 제조와 위관委官(심문과 재판을 맡은 관리) 허조 등과 함께 형률 조문을 상고하여 자세히 의논하여 아뢰라."

의금부에서 계모 김씨와 기상질을 자세히 조사한 결과 세종의 판단대로 모든 것은 기상렴이 재산을 독차지하기 위해 꾸민 음모에서 비롯된 것이었다. 그러자 세종은 곧바로 의금부에 하옥된 계모 김씨를 방면하도록 하고, 기상렴은 참형에 처하도록 했으며, 기상렴을 도운 여러 종들도 공범으로 묶어 법대로 처벌했다.

이 사건은 얼핏 보면 기상렴의 주장대로 계모 김씨와 기상질의 간통사건으로 다뤄지기 십상이었다. 계모 김씨와 기상질이 한꺼번에 이불에 쌓인 채 묶인 상태로 형조에 고소되었기 때문에 계모 김씨와 기상질이 빠져나갈 구멍이 별로 없어 보였다. 더구나 계모 김씨의 종들까지 모두 기상렴 편을 들고 있는 형편이었다.

그럼에도 세종이 이 사건 뒤에 음모가 숨어 있다고 생각한 것은 김씨와 기상질이 모두 강상죄로 사형될 경우 그들의 재산은 모두 기상렴의 차지가 된다는 사실이었을 것이다. 세종은 결코 그 점을 놓치지 않았다. 물론 기상렴이 재산 문제로 이미 계모 김씨로부터 고발된 피고란 점이 기상렴에 대한 합리적 의심의 단초가 되었을 것이다.

이렇듯 세종은 형조의 여러 관원들이 놓친 것들을 샅샅이 찾아내 억울하게 죽을 뻔한 계모 김씨와 기상질을 구해내고 재산을 독차지하기 위해 계모와 이복동생을 죽이려 한 기상렴의 범죄를 백일하에 드러냈다.

그렇다면 세종은 어떻게 형조에서 미처 파악하지 못한 사건의 실체를 드러낼 수 있었을까? 그것은 사건의 실체에 대한 합리성을 제대로 따졌는지 여부에 달린 게 아닌가 싶다. 세종은 사건을 대하면 습관적으로 합리적 의심을 해보는 판관이었다. 앞뒤 상황은 물론 결과적으로 누가 이득을 얻게 되는지를 자세히 따져야 사건의 실체에 접근할 수 있다고 보는 것이다. 그 때문에 사건에 대한 조서를 읽고 합리적 의심이 생기면 결코 그냥 넘어가지 않았고, 세종의 그런 태도는 조작되고 왜곡된 사건의 실체를 정확하게 파악하는 토대가 되었다.

4. 법 조항보다는 상황과 본질을 먼저 본다

세종이 판결한 사건들을 접하다 보면 한 가지 특별한 면을 발견하게 되는데, 그것은 세종이 결코 법 조항에만 얽매이는 판결을 하지 않는다는 점이다. 물론 세종은 우선적으로 법 조항을 매우 존중하는 태도를 가지고 있다. 하지만 때때로 세종은 법 조항과 다른 결정을 내리기도 한다. 그럴 때마다 사헌부의 반발이 대단하지만 결코 물러서지 않는다.

"권채 사건"도 그 중에 하나였다. 이 사건이 일어난 것은 세종 9년(1427년)으로 당시 세종의 나이 31살 때였다.

그해 8월 20일 형조판서 노한이 이런 보고서를 올렸다.

"신臣이 길에서 한 노복이 무슨 물건을 지고 있는 것을 보았는데, 사람의 형용과 비슷은 하나 가죽과 뼈가 서로 붙어 파리하기가 비할 데 없으므로 놀라서 물으니, 집현전集賢殿 응교應敎 권채의 여종인데, 권채가 그의 도망한 것을 미워하여 가두어서 이 지경에 이르렀다고 합니다. 본조本曹(형조)에서 이를 조사했으나 마치지 못하여 즉시 보고하지 못했사오니, 그의 잔인함이 심한 것은 이루 다 말할 수 없겠습니다."

그리고 노한이 올린 형조의 조서를 읽어보니 엄청난 참상이 기록되어 있다. 형조의 보고서를 옮기면 이렇다.

"집현전 응교 권채는 일찍이 그 여종 덕금을 첩으로 삼았는데 여종이 병든 조모를 문안하고자 하여 휴가를 청하여 얻지 못하였는데도 몰래 갔으므로, 권채의 아내 정씨가 권채에게 호소하기를, '덕금이 다른 남자와 간통하고자 하여 도망해 갔습니다.' 하니, 권채가 〈여종의〉 머리털을 자르고 매질하고는 왼쪽 발에 고랑을 채워서 방 속에 가두어 두고 정씨가 칼을 갈아서 그 머리를 베려고 견주니, 여종 녹비란 자가 말하기를, '만약 이를 목 벤다면 여러 사람이 반드시 함께 알게 될 것이니, 고통을 주어 저절로 죽게 하는 것이 더 좋을 것입니다.' 하므로, 정씨가 그 말대로 음식을 줄이고 핍박하여 스스로 오줌과 똥을 먹게 했더니, 오줌과 똥에 구더기가 생기게 되므로 덕금이 먹지 않으려 하자 이에 침으로 항문을 찔러 덕금이 그 고통을 견디지 못하여 구더기까지 억지로 삼키는 등, 수개월 동안 학대하였으니, 그의 잔인함이 이 지경에까지 이르렀습니다. 원컨대 권채의 직첩을 회수하고 그 아내와 함께 모두 잡아와서 국문하여 징계할 것입니다."

세종은 형조의 보고서를 읽고 치를 떨었다. 권채는 집현전 응교로서 세종이 잘 아는 위인이었다. 세종이 아는 권채는 부드럽고 세심한 인물이었다. 그런데 이런 일을 저질렀다고 하니 어이가 없었다. 그래서 이렇게 말했다.

"나는 권채를 성질이 안존安存하고 자세한 사람으로 여겼는데, 그가 그렇게 잔인했던가. 이것은 반드시 그 아내에게 제어를 받아서 그렇게 된 것이니 모름지기 끝까지 조사하라."

이후 의금부에서 권채를 잡아다 국문한 뒤, 조서를 올렸다.

"덕금을 학대하여 거의 죽게까지 수척하고 곤고하게 한 것은 권채가 아는 바가 아니며, 남자 종 구질금과 여자 종 양덕이 말한 바가 형조에서 공초 받은 것과 전혀 다릅니다. 그러니 만약 한 군데로 귀착시키고자 한다면 마땅히 형벌을 써서 신문해야만 되겠습니다. 그러나 종과 주인 사이의 일로써 형벌을 써서 신문하여 끝까지 캐내는 것은 미편합니다. 다만 정씨가 주인의 명령을 듣지 않고 머리털을 자르고 포학하게 하고 곤욕을 준 죄만 형률에 의거함이 어떻겠습니까."

의금부의 조사 내용인즉, 권채는 덕금이 학대당한 일을 모르기 때문에 권채의 부인을 잡아다 신문해야 한다는 것이었다. 또한 종들에게 형신을 가하여 진상을 알아내는 것은 종이 주인을 고발하는 결과를 낳기 때문에 법에 어긋난다고 덧붙였다. 그래서 세종이 명했다.

"일단 권채를 석방하고 다시 정씨에게 덕금을 수척하게 하고 곤욕을 준 사유를 국문하여 아뢰라."

얼마 뒤엔 의금부에서 국문한 보고서를 제출했다. 이 내용을 읽어보고 세종이 말했다.

"권채의 일은 비록 종과 주인 사이의 일이라고는 하지만, 노비가 스스로 고소한 것이 아니고 국가에서 알고 추핵推劾한 것이니, 종과 주인 사이의 일이라고 논하는 것이 옳겠는가. 여러 달을 포학하게 하여 거의 죽을 지경에까지 이르러 잔인하기가 이보다 심함이 없으니, 어찌 국문을 하지 않고 그 사건의 실정을 놓침이 가하겠는가. 그 일이 노비에 관계되는 것은 형벌로써 신문하여 다시 추핵하고, 권채가 만약에 참예하여 알았거든 또한 다시 잡아 와서 신문하라."

이렇게 해서 권채의 종들은 형벌을 받아가며 신문을 당하게 되었다. 형벌을 가하지 않고는 결코 바른 말이 나오지 않을 것이라는 세종의 판단에 따른 것이었다.

하지만 형신을 당하고도 권채의 종들은 사건의 실체를 자백하지 않았다. 자칫 잘못 말했다간 주인에게 어떤 고초를 당할지 알 수 없었기 때문이다. 그리고 형신을 당하지 않은 권채와 정씨 역시 사건의 실체를 제대로 말하지 않았다. 이에 의금부 제조 신상이 말했다.

> "권채의 노비가 공초를 바친 것이 형조의 조서와 다름이 없는데도 권
> 채와 그 아내는 모두 실정을 고백하지 않고 허물을 형조판서에게
> 돌리니, 이 사람은 다만 글을 배울 줄은 알아도 부끄러움은 알지 못
> 합니다."

이 말을 듣고 세종이 말했다.

> "임금의 직책은 하늘을 대신하여 만물을 다스리는 것이니, 만물이 그
> 처소를 얻지 못하여도 오히려 대단히 상심할 것인데 하물며 사람일
> 경우야 어떠하겠는가. 진실로 차별 없이 만물을 다스려야 할 임금이
> 어찌 양민良民과 천인賤人을 구별해서 다스릴 수 있겠는가. 녹비가
> 나타나서 일의 증거가 더욱 명백한 것이 이와 같은데, 권채가 기어코
> 복죄하지 않는다면 마땅히 형벌로서 신문할 것이다."

이렇게 해서 결국 권채와 그의 아내 정씨에게도 형신을 가했다. 그러자 사건의 실체를 자백했는데, 그 내용이 형조의 조서와 거의 같았다. 이에 따라 형률을 적용했는데, 형률에 따르면 권채는 장 80대, 정씨는 장 90대였다. 이렇듯 형벌이 가벼운 것은 주인이 종을 학대한 사건이기 때문이다. 심지어 주인이 종을 죽여도 유배형에 처하는 것이 당시의

법이었다. 그런데 덕금은 죽지 않았기 때문에 장형에 그친 것이다.

하지만 세종은 권채의 직첩을 회수하고 유배형을 선고했다. 그리고 정씨에 대해서는 장형을 벌금으로 대신하게 했다. 비록 덕금을 학대한 것은 정씨였으나, 근본적으로 이 일은 권채가 집안을 제대로 다스리지 못해서 생긴 일이므로 권채의 죄가 더 크다는 것이 세종의 판단이었다.

하지만 이런 세종의 결정에 대해 이조판서 허조가 반대했다. 허조는 권채는 자신의 종을 가둔 것뿐이고, 종을 가둔 것은 범죄가 아니기 때문에 권채의 직첩을 회수하고 유배 보내는 것은 지나치다고 했다. 당시의 법대로 한다면 허조의 말이 옳았다. 허조는 또 권채를 종을 가둔 일로 벌할 경우 그것이 선례가 되어 종들이 주인을 함부로 대할 우려가 있다는 말도 덧붙이며 이렇게 말했다.

　　"임금과 신하, 아버지와 아들, 종과 주인의 사이는 그 관계가 같습니
　　다. 지금 권채가 계집종을 학대 곤욕시킨 죄로써 직첩을 회수하고
　　외방에 부처하시니, 신은 강상의 문란함이 여기서부터 시작될까 두려
　　워합니다."

허조가 도승지 정흠지를 통해 이런 말을 세종에게 전하자, 세종이 이렇게 대답했다.

　　"비록 계집종일지라도 이미 첩이 되었으면 마땅히 첩으로써 이를 대
　　우해야 될 것이며, 그 아내도 또한 마땅히 가장의 첩으로써 이를 대
　　우해야 될 것인데, 그의 잔인 포학함이 이 정도니 어떻게 그를 용서하

겠는가?"

그 말에 정흠지가 그래도 권채의 죄는 가벼우니, 직첩을 빼앗고 유
배까지 보낸 것은 지나치다고 하자, 세종이 한 발 물러섰다.
"그렇다면 관직만 파면하라."

물론 당시의 법에 따르면 권채는 죄가 없으므로 파직하는 것도 과
한 벌이었다. 하지만 세종은 더 이상은 양보하지 않았다. 아내의 잘못
이지만 가장으로서 당연히 권채가 더 큰 책임을 져야 한다는 것이었
다. 단순히 법 조항보다는 상황과 본질이 더 중요하다는 의미였다.

5. 법보다 인간의 도리가 먼저다

세종이 단순히 법조항에 얽매인 판결만 하지 않은 이유는 법 조항보
다 더 중요한 것이 사건 자체의 상황과 그 상황 속에서 인간이 지켜야
할 도리라고 생각했기 때문이다.

세종의 이런 입장은 훗날 이맹균 사건에서 더욱 명확하게 드러난
다. 이맹균 사건은 권채 사건으로부터 13년 뒤에 일어난 일이니, 세
종의 나이 44살 때다.

세종 22년 6월 초에 홍제원 길가에 죽은 여인의 시체 하나가 버려
졌다. 세종은 이 일이 있기 전에 시체를 함부로 버리는 것을 엄금하고,
만약 그런 일이 있으면 엄하게 다스리겠다고 공포했었다. 그런데 누

군가가 길가에 시신을 버린 것이다. 죽은 여인은 머리카락이 다 잘린 채 처참한 몰골을 하고 있었다. 이 때문에 장안이 시끌시끌했는데, 어느덧 세종의 귀에도 버려진 시체 이야기가 들어갔다.

세종은 즉시 형조에 명령하여 시신으로 버려진 여인이 누구인지 조사하도록 했고, 결국 그 여인이 좌찬성 이맹균의 여종임이 밝혀졌다. 또한 그 여종의 시신이 버려진 경위도 밝혀져 세종에게 보고되었다.

그쯤 돼서야 이맹균이 부랴부랴 그 시신이 자기 집 여종이라고 하면서 세종에게 아뢰었다.

"소신 집 계집종이 죄가 있으므로 신의 처가 종을 시켜 때리고 또한 그 머리털을 잘랐는데, 5월 13일에 이르러 죽었습니다. 신이 곧 종 두어 사람을 시켜 매장하게 하였더니 종들이 돌아와서 말하기를, '이미 묻었습니다.'고 하였습니다. 신이 그렇게 믿었더니, 지금 들으니 홍제원 길가에 죽은 여자가 있어 삼사에서 사실을 조사한다 하기에, 신이 의심이 나서 그 종들에게 물으니 종들이 대답하기를, '홍제원 길옆에 버려두었습니다.' 하였습니다. 그런 뒤에 신이 비로소 죽은 자가 신의 집 계집종인 것을 알았습니다. 전날에 종들이 저를 속였으리라고는 생각하지 못하였습니다. 신이 놀라고 두려움을 이기지 못하여 감히 아뢰옵니다."

그 말을 듣고 세종이 대답했다.
"내가 이미 다 알고 있다."

그 말에 이맹균이 어쩔 줄을 몰랐다. 그 여인이 자신의 여종이라고 밝히지 않고 있다가 한성부와 형조, 의금부 등 삼법사에서 모든 조사를 끝낸 상황에서 어쩔 수 없이 자진출두 했으니 면목이 없는 것은 당연했다.

당시 이맹균은 나이 칠십에 이른 노구의 재상이었다. 또한 명문 집안 출신이었다. 조부는 고려말의 대학자 이색이었고, 벼슬은 한성부윤, 예조참판, 경기도 관찰사를 거쳐 공조, 예조, 병조, 이조판서를 두루 역임하고 나라의 원로가 되어 의정부 종1품 좌찬성에 이르렀다. 이런 까닭에 이번 사건은 조정에서도 매우 신중하게 다뤘다.

세종이 이맹균에 대해 어떻게 처벌할지 대신들에게 의논하게 했더니, 의정부에서 이런 보고를 하였다.

"맹균이 정부의 대신으로서 집을 바르게 다스리지 못하여, 늙은 아내로 하여금 질투하는 마음을 더욱 타오르게 하여 함부로 집의 계집종을 죽였으니 그 죄가 심히 크고, 삼사三司(한성부와 의금부 그리고 형조)에서 여러 날 동안 무죄한 사람들을 잡치雜治하여 그들이 억울하게 고문을 당하여서 온 나라가 소요하였는데, 맹균이 숨기고 고하지 않았습니다. 그러니 하나는 부녀자에게 제재를 받은 것이요, 하나는 조정의 법을 두려워하지 않은 것이니, 그 죄가 더욱 큽니다. 스스로 끝내 가리고 숨기지 못할 것을 알고 부득이하여 아뢰었고, 또 아뢴 말에 사실이 아닌 것이 많은데, 아내의 죄를 가리려 하였으니, 대신의 도리에 진실로 이러할 수가 있겠습니까. 맹균의 부처를 의금부에 내리어 실정과 사유를 국문하여 율에 의하여 죄를 주소서."

인간의 도리와 형법의 조화를 추구한 법사상

이에 세종이 대신들의 말대로 의금부에 내려 국문하려 하자, 영의정 황희가 말했다.

"사헌부에 내리어 추핵하는 것이 편합니다."

의금부에 잡혀가면 모진 고문을 당할 것이 뻔하니, 사헌부에서 조서를 작성하게 하자는 말이었다. 의정부 수장으로서 의정부 재상 중 하나인 이맹균을 배려하는 것이었다. 세종은 황희의 뜻을 존중하여 사헌부에서 조사하도록 명령했다.

이맹균이 사헌부에 조사받을 당시 한성 상황을 실록은 이렇게 기록하고 있다.

의금부, 형조, 한성부에서 여러 날을 두고 추핵하는 바람에 옥에 갇힌 사람이 수두룩하고, 혹은 고초를 줘서 성안 사람이 모두 그 해독을 입었는데, 이씨가 질투하여 집의 계집종을 죽이어 일이 발각되었다는 것을 듣고, 남녀가 그 문 앞에 모여들어 극언極言으로 마구 욕하고 꾸짖으니 잠깐 동안에 골목을 가득 메웠다.

이후 사헌부 조사가 진행되었고, 세종이 사건의 진상을 듣기 위해 사헌부 지평 정효강을 불러 물으니, 정효강이 간단명료하게 보고하며 말했다.

"질투로 인하여 머리털을 자르고 때려 죽인 실정과 형적이 의심할 바 없습니다."

이후 정식으로 사헌부의 조서가 올랐다. 그 내용의 핵심을 옮겨보면 이렇다.

> "이맹균의 처 이씨가 질투로 인하여 함부로 그 종을 죽였는데, 맹균이 그 아내의 죄악을 가리려 하여 질투로 인하여 고의로 죽인 정상을 숨기어 아뢰지 않고, 죄가 있어 때렸다고 하여, 기망하여 계달하였으니, 청하옵건대 법대로 논하고, 또 이씨가 함부로 남편의 첩을 죽였는데, 다만 율에 의하여 죄를 적용하면 악한 것을 징계할 수 없으니, 청하옵건대 이혼시키고 밖으로 축출하여 후대를 경계하소서."

하지만 세종은 사헌부의 요청대로 판결하지 않았다. 이맹균을 파직하고 부인 이씨에 대해서는 외명부 작첩을 빼앗는 것으로 끝냈다. 이씨를 이혼시키고 지방으로 내쫓으라는 요청은 받아들이지 않은 것이다.

법대로 하자면 이맹균은 파직하여 유배보내고, 부인 이씨는 장형 90대를 치고 유배 보내야 했다. 사람을 죽였지만 주인이 종을 죽인 것은 살인죄에 해당되지 않기 때문에 장형 90대와 유배형에 그치는 것이었다. 그런데 사헌부에서는 이맹균에 대해선 파직에 그치지 않고 유배 보내야 한다는 것이고, 이씨 부인에 대해서는 장형은 물론이고 이혼시켜 내쫓아야 한다는 것이었다. 하지만 형률에 대신의 부인은 장형을 가하지 않는 조항이 있어 세종은 이 조항을 적용하여 장형을 내리지 않았다. 또한 이혼은 지나친 것이라고 판단하고, 부부를 모두 유배 보낼 수는 없다는 생각에 작첩을 빼앗는 것으로 끝낸 것이다.

그러자 사헌부에서는 여종을 질투하여 죽인 쪽은 이씨 부인인데, 이맹균에 대해서는 파직하고 유배까지 보내면서 이씨 부인은 작첩을 빼앗는 것으로 끝내는 것은 형평성이 없다고 주장했다. 그래서 사헌부는 물론 사간원과 홍문관까지 나서서 연일 상소를 올려 사헌부 말대로 이씨를 이맹균과 이혼시켜 외방으로 내쫓아야 한다고 주장했다.

하지만 세종은 전혀 결정을 바꿀 생각이 없었다. 그러자 의정부까지 나서서 말했다.

"이맹균의 처 이씨가 죄 없이 집 여종을 죽였으므로, 전하께서 듣고 깜짝 놀래시어 곧 헌부로 하여금 논핵하게 하였는데, 죄는 중하고 벌은 경하니 신민들이 실망하지 않는 이가 없습니다. 또 첩부妾婦가 그 남편을 업신여기는 것은 하늘의 변고와 관계되는 것이니, 청하옵건대 헌부가 아뢴 대로 하소서."

이에 세종이 말했다.

"이씨의 부도한 것은 오로지 가장이 집안을 잘 다스리지 못한 때문에 그러한 것이다. 그러므로 맹균의 직임을 파면시켰고, 이씨는 나이 이미 늙었고 작첩을 거두었으니 다시 어떻게 죄를 주겠는가."

그러자 의정부에서 다시 항변했다.

"이씨가 질투로 인하여 여종을 죽였으니 죄악이 큽니다. 하물며 여자는 칠거七去의 의義가 있는데, 지금 이씨는 질투하고 또 자식이 없으니, 이거二去를 범하였습니다. 청하옵건대 헌부가 아뢴 것에 의하여 신민의 바람을 통쾌하게 하소서."

하지만 세종의 의견은 달랐다.

"한나라 광무제가 질투한다고 황후를 폐하였는데, 선대의 유학자들이 그르게 여겨 말하기를, '질투는 부인의 보통 일이라.' 하였다. 또 여자에게 삼불거三不去가 있으니, 전에는 빈천하다가 뒤에는 부귀하면 버리지 못하는 것이고, 함께 삼년상을 입었으면 버리지 못하는 것이다. 이씨가 비록 질투하고 아들이 없다고는 하나, 이 두 가지 버리지 못하는 의義가 있으니, 갑자기 이것만으로 이혼시킬 수는 없는 것이다. 또 대신의 명부命婦는 형을 가할 수 없으니 작첩을 거둠으로 족한 것이다. 남편이 되어서 아내를 제어하지 못하였으니 맹균은 진실로 죄가 있다."

그렇게 말하면서 이맹균은 황해도 우봉현으로 유배보냈다. 애초에 이맹균을 유배 보낼 생각이 있었으나 대신에 대한 예우 차원에서 빨리 결정하지 않은 것이었다. 또한 유배를 보내더라도 수십 년 동안 나라를 위해 헌신한 늙은 대신을 유배지에 둘 생각도 없었다. 그것이 왕으로서 늙은 대신에게 지켜야 할 인간적 도리라고 생각한 것이다.

하지만 여전히 사헌부는 이씨 부인을 이혼시키고 유배시켜야 한다고 주장하는 상소를 올렸다.
　"이맹균의 처 이씨가 죄악이 깊고 중한데, 다만 작첩만 거두고 이혼시키지 않으니 어떻게 징계가 되겠습니까. 원컨대, 먼 변방에 내치어 그 죄악을 징치하고 후래를 경계하옵소서."

그러나 세종도 더 이상 물러나지 않았다.
　"부부를 같은 배소配所로 보낼 수도 없고 또 다른 곳으로 귀양 보낼 수도 없다. 대신의 아내는 형을 가할 수 없으니 이렇게 하는 것으로 족하다. 하물며 부녀자가 이러한 행동이 있는 것은 가장이 가도를 바르게 하지 못하여 그리 된 것이다. 그러므로 맹균을 밖에 귀양보냈으니 무엇을 반드시 이씨에게 죄를 더하겠느냐."

그 뒤로도 누차에 걸쳐 사헌부와 사간원의 상소가 있었으나 세종은 끝내 이씨 부인과 이맹균을 이혼시키지 않았다. 질투한 아내보다 집안을 잘못 다스려 질투를 유발함으로써 이런 사단을 일으킨 가장 이맹균의 잘못이 더 크다는 것이었다. 또한 질투를 심하게 하여 종첩을 죽이고, 아들도 낳지 못하여 칠거의 의를 두 가지나 지키지 못했지만 수십 년을 함께 살며 나이 70까지 50년 이상 함께 산 아내를 이혼시키는 것은 도리에 맞지 않는다고 판단한 것이다. 법보다 인간의 도리가 더 먼저라는 자신의 소신대로 처결한 셈이다.

*** 조선 사회는 근본적으로 신분사회이며, 남성 중심 사회였다. 그런 까닭에 남성에겐 관대하고 여성에겐 혹독했다. 특히 남녀의 성 문제에 있어서는 모든 법이 남성에게 절대적으로 유리하게 조성되어 있었다. 그래서 남성에겐 축첩이 허락되고 남성의 성범죄는 강하게 처벌하지 않는 반면 여성에게 대해서는 가혹할 정도로 강하게 처벌했다. 심지어 질투하는 것조차 이혼의 사유로 만들었다. 이에 대해 세종은 생각이 좀 달랐다. 질투는 고래로부터 부인들이 흔히 드러내는 당연한 감정이라고 보았고, 부인의 질투로 인해 생기는 모든 일에 대해 부인보다 집안을 잘못 건사한 가장의 잘못이 크다고 생각했다. 이맹균 사건에서 부인 이씨를 가볍게 처벌한 것은 바로 그런 소신에 따른 것이다.

세종이 이런 소신을 가진 것은 어머니 원경왕후 민씨의 영향 때문이 아니었을까 싶다. 원경왕후는 태종 이방원이 즉위 후에 축첩을 일삼는 것에 대해 강하게 비판하다 연금당하는 지경에 처하기도 했다. 또한 그 일로 인해 태종이 원경왕후의 동생들인 민무구 형제들을 무참히 죽이는 일까지 벌어졌다. 세종은 어린 시절에 이런 일을 겪으면서 나름대로 부인의 질투는 당연하며, 그 질투로 인해 벌어지는 모든 것의 책임은 남편에게 있다는 생각을 굳힌 것으로 보인다.

어쨌든 권채 사건과 이맹균 사건에서 보인 세종의 이런 소신은 하나의 판례가 되어 훗날의 유사한 사건을 처결하는 기준으로 작용하게 된다. 하지만 현대인의 관점에서 보자면 세종의 판결에서 선뜻 이해되지 않는 부분이 있을 것이다. 비록 살해된 사람이 종이라고 해도 사람을 죽였으면 살인죄로 다루는 것이 당연할 것 같은데, 세종은 이맹균의 부인 이씨가 종첩을 죽인 것을 살인죄로 인식하고 있지 않기 때문이다.

사실, 세종은 **인본주의자**였지만, 그보다 먼저 **신분주의자**였다. 그래서 당나라 법에서 시작된 존장고발금지법 같은 것도 철저히 적용했다. 존장고발금지법이란 자식이나 종, 또는 일반 백성이 부모나 주인, 지방관을 고발하는 것을 금지하는 법이었다. 이런 제도를 마련한 것은 신분사회를 유지하기 위한 차원이었다. 왕조시대의 왕으로서 세종 또한 신분사회의 정점에 있었기 때문에 신분사회를 유지하는 것을 그 어떤 것보다 중시했던 것이다.

제3부
세종의 인재 경영과 황금시대의 주역들

세종은 훌륭한 인격과 능력을 갖춘 위대한 인간이었고, 성군이라는 칭송이 아깝지 않는 뛰어난 통치자였다. 그래서 다방면에 걸쳐 기적 같은 업적을 일구며 조선의 황금시대를 구가했다.

세종이 남긴 업적의 면면을 살피자면, 우선 재상 정치를 중심으로 정치 체제를 안정시키고 행정 조직을 확립하였으며, 혁신적인 세법인 공법 제도를 확립하여 국고를 늘리고 민생을 안정시키는 동시에 농업을 비롯한 경제의 발전을 이루었다. 또한 사군과 육진을 설치하여 영토를 확대하고 국방력을 증대시켰으며, 집현전을 중심으로 수많은 인재를 배출하여 학문을 발전시키고 미래의 동량을 키웠다. 나아가 이들의 능력을 기반으로 다양하고 방대한 편찬 사업이 이루어져 문화 발전의 원동력이 되게 했는가 하면, 훈민정음의 보급, 농작법과 과학기술의 발전, 의약기술의 발전과 음악의 정리 등등 열거하기 벅찰 정도의 수많은 업적을 남겼다.

세종의 이런 업적 뒤에는 국가 경영을 보좌하고 구체적인 사업들을 실행하여 성공으로 이끈 인재들이 있었다. 세종이 아무리 뛰어난 능력을 가진 군주였다고 해도 그들 인재들이 없었다면 결코 성공적인 국가 경영은 이뤄지지 않았을 것이다.

그런데 당대의 인재들 역시 세종의 탁월한 리더십이 없었다면 결코 빛을 발하지 못했을 것이다. 세종은 스스로가 당대의 뛰어난 인재였을 뿐 아니라 주변의 인재를 알아보는 눈이 있었고, 사람을 적재적소에 배치하는 남다른 용인술이 있었으며, 신분이나 국적보다는 능력을 살 줄 아는 지혜가 있었다. 그런 까닭에 다른 왕 아래선 재능을 인정받지 못하던 인물도 세종을 만나 날개를 달았고, 다른 시대엔 쓸모없는 지식으로 여겨지던 것들도 세종의 시대엔 부흥의 밑거름이 되었다. 덕분에 그들 인재들은 당대의 보석이 되고, 조선 왕조의 주춧돌이 되었으며, 역사의 별이 될 수 있었던 것이다. 이는 곧 세종의 성공 뒤에 탁월한 인재 경영이 있었음을 말해준다.

이 단락에서는 그러한 세종의 인재 경영의 특징을 분석하고, 황금시대를 만든 인재들의 면면을 살피는 한편, 세종의 가장 위대한 업적인 한글 창제에 대해 알아보고자 한다.

8장
실용성과 전문성 중심의 인재 경영

1. 황금시대의 산실, 집현전을 세우다

세종은 일국의 왕이기 이전에 배움에 있어서는 당대의 그 누구에게도 뒤지지 않을 열정과 노력을 쏟는 열렬한 학생이었고, 삶을 통해 철저하게 자신의 학문을 검증해야만 직성이 풀리는 실천적인 이론가였으며, 이론을 현실에 적용하여 성공적으로 실현시킨 행동주의 학자였다.

그는 올바른 정치는 올바르게 아는 데서 비롯된다고 보았고, 올바른 앎은 곧 학문에 심취하지 않고는 불가능하다고 생각했다. 그러나 앎이 인격으로 승화되지 않으면 군자의 삶을 살 수 없고, 군자가 되지 못하면 도학정치를 구가할 수 없다. 그는 일찍이 이 이치를 깨달아 학문과 정치, 그리고 삶이 하나로 어우러져 실천적으로 드러날 때 비로소 태평성세를 일굴 수 있다는 것을 알았다.

그러나 군주가 아무리 뛰어나도 우수한 인력이 없다면 좋은 정치는 불가능한 법이다. 그 때문에 세종은 즉위 초부터 인재 양성에 주력했다. 그는 뛰어난 인재란 학문이라는 나무에 열리는 열매라고 생각했고, 그 열매를 얻기 위한 텃밭으로 일군 것이 바로 집현전集賢殿이었다.

집현전 제도는 원래 중국에서 유래한 것으로 한나라 때에 처음 설치되었다. 하지만 그 조직이 확대되고 학문적인 기관으로 성장한 것은 당나라 현종 무렵이었다. 우리 역사에 이 제도가 도입된 것은 삼국시대였지만, 구체적인 조직을 갖추고 집현전이라는 명칭을 처음 사용한 것은 고려 인종 때였다. 인종은 연영전延英殿을 집현전으로 개칭하고 대학사와 학사를 두고 강의를 하는 기관으로 삼았다. 그러나 원나라 지배가 확고해진 충렬왕 이후 유명무실한 곳으로 전락했다.

조선 개국 이후에는 정종 1년(1399년) 3월 13일에 조박의 건의로 집현전 활성화 방안이 마련됐다. 이때 조박의 상언上言은 이렇다.

> "집현전은 그 이름만 있고 실상은 없으니, 청컨대 옛 제도를 회복하여 서적을 대거 비치하고 예문교서로 하여금 주장하게 하되, 문신 4품 이상인 자 중에서 번갈아 경서를 강론하게 하고 늘 전하의 물음에 대비토록 하소서."

정종이 조박의 상언을 받아들여 좌정승 조준, 예천백 권중화, 대사헌 조박, 중추 권근, 이첨 등을 제조로 삼고 문신 5품 이하로 교리校理에 충당하였으며, 7품 이하로 설서說書와 정자正字에 충당했다. 하지만 그 뒤로 집현전은 별다른 구실을 하지 못하고 또다시 유명무실한 기관으로 전락하고 말았다.

그러나 세종이 즉위하면서 집현전은 인재의 산실로 탈바꿈했다. 세종은 즉위하자마자 집현전을 확대 개편할 것을 명령했다. 이후 집현전의 위상을 세우기 위해 집현전 최고직인 영전사 2인을 정1품 정승급이 맡도록 하고, 실제적인 운영자인 대제학은 판서급인 정2품 2인으로 정했다. 또 2인의 제학은 종2품으로 했다. 이들은 모두 겸직이어서 실제 연구 활동을 하는 직책은 아니었다. 하지만 그 이하 부제학부터는 겸직이 아닌 순수 학관직이었다.

부제학은 정3품, 직제학은 종3품, 직전은 정4품, 응교는 종4품, 교리는 정5품, 부교리는 종5품, 수찬은 정6품, 부수찬은 종6품, 박사는 정7품, 저작은 정8품, 정자는 정9품으로 정했고, 이들 모두는 임금에게 강의를 하고 정치 토론을 이끄는 경연관을 겸하도록 했다. 또 집현전 제학과 부제학의 서열을 사간보다 위에 둠으로써 그들의 정치적 비중도 높였다.

당시 임명된 관리들의 구체적인 면면을 보면, 영전사는 재상직에 있던 박은과 이원이 당연직으로 맡았고, 대제학은 류관과 당대의 명유 변계량이 맡았다. 제학은 탁신과 이수였고, 직제학은 김자와 신장이었으며, 그 아래로 어변갑과 김상직이 응교에, 설순과 유상지가 교리에, 유효통과 안지가 수찬에, 김돈과 최만리가 박사에 임명되었다.

세종은 문관 가운데서 재주가 뛰어나고 행실이 올바른 인물을 택하되 되도록 나이가 젊은 사람으로 택하여 경전과 역사 강론을 주로 하며 임금의 자문에 응할 수 있는 능력이 있는 자를 등용 기준으로 삼았다. 노소에 관계없이 당대 최고의 석학들을 집현전 관리로 등용했던 것이다.

세종은 또 집현전 학사들의 잡무를 없애기 위해 집현전을 전담하는 노비를 책정하고, 서리도 10명을 뒀다.

집현전 관리들은 품계에 관계없이 대제학의 감독 아래 정기적으로 시를 지어 평가받았고, 경전과 역사를 강독하게 하여 월말에 평가를 받았으며, 두세 명씩 돌아가며 매일 강의해야 했다. 또 백성 교화와 학문에 필요한 서적을 편찬하고 중국에 보내는 표表(군주에게 올리는 글)와 외교문서를 작성하고, 어려운 법령을 백성이 알기 쉽게 이두로 번역하는 일도 맡았다.

이 때문에 이들은 다른 관원보다 일찍 출근하고 늦게 퇴근하며 오직 공부에만 열중해야 했다. 이런 집현관의 임무에 전념토록 하기 위해 일부 학관들에겐 본전에 출근하지 않고 집에서 글을 읽고 대제학의 지도만 받으면 되는 특혜도 주어졌다. 말하자면 그들은 공부하고 강의하는 것이 유일한 임무였고, 시작詩作과 강의, 서적 편찬을 통해 그 성과를 보여야만 능력을 인정받을 수 있었던 것이다.

이런 집현전의 분위기는 지금도 여러 문집 속에서 그대로 전해지고 있다. 서거정은 『필원잡기』에 집현전 학사들의 학구열과 출세에 대해 기록해놓았는데, 그 내용은 이렇다.

세종이 문치에 정신을 기울여 재위 2년 경자년에 비로소 집현전을 설치하고 문사 10명을 뽑아서 채웠더니, 그 뒤에 더 뽑아서 30명이 되었다가 또 20명으로 줄여 10명에게는 경연의 일을 맡기고 또 10명에게는 서연의 일을 보게 하였다. 그들은 오로지 학문과 관련된 일만 맡았으며, 낮밤으로 고금의 일을 토론하는 것을 쉬지 않았다. 덕분에 문장을 아는 선비가 대거 배출되어 많은 인재를 얻을 수 있었다.

집현전 남쪽에 큰 버드나무가 있었는데 기사년과 경오년 사이에 흰 까치가 와서 둥지를 짓고 흰 새끼를 얻더니, 몇 해 사이에 요직에 오른 이는 모두 집현전 출신이었다.

성현의 『용재총화』는 집현전에 관해 매우 간단하게 기록하고 있지만, 세종이 집현전 학사들을 어떻게 대접했는지를 단적으로 보여주고 있다.

집현전은 일찍 출근하여 늦게 파했는데, 항시 일관이 시간을 아뢴 뒤에야 퇴청하게 했다. 조식과 중식 때는 내관이 직접 식사를 챙겼으니, 그 우대하는 뜻이 지극하였다.

『필원잡기』에도 학사들에 대한 세종의 극진한 마음을 읽을 수 있는 기록이 있다.

임금이 인재를 기르는 그 아름다운 일은 어느 옛 임금보다 뛰어났다. 집현전 선비들이 날마다 숙직을 했는데, 임금이 그들을 사랑하는 것과 융숭하게 대접하는 것을 두고 사람들은 신선이 사는 땅에 오른 것에 비교하였다.

하루는 밤 2경 무렵에 내시를 시켜 숙직하는 선비들이 무엇을 하는지 엿보게 했는데, 신숙주가 촛불을 켜놓고 글을 읽고 있었다. 내시가 돌아와서 임금에게 아뢰었다.

"서너 번이나 가서 봤지만 글 읽기를 끝내지 않다가 닭이 울자 비로소 취침하였습니다."

이를 가상하게 여긴 임금은 돈피갖옷을 벗어 깊이 잠들 때까지 기다렸다가 덮어주라고 했다. 숙주가 아침에 일어나 이 일을 알게 되었고, 선비들이 이 소문을 듣고 더욱 학문에 힘을 쏟았다.

이정형의 『동각잡기』에도 세종이 학사들을 배려하는 내용이 실려 있다.

세종 8년에 임금이 집현전 부교리 권채, 저작랑 신석견, 정자 남수문 등을 불러 일렀다.

"내 들으니, 너희들이 나이가 젊고 장래가 있다 하니, 이제부터 벼슬을 그만두고 각기 집에서 편히 지내면서 독서에 전력하라. 또 그 효과를 드러내게 하되, 독서하는 규범은 대제학 변계량의 지도를 받도록 하라."

이렇듯 세종은 집현전의 인재들을 배려하고 우대했다. 덕분에 그들이 성장하여 조선의 기틀을 마련하고 학문을 발전시켰으며, 세종시대를 조선 최고의 황금시대로 가꿀 수 있었다.

2. 쓸모만 있다면 외국인이라도 기꺼이 등용한다

세종은 비단 인재를 선비들 속에서만 찾지 않았다. 누구라도 쓸모가 있다 싶으면 국적과 신분을 가리지 않고 우대하였고, 필요하다면 벼슬을 내리는 일도 마다하지 않았다. 실록은 이와 관련한 많은 기록을 남기고 있는데, 세종 6년(1424년) 2월 13일의 다음 기사도 그 중 하나다.

> 중국 사람 장청을 전라도 전주에 살게 하고, 또 같이 온 중국 사람 남
> 녀 11명을 충청·전라도에 나누어 두고, 청에게는 안장 갖춘 말과 옷
> 과 이불과 노비 각각 3명을 내려 주고, 그 고을에 명하여 양가良家의
> 처녀를 가려서 장가들게 하고 밭과 살림 도구를 넉넉히 주어 그들로
> 하여금 주학州學에 나가 글을 읽게 하고 또 생도 8, 9명은 통역할 말을
> 전습하도록 하였다.

이 내용은 세종이 역관을 양성하기 위해 중국에서 온 장청이란 인
물을 매우 극진하게 대접하고 있음을 잘 보여주고 있다. 당시 조선은
개국한 지 얼마 되지 않아 여러 분야에서 인재난을 겪고 있었다. 그 중
에 통역관은 특히 부족했다. 고려 말에 원나라의 지배를 받았기 때문
에 역관의 대다수는 몽골어에 쏠려 있었다. 그런데 명나라가 원을 내
쫓고 중국을 차지한 뒤로 한어漢語 통역관이 많이 필요했는데, 한어
를 제대로 가르칠 인력이 없었다. 그런 까닭에 한어를 제대로 교육받
은 통역관을 찾아보기 힘들었다. 그래서 세종은 한족 중에 글을 아는
사람이 조선에 오면 극진히 대접하여 역관을 교육하는 교수로 삼곤 했
다. 이 때에 중국에서 온 장청도 그런 사람 중의 하나였다.

당시 중국에서 조선으로 넘어오는 사람의 대다수는 여진족에게 포
로로 잡혀 있다가 도망친 자들이었다. 장청과 그 일행도 마찬가지였
다. 장청 이전에도 여진족에게 잡혀 있다가 조선으로 도망해온 사람
의 수는 수백 명이었다. 조선 조정은 그들 대부분을 명나라로 인도했

지만, 그 중에 쓸모 있는 사람은 좋은 대우를 해주고 조선에서 살게 했다. 물론 결혼도 시켜주고 땅과 노비, 집도 주는 조건이었다.

그런데 중국에서 귀화한 사람들은 항상 도성이 아닌 지방에 배치했다. 도성엔 중국 사신들이 왕래했기 때문에 혹 그들 사신 일행이 조선에서 벼슬을 받고 지내는 중국인들을 발견하면 외교적인 문제가 생길 것을 염려했기 때문이다. 장청과 그의 일행들을 모두 충청도와 전라도에 나누어 배치한 것도 그런 이유였다.

장청 외에도 당시 조선으로 건너와서 통역관을 양성하는 업무를 맡았던 중국인이 여럿 더 있었음을 세종 9년(1427년) 6월 9일의 다음 기록에서도 확인할 수 있다.

> 포로가 되었다가 도망해 온 중국 사람 서사영이 말하였다.
> "일찍이 개원開元에 살았으나 본래 원근간의 족친도 없으니, 성심
> 으로 이 나라에 머물러 살기를 원합니다."

> 이에 정부에 내리어 의논하기를 명하였더니, 좌의정 황희, 우의정 맹
> 사성 등이 의논한 뒤 말하였다.
> "사영이 길주에 이르러서 먼저 들어와 사는 중국 사람 장현의 아들
> 을 만나 보아 이미 현이 벼슬을 받아 사역원에 근무하고 있음을 아
> 는지라, 사영만을 제 나라로 풀어 보내기는 미편한 일이고, 또 그
> 가 한문 글자를 조금 앎으로 앞으로 소용될 만한 사람이오니, 스스
> 로 원하는 바에 의하여 머물러 두는 것이 편의하겠나이다."

하지만 판부사 변계량은 "현과 함께 제 나라로 보내는 것이 좋겠습니다."라고 말했으나 황희 등의 의논에 따랐다.

이 기록에서 판부사 변계량이 서사영 뿐 아니라 이미 사역원에서 역관을 가르치는 교수로 활동하고 있던 장현까지 중국으로 돌려보내려 한 것은 혹여 중국과의 외교 마찰을 염려한 때문이었다. 하지만 황희와 맹사성은 서사영도 장현처럼 역관을 기르는 인력으로 써야 한다고 주장했고, 세종은 그들 재상들의 의견을 받아들여 서사영을 조선에 머물도록 했다.

사실, 세종은 누구보다도 명나라에 대한 사대를 중시했다. 사대를 중시한 것은 물론 약소국으로 명나라와의 충돌을 피하고자 함이었다. 하지만 이 문제에 있어서만큼은 사대보다는 국익을 우선시했다. 비록 명나라와 외교 문제로 비화되는 일이 발생한다손 치더라도 그들 중국인들을 활용하여 역관들을 양성하고자 하는 의지가 더 강했기 때문이다.

3. 기술을 가진 자라면 누구든 우대한다

세종은 통역관 양성에 필요한 중국인들도 환영했지만, 그들보다 더 공을 들인 사람들은 기술자들이었다. 특히 조선에서는 찾아보기 힘든 기술자가 중국에서 넘어오면 어떻게 해서든 그들을 조선에 귀화시키고자 했다. 물론 그들의 뛰어난 기술을 전수받기 위함이었다. 세종 19년(1437년) 7월 6일의 다음 기록은 세종이 기술자들을 얼마나 중시했는지 잘 보여준다.

통사 김옥진을 시켜서 중국 사람 지원리와 김새 등 7인을 요동으로 풀어 보냈다. 처음에 새가 야인에게 포로가 되어서 오랫동안 북방에서 살았는데, 이때에 이르러 도망쳐서 왔다. 새의 성질이 백공百工의 일에 정교하여 스스로 이렇게 말했다.

"금은金銀을 제련하여 주홍朱紅의 가벼운 가루로 하엽록 따위의 물건을 만들 수 있다."

임금이 장영실에게 명하여 그 기술을 전습하게 하였다.

김새는 이런 말도 하였다.

"돌맹이를 제련하여 금과 은을 만들 수 있다."

그래서 곧 그 말에 의거해서 널리 돌을 구해서 보이니, 말하기를, "모두 진짜 돌이 아니다."라고 해서, 마침내 전습하지 못하였다. 단지 가벼운 가루로 하엽록 만드는 것을 배웠을 뿐이며, 주홍朱紅은 역시 전습하지 못했다.

나라에서 그 재주를 사랑해서 머물러 있게 하려고 기생으로 아내를 삼게 하여 후하게 대접하니, 새도 역시 기뻐하여 가기를 원치 않았다.

정부 대신 중에 어떤 이는 "이에 앞서 포로가 되었던 중국 사람이 북방에서 도망쳐 오면 즉시 중국에 풀어 보내어, 이제 벌써 1천여 인이나 되었습니다. 또 우리나라가 지성으로 사대事大한다는 것은 중국에 소문이 났는데, 한 사람으로 인해 사대하는 성심에 누가 된다는 것은 매우 옳지 못하니, 보내지 않을 수 없습니다."하고, 또 다른 대신은 "당초에 중국의 명령이 없어도 들여보낸 자가 벌써 1천 인이 되었는데, 이번에 비록 보내지 않기로서니 무엇이 염려되겠으며, 하물며 이들 네 사람뿐이니 반드시 들여보낼 것이 없습니다."하여, 두 가지 의논이 결정을 보지 못했으나, 그 수종隨從한 사람의 족친들이 아직도 동녕위에 살고 있어서, 끝내 자취를 숨길 수 없으므로, 이때에 와서 풀어 보냈다.

이 기록을 통해 알 수 있듯이 당시 세종은 중국에서 기술자가 넘어오면 그들이 가진 기술을 전수받기 위해 안간힘을 썼다. 그래서 조선 최고의 기술자였던 장영실로 하여금 그들의 기술을 배우게 하였고, 다시 장영실을 통해 다른 기술자들을 양성하였다. 그런 까닭에 세종은 중국에서 넘어 온 기술자들을 가급적 본국으로 돌려보내지 않으려 했다. 이를 위해 기생을 아내로 주고 가정을 꾸리도록 도와주었으며, 생활의 안정을 위해 벼슬을 내리고 재산과 재물까지 주곤 했다.

이런 후한 대접 덕분에 많은 중국 기술자들을 조선인으로 귀화시킬 수 있었다. 여러 방면의 제련 기술을 가지고 있던 김새 역시 귀화 대상 중 하나였다. 그런데 김새가 조선으로 넘어온 사실을 아는 사람들이 요동 동녕위에 여럿 있었기 때문에 세종은 하는 수 없이 그를 명나라로 보내야만 했다. 하지만 그를 결코 그냥 돌려보내지는 않았다. 그가 머무는 동안 재빨리 장영실로 하여금 그의 기술을 전수받도록 했던 것이다.

당시 조선은 선진 기술에 목말라 있었다. 그래서 중국에서 뛰어난 기술자가 오면 무조건 환영했다. 이런 경향은 태조 때부터 이미 형성되어 있었다. 사실, 조선이 장영실이라는 당대 최고의 기술자를 얻을 수 있었던 것도 바로 외국에서 유입된 기술자들에 대한 우대 정책에서 비롯되었다.

알고 보면 장영실의 아버지도 중국에서 건너온 기술자였다. 실록은 장영실의 아버지가 원래 원나라의 소항주 사람이라고 기록하고 있다. 말하자면 장영실의 아버지 역시 중국에서 온 외국인이었던 것이다. 그리고 장영실의 어머니는 관기였다고 기록하고 있는데, 여기서 장영실의 출생 비밀이 숨어 있다. 앞의 김새에 관한 기록에서 알 수 있듯이 당시 중국에서 건너온 기술자들이 가정생활을 할 수 있도록 하기 위해 나라에서 관기를 아내로 삼게 했다.

따라서 장영실의 어머니 역시 중국에서 온 기술자였던 장영실 아버지에게 나라에서 내린 관기였음을 알 수 있다. 이는 장영실이 어떻게 관기의 아들로 태어나게 됐는지, 또 어떻게 어릴 때부터 뛰어난 기술자로 성장했는지 알 수 있는 열쇠가 된다. 장영실은 중국 출신 아버지로부터 어릴 때부터 기술자로 키워졌으나 관기 출신 어머니 때문에 관노 신분으로 성장했음을 알 수 있다.

어쨌든 이런 기술자 우대 정책은 세종 대에 이르러 더욱 강화되었고, 덕분에 장영실은 외국인 아버지와 관기 출신 어머니 사이에서 태어난 관노 출신임에도 불구하고 종3품 대호군 벼슬에까지 오르며 조선 최고의 기술과학자로 성장할 수 있었던 것이다.

4. 전문성을 갖춘 인재는 하늘이 내린 보배다

세종이 인재의 활용에 있어서 가장 중시한 것은 전문성이었다. 하지만 전문성이란 신하들의 능력을 속속들이 알지 않고는 파악하기 힘들다. 그래서 세종은 인재를 배치하기 전에 항상 그 사람이 무엇을 좋아하고 어떤 분야에 특별한 능력이 있는지를 먼저 살폈다.

세종시대의 인재 중에 특별한 능력을 갖춘 대표적인 인물은 역시 장영실이다. 하지만 장영실 말고도 세종이 발굴한 특별한 인재는 몇 명 더 있었다. 그 대표적인 인물이 정초, 이순지, 박연이다. 이들은 공교롭게도 세종 즉위 이전에는 크게 빛을 보지 못하던 사람들이었다. 하지만 세종은 그들의 특별한 능력을 알아보고 전문적인 부서에 배치하여 대단한 성과를 얻어냈다. 그만큼 세종은 인재를 알아보고 적재적소에 배치하는 능력이 뛰어났던 셈이다.

세 사람의 전문성을 갖춘 인재 중에 우선 정초부터 보자. 흔히 세종의 과학혁명을 이끈 대표적인 인물을 장영실이라고 하지만, 사실 정초의 이론적 뒷받침이 없었다면 장영실의 기술은 빛을 발하지 못했을 것이다. 정초鄭招는 당대 가장 뛰어난 천재로서 유학 경전은 물론이고 천체학과 물리학, 수학에 이르기까지 통탈하지 않은 지식이 없던 해박한 인물이었다. 그는 당시 조정에서 "한번 보면 다 외우는 사람"으로 유명할 정도로 명석했는데, 세종도 그 사실을 잘 알고 있었다. 그래서 세종은 그에 대해 이렇게 평가했다.

"성현의 학문을 연구하여 보고 들음이 넓고 충만하여 의심 가는 일을 판단하는 일에 능했고, 지식과 도량이 굳세고 밝아서 어떤 것이든 의구심을 떨쳐버리고 단행할 수 있게 했다. 그런 까닭에 근신으로 뽑아서 오랫동안 모든 정무를 자문하였다. 정치에는 깊이와 명성이 있었고, 재주는 내놓은 것마다 적합하지 않은 것이 없었으며, 100가지를 마련하고 지음에 있어서 한결같이 제대로 재단하여 이룩하지 못한 것이 없었다."

하지만 태종 시절만 하더라도 정초는 크게 인정받지 못했다. 오히려 태종에게 직언을 하다 관직에서 쫓겨나기도 했고, 이후 관직에 복귀한 뒤에도 노비사건을 잘못 결정한 일로 수군으로 쫓겨나 노역하는 신세가 되기도 했다. 그러나 세종이 즉위한 이후 그의 해박한 지식과 전문성은 빛을 발했다. 세종은 그가 역산과 수학에 밝다는 것을 알고 장영실과 함께 물시계와 혼천의를 제작하게 했다.

또한 천문학인 역산과 여러 과학 이론에 밝은 점을 높게 평가하고 『칠정산내・외편』과 『농사직설』 편찬을 맡겼다. 『칠정산내・외편』은 태양과 달, 그리고 목화토금수 5성의 운행 원리와 결과를 기록한 책으로 혼천의, 혼상, 앙부일구 등의 과학적 성과물의 토대가 되는 책이며, 『농사직설』은 조선 농업의 기본서로써 조선의 농업 발전에 획기적인 공헌을 한 책이다.

이렇듯 정초는 세종의 업적 중에 가장 빛나는 분야인 과학과 농업의 발전에 지대한 공을 세운 인물이었다. 정초가 이런 공을 쌓을 수 있었던 것은 세종이 그의 전문적인 능력을 일찌감치 간파하고 적재적소에 그를 기용한 덕이었다.

정초 다음으로 세종이 발굴한 또 한 명의 천재가 바로 이순지李純之, ?~1465다. 이순지는 이 역산에 남다른 능력을 보인 인물이다. 지금의 천문학에 해당하는 역산의 기초는 산학算學(수학)이었는데, 당시 학자들은 이를 등한히 여기고 열심히 연구하지 않았다. 하지만 이순지는 젊었을 때부터 산학에 열중하였고, 산학의 가장 높은 경지라 할 수 있는 역산의 대가로 이름을 얻었다. 세종은 이순지의 능력을 십분 활용하여 조선의 천문학을 크게 발전시켰다.

이순지는 조선 천문학계의 거두였고, 특별한 존재였다. 그는 당시 일반적인 선비들이 걸었던 경학 연구에는 크게 관심을 보이지 않았고, 오히려 등한시되던 천문학, 산학, 풍수지리 등에 열중했다.

그의 천문학 능력을 높이 평가한 세종은 그를 서운관에 예속시켜 간의대 업무를 보게 했다. 간의대는 천문을 관측하여 별의 운행과 변화를 기록하고 그 원리를 파악하는 곳으로 요즘의 천문관측대 역할을 했다. 이곳에서 장영실, 이천 등과 머리를 맞대고 간의簡儀, 규표圭表, 앙부일구, 보루각, 흠경각, 서책 인쇄를 위한 주자鑄字 등을 제작했다.

이후 세종은 이순지를 동부승지로 전격 발탁하여 천문학에 관한 새로운 서적을 편찬하라는 특별한 명령을 내렸다. 이는 종래의 천문역서가 가진 문제점을 보완하고 중복된 부분을 삭제하여 긴요한 사항들만 한눈에 볼 수 있는 책을 편찬하는 것이었는데, 그 결과로 얻은 책이 바로『제가역상집諸家曆象集』이다. 이 책은『칠정산내·외편』과 더불어 당대 최고의 천문역서로써 이순지와 세종의 천문학에 대한 열정이 고스란히 담겨 있는 역작이다.

정초와 이순지가 천문학과 농업 분야에 획기적인 공헌을 했다면 박연은 조선 음악의 발전에 지대한 공적을 남긴 인물이다.

공자는 인간이 갖출 가장 중요한 덕목으로 예禮와 악樂을 꼽았다. 공자가 예와 악을 중시한 것은 그것이 인간 사회의 질서와 조화를 이끌어내는 초석으로 작용한다고 믿었기 때문이다. 그런 공자의 견해는 제자들에게 이어져 유학의 중요한 가치관이 되었고, 송나라의 주희에 의해 새롭게 주창된 신유학을 건국이념으로 삼은 조선은 당연히 예법禮法을 사법司法보다 상위에 두었다.

예는 국가적 의미에서 보면 대개 좋은 일을 치르는 길례, 찾아온 손님을 대접하기 위한 빈례, 왕 또는 세자의 혼인을 위한 가례嘉禮, 거상 등 흉사를 위한 흉례, 군대 조직의 행사를 위한 군례 등 다섯 가지로 구분되는데, 이를 통칭하여 오례五禮라 했다.

예를 중시하던 조선 사회에선 오례에 관한 규범인『오례의』에 의해 국가 행사를 치렀는데, 이 행사에서 가장 중요한 요소는 음악이었다. 외국 사신을 맞는 빈례든, 출정식을 앞둔 군대 사열식에서의 군례든 음악을 빼놓곤 예식 자체가 불가능했기 때문이다. 음악과 오례는 불가분의 관계에 있었던 것이다.

음악은 무엇보다도 분위기를 조율하는 데 없어서는 안 될 중요한 수단이다. 손님을 맞는 빈례를 거행한다면 즐겁고 반가운 분위기의 음악이 필요할 것이고, 국상 같은 흉례는 슬프고 숙연한 느낌을 불러일으켜야 할 것이며, 적을 무찌르기 위해 전장으로 떠나는 출정식에선 힘차고 패기 넘치는 곡조가 필요한 법이다. 제왕의 즉위식이나 군대의 분열식에선 걸음걸이 하나까지도 모두 곡조에 맞춰 움직였던 만큼 음악은 모든 행사를 이끄는 틀이라고 해도 과언이 아니었다.

하지만 건국 초기의 조선 음악은 제대로 정리되어 있지 않았다. 왕자 시절부터 음악에 관심이 깊었던 세종은 이런 현실을 절감하며 음악의 혁신과 발전에 심혈을 기울였고, 스스로 작곡을 하기도 했다. 그러나 임금이 혼자서 그 일을 모두 할 순 없었다. 그렇다고 음악을 모르는 유학자들에게 맡길 수도 없었고, 학문을 모르는 악공에게 맡길 수도 없었다. 세종에게 절실한 인물은 유학은 물론이고 예학에 정통하고 음악 이론에 밝으며 악기도 잘 다루는 그런 인재였고, 그 적임자가 바로 박연이었다.

박연은 학문보다 음악을 먼저 익힌 인물이었다. 젊은 시절에 음악에 매료되어 광대들을 찾아다니며 악기를 배웠고, 그 때문에 늦은 나이에 과거에 합격했다. 하지만 세종을 만나기 전까지 그는 적성에 맞지 않는 부서를 전전하는 바람에 진가를 발휘하지 못했다. 그러다 세종이 음악을 정비할 인재를 찾는 중에 주변의 추천으로 천거되어 악학별좌에 임명된 뒤에 마침내 빛을 발하였다.

세종 대의 음악적 부흥은 크게 아악의 부흥, 악기의 제작, 향악의 창작, 정간보의 창안 등으로 대변될 수 있는데, 이는 모두 박연이 이룬 것이었다. 그런 까닭에 세종은 그를 하늘이 내린 보배 같은 인재라고 극찬을 아끼지 않았다.

박연뿐 아니라 장영실과 정초, 이순시 등도 모두 하늘이 내린 당대 최고의 인재들이었다. 그러나 아무리 하늘이 내린 인재라고 하더라도 그들의 전문적인 능력을 알아보았던 세종이 없었더라면 그들은 결코 빛을 발하지 못했을 것이다.

9장
세종시대를 조선의 황금기로 만든 인재들

1. 조정의 대들보가 된 재상들

세종시대의 주춧돌 황희

세종은 재상정치를 통해 왕도정치를 구현하고자 했는데, 이런 까닭에 세종시대는 조선시대를 통틀어 재상들의 영향력이 가장 컸던 시대라고 할 수 있다. 덕분에 조정은 위계가 바로 서고 정치가 안정되었는데, 여기에 가장 큰 공헌을 한 인물은 단연 황희였다. 그는 세종 8년(1426년)에 우의정에 제수된 이래 1449년까지 무려 24년 동안 정승 자리에 있었고, 1431년부터 1449년까지 18년 동안 영의정을 지냈으니, 그에 대한 임금의 신임이 얼마나 대단했는지 알 만하다. 그런 까닭에 세종이 남긴 업적 중에 절반은 황희의 공이라 해도 과언이 아니다.

황희는 정무 처리의 귀재였다. 실록은 이에 대해 이렇게 서술하고 있다.

큰일과 큰 문제를 결정하는 마당에서는 의심나는 것을 귀신처럼 풀어 줬고, 좋은 계책과 좋은 의견을 제기하여 임금의 결함을 미리 메워줬다. 임금에게 과오가 없도록 노력했으며, 백성을 다스리는 데 있어서는 소란스럽게 하지 않았고, 법과 제도는 자꾸 뜯어고치기를 싫어하였으며, 일을 논의하는 데 있어서는 되도록 충실하고 후한 편을 취하였다.

인사 행정을 맡은 지 16년 동안 인재들을 명백히 식별하였으며, 정승에 머문 24년 동안 나라가 반석처럼 든든해졌다. 아홉 번 과거시험을 맡았지만, 늘 좋은 선비를 뽑았다는 칭찬을 들었고, 노쇠하여 열 번이나 퇴직할 것을 청했지만 임금은 늘 '나를 도우라'는 말만 하였다. 임금은 그가 병이 나면 반드시 약을 내려 보냈고, 그의 늙은 몸을 우대하여 몸을 기대는 궤와 지팡이를 내렸다.

4대의 임금을 섬겨오면서 충의심은 더욱 돈독했고, 나이 아흔 살이 되어서도 덕망과 지위가 높았으니, 실로 임금의 팔과 다리요, 나라의 기둥과 주춧돌이었다. (1452년 세종의 묘정에 배향하는 문종의 교서에서)

『조선왕조실록』을 통틀어 그 어느 교서에서도 왕이 신하를 이토록 극찬한 내용은 없다. 그만큼 황희는 조선왕조사의 그 어느 신하보다도 거대한 족적을 남긴 정치가였다는 뜻이다.

이렇듯 조선 정치사의 거장이었던 황희는 고려 공민왕 12년(1363년)에 개성에서 황군서의 아들로 태어났다. 본관은 장수, 처음 이름은 수로壽老, 자는 구부懼夫, 호는 방촌厖村이다. 아버지 황군서는 판강릉부사를 지냈는데, 그 덕에 황희는 14세에 음보로 복안궁녹사가 되었다. 21세에 사미시에, 23세에 진사시에 합격하고, 27세(1389년)에 문과에 급제하여 이듬해에 성균관학관에 제수되었다.

하지만 1392년 7월, 이성계가 왕위에 올랐을 때 황희는 관직을 내던지고 여러 학관들과 함께 두문동에 은거했다. 이후, 조선 조정이 두문동에 은거한 학자들 중에서 인재를 찾자, 그때서야 조정으로 돌아왔다.

막상 조정에 돌아왔지만, 황희의 관직 생활은 그다지 평탄치 못했다. 완고한 성품 탓에 태조와 정종의 비위를 건드리는 바람에 몇 번이나 관직에서 쫓겨났다.

다행히 태종시절에 이르러 박석명의 추천으로 조정으로 돌아와 승지가 되면서 실력을 인정받기 시작했다. 이후 도승지 격인 승정원 지신사를 거쳐 형조판서, 의정부 지사, 대사헌, 병조판서, 예조판서, 이조판서 등 요직을 두루 거쳤다.

당시 태종은 황희를 혈족처럼 여기며 늘 자기 주변에 뒀는데, 그 때문에 하륜 같은 훈구 대신들은 황희를 시기하여 어떻게 해서든 그를 공격할 빌미를 찾고자 했다. 그래서 여러 차례 황희를 탄핵했지만 그때마다 태종은 황희 편을 들었다.

태종은 세종이 왕위에 오르자, 황희를 후하게 대접할 것을 지시했고, 과전과 직첩을 돌려주도록 하면서 임명을 부탁했다. 이후 세종은 그를 조정으로 불러 정2품 의정부 참찬을 맡겼고, 이로써 마침내 세종과 황희의 인연이 시작되었다.

그때부터 세종은 모든 정사를 황희와 의논했다. 황희가 나이 70세가 되어 치사致仕하게 해줄 것을 요청했을 때도 궤장을 내려 영의정에 머물러 있도록 했다. 또한 이 때에 정치제도를 육조직계제에서 삼정승 중심의 의정부서사제로 바꿔 황희의 정치적 비중을 한층 높여줬다.

세종은 나중에 황희가 연로한 데다 종기로 인해 거동이 불편하게 되었을 때도 파직시키지 않았다. 오히려 초하루와 보름에만 조회에 나오도록 배려하여 그의 영의정 직을 유지시켰다. 그 뒤에 황희의 거동이 점점 어려워지자, 큰일 이외엔 그를 번거롭게 하지 말라고 조정에 명령했다가 황희의 나이 87세 되던 1449년에야 영의정 벼슬로 치사하게 했다.

이듬해인 1450년에 세종이 승하하니, 그야말로 세종의 치세는 황희에 의해 모든 정책이 결정되었다고 해도 과언이 아니다.

황희는 그로부터 2년 뒤인 1452년(문종 2년) 2월 8일에 90세를 일기로 생을 마감했다. 죽은 뒤에 세종의 묘정에 배향되었으며, 익성이라는 시호를 얻었다. 아들로는 치신, 보신, 수신이 있고, 무덤은 경기도 파주시 탄현면 금승리에 있다.

황희는 평소 거처가 담박하고 성품이 유순하고 너그러웠던 모양이다. 어린아이들이 울부짖고 떼를 쓰거나 말을 함부로 하여도 좀체 꾸짖는 법이 없었다고 한다. 심지어 수염을 뽑고 뺨을 때리는 아이에게도 화를 내거나 제지하지 않았다. 언젠가 부하 관리들과 함께 집에서 일을 의논하며 붓을 풀어 글을 쓰려 하는데, 여종의 아이가 종이 위에 오줌을 싸도 전혀 노여워하는 낯빛을 보이지 않았고, 그저 손으로 오줌을 훔칠 뿐이었다(서거정의『필원잡기』).

황희의 그런 성정은 나이가 들고 벼슬이 무거워져도 변함이 없었다. 나이 아흔이 다 되어서도 겸손하여 누구에게나 공손함을 잃지 않았고, 노쇠한 몸으로도 늘 고요한 방 안에 앉아서 눈을 떴다 감았다 하며 글을 읽었다. 또한 주변 사람에 대한 너그러움이 소문이 나서 마을 아이들이 그의 집을 제집 드나들듯했다. 어느 해는 마당에 심은 복숭아가 제법 먹음직스럽게 익었는데, 동네 아이들이 무더기로 몰려와 마구잡이로 따고 있었다. 그러자 황희는 창을 슬쩍 열고는 나직한 소리로 이렇게 말했다.

"다 따먹지는 말거라. 나도 맛 좀 봐야지."

하지만 조금 후 나가 보니, 나무에 가득하던 열매가 하나도 남아 있지 않았다.

어디 그뿐이랴. 매일 아침저녁으로 밥을 먹을 때면 아이들이 그의 집으로 모여들었고, 그가 밥을 덜어주면 왁자지껄 떠들며 서로 먹기를 다투곤 했는데도 황희는 늘 웃고만 있었다(성현의『용재총화』).

소 타고 피리 부는 재상 맹사성

황희와 더불어 세종의 황금시대를 일군 또 한 명의 주역은 맹사성이다. 그는 태종과 세종시대에 육조를 두루 거치며 참판과 판서를 지냈고, 1427년에 우의정에 올라 당시 좌의정이던 황희의 정치 파트너가 되었으며, 이후 1431년에 황희가 영의정이 되자 좌의정에 올라 조정을 주도하였다. 76세 되던 1435년에 연로하여 스스로 벼슬에서 물러났으나 세종은 중요한 정사는 반드시 그에게 자문을 구했다고 하니, 그에 대한 세종의 신뢰가 얼마나 대단했는지 알 만하다.

맹사성은 고려 공민왕 9년(1360년)에 온양에서 전교부령을 지낸 맹희도의 아들로 태어났다. 본관은 신창이고, 호는 고불古佛, 자는 성지誠之다. 맹사성은 1386년(우왕 12년)에 문과에 을과로 급제하여 학관인 춘추관 검열이 되었으며, 이어 전의시승, 기거랑, 사인, 우헌납 등을 역임하고 외직인 수원판관이 되었다가 내직으로 돌아와 내사사인이 되었는데, 이때 고려왕조가 무너졌다.

조선이 건국된 이후 그는 예조의랑에 올랐지만, 1396년에 관직 정희계의 시호 사건의 불똥으로 파면되었다. 이후 2년 동안 관직에 나오지 못하다가 1398년에 왕자의 난으로 태조가 물러나고 정종이 등극하자, 1399년에 우간의대부로 임명되어 조정으로 돌아왔다. 이듬해 문하부 당하관이 되어 정종에게 정치 발전을 위한 5개 조목을 상언하여 당시 세자였던 태종의 눈에 들었다.

맹사성을 눈여겨본 태종은 즉위한 뒤, 1403년에 그를 좌사간대부에 임명한다. 하지만 맹사성은 노비 송사에 대한 판결을 잘못하여 탄핵당하는 바람에 고향인 온수로 유배 조치되었다.

맹사성은 낙향 생활을 1년 동안 하다가 이듬해 1월 15일에 전격적으로 동부대언(동부승지)에 발탁되어 정계로 돌아왔다. 이어 1406년 1월 5일에는 좌부대언으로 승격했다. 이후 이조참의, 예문관제학, 한성부윤을 거쳐 대사헌이 되었다.

그러나 그의 대사헌 생활은 가시밭길이었다. 대사헌에 오른 지 한 달 만인 12월 5일에, 모반을 획책했다는 고변이 접수되어 부마인 평양군 조대림이 순금사 옥에 갇히는 사건이 발생했다. 맹사성은 이 사건을 조사하는 중에 조대림을 역모의 종범으로 몰았지만, 결국 조대림의 무죄가 밝혀짐으로써 맹사성은 부마를 역도로 몰았다는 죄목으로 극형을 당할 처지가 되었다. 다행히 이숙번을 비롯한 여러 대신들의 노력으로 죽음을 면하고 장 100대에 유배 조치되었다.

이후 당시 세자였던 양녕대군의 요청으로 1409년에 유배에서 풀려나 충주 목사, 황해도 관찰사 등을 거쳐 중앙관직으로 돌아왔다.
1418년에 세종이 왕위에 올랐을 때, 맹사성은 공조판서에 올라 있다가 세종 1년 4월 17일에 이조판서에 임명되어 조정의 인사를 담당하였다. 이후 의정부 찬성을 거쳐 세종 7년(1425년) 8월 14일에 문신으로서는 최초로 삼군도진무三軍都鎭撫에 임명되었다. 그리고 1년 6개월 뒤인 1427년 1월 25일에 마침내 우의정 자리에 올랐다.

맹사성은 비록 황희보다 나이가 세 살 많았지만, 관직으론 늘 한자리 아래였다. 황희가 지신사에 있을 때, 그는 좌부대언이었고, 황희가 우의정으로 있을 때 찬성이었으며, 황희가 마침내 우의정에서 좌의정으로 승격하자, 우의정 자리에 앉은 것이다.

맹사성은 우의정에 오른 지 4년여 만인 세종 13년(1431년) 9월 3일에 좌의정으로 승격되었다. 이번에도 황희가 영의정으로 승격된 것에 따른 조치였다. 그로부터 4년간 맹사성은 황희와 쌍을 이루며 세종의 정치를 이끌었고, 1435년에는 나이 76세에 육신의 노쇠함을 이기지 못하여 스스로 물러날 것을 청해 허락을 받았다. 좌의정으로 치사한 그는 3년 동안 음악과 함께 여생을 보내다 1438년 10월 4일에 생을 마감했다.

맹사성은 청빈하여 한평생을 가난하게 살았다. 거처하는 집은 비바람도 제대로 가리지 못했으며, 옷이 너무 남루하여 처음 보는 사람은 그가 나라의 재상인 줄 짐작도 하지 못했다. 더구나 소를 타고 다니기를 좋아하고 그 위에서 피리까지 불어대니, 기껏해야 정처 없이 떠도는 괴짜 악공 정도로 생각하기 십상이었다.

그가 소를 타고 피리를 분 것은 단순히 멋을 부리기 위한 것은 아니었다. 그에게는 피리 부는 것이 삶 자체였다. 관복을 입었을 때나 평복을 입었을 때나 늘 그의 소매 속에 피리가 들어 있을 정도였고, 하루에 서너 곡조를 부르지 않으면 잠을 못 자는 위인이었다. 집에 있을 땐 문을 닫아놓고 늘 피리를 불었고, 그가 앉은 자리엔 피리 이외엔 어떤 물건도 놓지 않았다. 여름이면 소나무 그늘에 앉아 피리를 불고, 겨울엔 방 안 포단에 앉아 피리를 불었다. 심지어 관리가 공무를 상의하기 위해 올 때 동구 밖에서 피리 소리를 듣고 그가 집에 있음을 알았다고 하니, 그의 음률에 대한 애착이 얼마나 대단했는지 알 만하다.

음률과 함께 그를 따라다니는 또 하나의 단어는 가난이었다. 그는 천성이 깨끗해 뇌물을 받는 일이 일절 없었고, 오직 나라에서 나오는 녹미祿米로만 연명했다. 당시 녹미는 오랫동안 국고에 쌓아뒀던 묵은쌀인 데다 양도 극히 적었다. 그런데 어느 날 밥상에 햅쌀이 올라왔다.

"어디서 쌀을 얻어왔소?"

집에 있는 쌀이라곤 녹미밖에 없는 줄 잘 아는데 기름기가 자르르 흐르는 햅쌀밥이 올라왔으니 혹여 부인이 뇌물을 받은 게 아닌가 하여 엄한 눈으로 따져 물었던 것이다.

"녹미가 심하게 묵어서 도저히 먹을 수 없기에 이웃집에서 빌려왔습니다."

"이미 녹을 받았으니, 녹미를 먹는 것이 의당한 일인데, 무엇 때문에 쌀을 빌렸단 말이오."

뇌물이든 빌리는 것이든 결국 남에게 신세를 지는 일이고, 그것이 자칫 사사로운 감정을 일으켜 공평무사公平無私함을 잃을까 염려했던 것이다.

사실 그는 가난함을 자랑으로 여기는 사람이었다. 당시 조정 관리들의 녹봉이라고 해봤자 입에 풀칠하기도 어려운 형편이었으니, 대다수의 관리들이 암암리에 뇌물을 받아챙겼고, 나라에서도 웬만한 일은 눈감아주던 시절이었다. 하지만 그는 녹봉 이외엔 집 안으로 재물을 끌어들이는 법이 없었다. 그런 까닭에 머무는 집도 초라하기 짝이 없어 여름이면 늘 빗물이 줄줄 샜다.

하루는 병조판서가 일을 품하려고 그의 집을 찾았는데, 갑자기 소낙비가 내리기 시작했다. 비가 내린 지 얼마 지나지 않아 방 안으로 빗물이 떨어졌고, 맹 정승과 병조판서의 옷마저 흠씬 적셔놓았다. 그때 병조판서는 바깥에 행랑채를 짓고 있었는데, 맹 정승 집에서 돌아와 부끄러운 낯빛을 보이며 말했다.

"정승의 집이 그 정도인데 내가 어찌 바깥 행랑채가 필요하리오."

그리고 즉시 짓고 있던 행랑채를 철거했다고 한다.

세종이 가장 존경한 인물 류관

황희, 맹사성과 더불어 세종시대를 대표하는 상신相臣으로 꼽히는 정치가가 류관柳寬이다. 그는 조선왕조 500년 동안 청백리의 대명사로 불렸으며, 황희나 맹사성에 앞서 재상의 초상으로 여겨졌던 인물이다. 비록 영의정엔 오르지 못했고, 4년이라는 짧은 기간 동안 우의정에 머무는 것에 그쳤으나, 그의 삶이 세종에게 심어준 인상은 어느 누구보다도 강렬했다.

1433년(세종 15년) 5월 7일에 그가 죽자, 세종은 날이 저물고 비가 내리는데도 그를 애도하는 의식을 감행했다. 이때 지신사로 있던 안숭선은 날씨가 좋지 않다며 다음날로 미루자고 강력하게 건의했지만, 세종은 슬픔을 이기지 못하고 끝내 흰옷과 흰 산선纖扇을 차리고 홍례문 밖에 나가 눈물을 쏟아냈다.

세종이 그를 어떻게 생각했는지는 류관에게 내린 다음 제문에 잘 나타나 있다.

> "경은 기질이 온후하고 성품이 넓고 깊어서, 학문은 고금의 사리에 통달하고, 재주는 정사의 요점을 꿰뚫었다. 중앙과 지방에서는 일을 성실하게 처리하였고, 세 왕대에 걸쳐서 벼슬을 하였다. 경주에 나가 고을원이 되었을 때엔 백성들이 부모처럼 따랐고, 남방을 순찰할 때엔 백성들이 사모하는 노래를 지어 불렀다. 사헌부 대사헌으로서는 이단을 엄혹하게 배척하고, 재상의 지위에 올라서는 언제나 원칙을 지키며 사사로운 일로 찾아오는 사람이 없었으며, 창고에서 남아도는 재물을 찾아볼 수 없었다.
> 지위를 낮춰 언제나 깔끔한 풍도를 지녔고, 덕은 높아도 교만한 태도가 없었으니, 선비들은 모범으로 삼았고, 관리들은 한결같이 존경하였다."

세종은 황희와 맹사성에 대해선 재주와 학문에 대한 칭찬을 아끼지 않았으나 마음으로 존경한 흔적을 남기지는 않았다. 그러나 이 짧은 제문에는 류관에 대한 존경심이 묻어나고 있다. 이것은 류관의 삶이 세종의 인간관에 어떤 영향을 끼쳤는지 보여주는 대목이다. 세종이 황희에게서 정무 처리의 해박함을 배우고 맹사성에게서 삶을 즐기는 유연함을 배웠다면, 류관에게선 진정한 선비의 길이 무엇인지 배웠던 것이다.

이렇듯 세종이 인생의 스승으로 삼았던 류관은 맹사성보다 14년 이른 1346년에 태어났다. 초명은 관觀, 자는 몽사夢思였는데, 나중에 이름을 관寬, 자를 경부敬夫로 고쳤으며, 호는 하정夏亭이다. 본관은 황해도 문화로, 고려시대에 정당문학을 지낸 유공권의 7대손이며, 삼사판관을 지낸 유안택의 아들이다.

그가 관직에 발을 들여놓은 것은 26세 되던 1371년(공민왕 20년)에 문과에 급제하면서부터였다. 이후 전리정랑, 전교부령을 거쳐 고려말기에 봉산군수, 성균사예, 사헌중승 등을 역임하다 조선 개국을 맞이했다. 조선 개국 후에는 내사사인을 시작으로 간관의 수장인 좌산기상시, 형조전서, 대사헌을 거쳐 세종 즉위 당시에는 예문관 대제학으로 있었다.

세종은 1420년 4월 12일에 그를 의정부 찬성사를 겸하게 하여 정치에 관여할 수 있도록 배려했다. 또한 일흔이 넘은 나이를 감안하여 궤장을 내리고 계속 관직에 머물 수 있도록 조처했다. 하지만 류관은 나이가 많아 더 이상 관직에 있을 수 없다며 사직을 청했다.

세종은 물러나려는 그를 붙잡아 오히려 우의정에 세수했다. 류관은 이듬해에도 사직을 청하는 글을 올려 초야에 묻혀 여생을 보낼 수 있도록 배려해달라고 간청했지만, 세종은 윤허하지 않고 또 그를 설득했다. 그리고 1년을 더 우의정에 붙잡아뒀다가 1426년 1월 15일에야 치사하도록 허락했다.

조정에서 물러난 류관은 고향인 황해도 문화현으로 돌아갔고, 그로부터 4년 뒤인 1433년 5월 7일, 그는 88세를 일기로 세상을 떴다. 류관에 대해선 정사에 기록된 것 말고도 여러 일화가 전한다. 류관의 일화 중에 가장 유명한 것은 역시 그의 청빈함에 관한 것이다.

그는 청렴하고 방정하여 정승의 벼슬에 올랐을 때도 초가집 한 칸, 베옷과 짚신으로 담박하게 살았다. 집에는 울타리도 담장도 없었는데, 그 사실을 안타깝게 여긴 태종은 선공감을 시켜 밤에 몰래 울타리를 만들어주게 하고, 비밀에 부치도록 했다. 또 그가 굶고 다닐까 염려하여 몰래 사람을 시켜 음식을 내리기도 했다.

공무를 보고 돌아온 뒤에는 후학을 가르쳤는데, 그 명성이 높아 많은 제자들이 모여들었지만 누구라도 와서 인사를 하면 고개를 끄덕일 뿐, 이름을 묻는 법이 없었다고 한다. 혹여 이름을 물어 사적인 관계를 이루면 사사로운 정이 생겨 공평무사함을 잃을까 염려한 까닭이다.

그의 집은 홍인문 밖에 있었는데, 성안으로 공무를 보러 갈 때도 그 먼 길을 수레나 가마에 의존하지 않고 간편한 사모에 지팡이 하나만 들고 걸어다녔다. 가끔은 어린 시종들을 데리고 다녔는데, 그럴 땐 어김없이 그들과 함께 시를 흥얼거리며 놀면서 걸었다. 그 모습을 본 백성들이 그의 넓은 아량에 탄복하여 칭송이 자자했다.

언젠가는 장마가 한 달 내내 계속되어 그의 집에 온통 물이 샜다. 그 물줄기가 마치 굵은 삼 줄기 같았는데, 그는 손에 우산을 받쳐들고 부인을 돌아보면서 말했다.

"우산도 없는 집에서는 이 장마를 어떻게 견딜지 걱정이오."

부인이 대답했다.

"우산 없는 집은 다른 준비가 있습니다."

그는 멋쩍은 얼굴로 수염을 만지며 껄껄 웃었다고 한다.

2. 영토 확장과 국방의 주역들

대마도 정벌의 주역 이종무

세종은 유학을 기반으로 왕도정치를 꿈꾸는 문치주의자였지만, 국토의 개척과 정벌을 통한 국력 신장에도 각별한 노력을 기울인 왕이었다. 당시 조선을 위협하던 세력은 왜구와 여진족이었다. 특히 왜구는 고려 말기부터 대단한 골칫거리였다. 그래서 고려 말과 조선 초에 왜구의 본거지인 대마도를 두 번이나 정벌했지만, 여전히 노략질은 계속되고 있었다.

세종 초에는 충청도 비인, 황해도 해주 등지에 침입하여 쌀을 약탈해갔다. 그렇듯 조선 백성들은 왜구로 인해 막대한 피해를 입고 있었지만 명나라는 되레 조선이 왜구와 힘을 합쳐 명나라를 공격하려 한다고 의심하고 있었다. 이 때문에 조선은 왜구의 준동을 잠재우고 명나라의 의심을 불식시키기 위해 다시 한 번 왜구의 본거지였던 대마도를 정벌하였다. 이때 대마도 정벌을 이끌었던 장수가 바로 이종무였다.

　이종무李從茂는 1360년(공민왕 9년)에 태어났으며, 본관은 장수다. 무인 집안에서 태어난 그는 어려서부터 말타기와 활쏘기에 능했고, 22세 되던 1381년(우왕 7년)에 강원도에 왜구가 침입하자 아버지를 따라 처음으로 전장에 나섰다. 이 싸움에서 그는 왜구를 격퇴한 공으로 정용호군에 편입되었다. 이후 꾸준히 승진하여 조선 개국 후인 1397년(태조 6년)엔 옹진만호에 올라 있었는데, 이때 왜구가 침입하자 끝까지 성을 포기하지 않고 싸운 공로를 인정받아 첨절제사가 되었다.

　1398년에 제1차 왕자의 난 이후 정안대군(태종) 진영에 가담하여 상장군이 되었고, 1400년 제2차 왕자의 난 때는 방간의 군대를 무찌른 공로로 좌명공신 4등에 녹훈되고 통원군에 봉해졌다. 제2차 왕자의 난으로 정권을 완전히 장악한 정안대군은 정종을 물러나게 하여 왕위에 올랐고, 태종의 신임을 얻은 이종무는 북방 수비의 요직인 의주병마사에 나갔다가 1403년에 우군총제에 임명되어 도성 병력을 맡았다.

　태종의 신임이 두터웠던 이종무는 1406년에는 좌군총제에 임명되고 동시에 우군총제를 겸했다가 1408년에는 중군도총제에 올랐다. 1409년에는 안주도 도병마사, 1411년에는 안주절제사가 되었다. 1412년에는 별시위 좌이번절제사에 임명되어 정조사正朝使로 명나라에 다녀왔다. 1413년에는 동북면 도안무사 겸 병마도절제사, 1417년에는 좌참찬을 거쳐 판우군도총제와 궁궐의 병력을 통솔하는 의용위

절제사를 지냈다. 1418년 태종이 세종에게 선위하고 물러나면서 이종무에게 자신의 호위를 맡겼으며, 세종에게 선위하게 된 배경을 명나라 사신에게 설명하는 일도 그에게 맡겼다.

이후 1419년 5월 14일, 태종과 세종은 대마도 정벌을 결정하고 이종무를 삼군도체찰사로 임명하여 중군을 거느리게 하고 대마도 정벌을 명령했다. 또 그 예하에 우박, 이숙묘, 황상을 포진시켜 중군절제사로 삼고, 유습을 좌군도절제사, 그 아래 좌군절제사에 박초, 박실을 포진시켰다. 우군도절제사엔 이지실, 그 아래 우군절제사엔 김을화, 이순몽이 배치되었다.

동원된 군대는 모두 경상, 전라, 충청도의 수군을 합한 병력이었으며, 6월 8일에 전 병력이 견내량에 모이기로 합의했다.

출정식을 거행한 이종무는 6월 17일에 드디어 9명의 절제사를 거느리고 거제도를 떠나 대마도로 향했다. 동원된 병선은 경기도에서 10척, 충청도 32척, 전라도 50척, 경상도 126척 등등으로 총 227척이었다. 병력은 도성에서 따라나선 장졸이 669명이었으며, 갑사와 별패, 시위, 영진속과 그들이 모집한 잡색군, 양반 중에 배를 탈 줄 아는 지원병, 삼도의 수군을 합해 1만 6,616명이었으니, 도합 1만 7,285명이었다. 배에는 이들 병력이 65일간 먹을 양식이 실려 있었다.

출정 첫날은 바람이 몹시 불어 일단 거제도 주원방포로 돌아왔다가 이틀 뒤인 6월 19일 사시에 다시 대마도로 향했다.

이종무의 선단이 대마도에 이르자, 그곳 사람들은 중국으로 떠난 자신들의 상선이 돌아온 줄 알고 맞이할 채비를 했다. 그런데 막상 두지포에 내린 사람들이 조선 병사들임을 알고서는 혼비백산하여 달아났다. 다만 50여 명의 군사가 저항을 하다가 패하여 식량과 물건을 모두 버리고 지세가 험준한 곳으로 달아났다.

이종무는 귀화한 왜인 지문池文을 그곳 우두머리 웅와에게 보내 항복을 요구했으나 웅와는 별 대답을 해오지 않았다. 이어 병조판서 조말생의 글을 보내 다시 한 번 항복을 요구했으나 여전히 답이 없었다.

대마도주 웅와가 말을 듣지 않자, 이종무는 출병하여 수색을 시켰다. 우선 해안을 돌며 적선 129척을 빼앗아 쓸 만한 20여 척은 압수하고 나머지는 모두 불태웠으며, 적의 가호 1,939호를 불태웠다. 또한 적병 114명을 베고 21명을 사로잡았으며, 그들에게 포로로 잡힌 중국인 남녀 131명을 구했다. 그들에게 물어보니, 백성들이 심히 굶주렸고, 부자라 하더라도 한두 말의 쌀만 가지고 도주했으므로 포위하여 시간을 끈다면 그들은 굶어죽을 것이라고 했다. 이종무는 그 말을 옳게 여겨 목책을 설치하고 장기전에 돌입했다.

그 뒤로 이종무는 두지포에 머물며 때때로 수색병을 내보내 다시 배 15척을 찾아내 불사르고, 적의 가호 68채를 불태웠다. 또 중국인 15명과 조선인 8명을 구하고, 적군 9명을 죽였다. 그런 가운데 장수들은 병력을 선단에서 내려 육상전을 벌여 정벌할 것을 청했고, 이종무도 동의하여 6월 29일에 군대를 하륙시켰다.

선봉에 선 것은 좌군절제사 박실의 부대였다. 박실은 병력을 이끌고 섬 깊숙이 침투했는데, 불행하게도 복병에 걸려 크게 패하고 쫓겨났다. 그 와중에 박홍신, 박무양, 김해, 김희 등의 장수가 전사하고 박실은 수십 명의 군사를 잃고 배로 도망해왔다.

박실을 쫓아온 대마도 군대는 함선까지 공격했는데, 우군절제사 이순몽과 병마사 김효성의 방어벽에 막혀 눌러갔다. 좌우군이 그렇듯 곤욕을 치르자 중군은 뭍으로 내리지 않았다. 대신 이종무가 배로 포구를 에워싸고 장기전을 치를 태세를 갖추자, 웅와가 글을 보내 강화를 청해왔다.

웅와의 글에는 7월에 태풍이 불 것이니 조심하라는 경고도 있었는데, 이종무도 그 점을 염려하여 일단 7월 3일에 거제도로 귀환했다.

이렇듯 조선의 대마도 정벌은 미완성으로 끝나고 말았다. 하지만 성과가 없는 것은 아니었다. 비록 대마도에서 항복을 얻어내지는 못했지만 대마도주로부터 강화 약속을 받아냈고, 왜구들의 침략도 사라졌다. 덕분에 조선이 왜와 함께 중국을 공격하려 한다는 명나라의 의심도 불식시켰다.

그러나 전장에서 돌아온 이종무는 사헌부의 탄핵에 시달려야 했다. 박실의 군대가 패전한 것에 대한 이종무의 지휘 책임을 물은 것이다. 하지만 태종의 비호로 가까스로 유배형은 면했다. 태종은 이후로도 이종무를 두텁게 신임했고, 세종 또한 이종무를 신뢰했다. 그래서 1424년에는 사은사로 명나라에 파견하기도 했다.

하지만 함께 갔던 권희달이 명나라에서 실수한 것과 관련하여 이종무는 또 탄핵을 받았다. 그 바람에 벼슬을 빼앗기고 원하는 곳에서 유배 생활을 해야 할 처지가 되었다. 그러나 세종은 1425년에 그의 직첩과 과전을 돌려줬다.

이종무는 그해 6월 9일에 66세를 일기로 생을 마감했다.

4군을 개척한 무관의 표상 최윤덕

세종시대 최고의 무인을 꼽으라면 단연 최윤덕일 것이다. 무인으로서 재상에 오른, 몇 안 되는 인물 중의 한 명이었던 그는 정승의 자리보다는 무인으로 남는 것을 영광스럽게 생각해 스스로 정승 자리를 내놓은 것으로 유명하다. 당시 북방을 혼란스럽게 했던 야인들에겐 호랑이로 통했으며, 백성들에겐 인정 많고 유순한 목민관이었으며, 세종에겐 나라를 지키는 보검 같은 존재이기도 했다.

실록은 그를 "성품이 순진하고 솔직하며, 간소하고 평이하며, 용기 있고 지략이 많아 일시에 명장이 되었다."고 평하고 있다. 또 세종은 그의 죽음을 슬퍼하며 "나라의 기둥이 꺾어지고 나라의 중심이 되는 성곽이 무너졌다."고 표현하고 있다.

세종은 변방의 장수로 돌아가려는 그를 의정부에 머무르게 하고 참찬과 우의정, 좌의정을 제수할 정도로 그에 대한 마음이 극진했다.

최윤덕은 1376년(우왕 2년)에 태어났다. 그의 아버지는 지중추부사를 지낸 최운해다. 본관은 통천이고 자는 여화汝和와 백수伯修이며, 호는 임곡霖谷이다.

최윤덕의 집안은 대대로 무인이었다. 할아버지 최녹은 호군을 지낸 인물이고, 아버지 최운해는 여말선초의 용장으로 지략이 뛰어나고 성격이 대담한 인물이었다.

최윤덕 또한 어려서부터 힘이 세고 용맹이 대단하여 활을 잘 쏘고 사냥에 능했다. 그래서 아버지를 따라 여러 전쟁에 참전하여 공을 세웠다. 이후 1402년 4월에 무과에 합격하여 본격적으로 무관의 길을 걸었다.

한편, 태종 초부터 동북면의 야인들이 내침을 감행하여 변방이 어지럽고 백성들이 곤란을 겪고 있었다. 태종은 최윤덕을 조전지병마사로 삼아 동북면에 파견했고, 이후 그의 맹활약으로 야인들의 침략이 잦아들었다. 그 공로로 그해 6월 1일에 최윤덕은 최전방의 수장 경성병마사가 되었다.

두만강 하류를 수비하는 경성병마사 직분을 맡은 지 1년 2개월 뒤인 1411년 8월 2일에 최윤덕은 도성으로 불려왔다. 전격적으로 우군동지총제에 제수된 것이다. 그러나 최윤덕이 빠진 동북면은 불안할 수밖에 없었다. 태종은 하는 수 없이 최윤덕을 경성등처도병마사로 임명해 변방 안정을 도모했다. 동지총제로 임명된 지 불과 사흘 만이었다.

최윤덕이 경성으로 돌아오자, 변방은 곧 안정되었다. 적장 동맹가 첩목아는 윤덕의 궁술에 탄복하고 감히 내침을 감행하지 못했던 것이다. 최윤덕은 이듬해 변방에서 돌아와 중군절제사가 되었고, 1415년에는 우군총제가 되었으며, 이어 중군도총제가 되었다.

세종 즉위 초에 최윤덕은 중군도총제로 있다가 1419년 4월 8일에 전격적으로 의정부 참찬에 발탁되었다. 그해에 태종이 대마도 정벌을 감행하자, 최윤덕은 삼군도절제사가 되어 전장에 파견되었다.

세종 4년(1422년)에 최윤덕은 문관직인 공조판서에 올라 정조사로 북경에 파견되었다 돌아왔다. 하지만 그는 문관직을 선호하지 않았다. 그래서 변방으로 보내줄 것을 청하여 평안도 도절제사가 되었다. 최윤덕은 그로부터 6년간 변방에 머물렀다. 그리고 1428년 4월 20일에 병조판서에 제수되어 도성으로 올라왔다.

세종은 1433년 북방에서 야인들의 노략질이 계속되자, 압록강 건너편의 파저강 유역을 토벌하기로 결심했다. 그래서 최윤덕을 도통사로 삼고, 이순몽을 중군절제사, 최해산을 좌군절제사, 이각을 우군절제사로 임명했다.

1433년 4월 10일, 최윤덕은 평안도와 황해도의 군마를 모두 강계부로 집합시켰다. 병력은 모두 합쳐 14,952명의 군사이었다. 토벌대가 진군하자 적군은 싸워보지도 않고 달아나기에 여념이 없었다. 그런 가운데 토벌대는 236명을 사로잡고, 170명의 목을 베고, 소와 말 170여 마리를 노획했다. 아군은 4명 전사하고, 5명이 화살에 맞은 정도였다.

5월 5일에 최윤덕은 오명의를 보내 세종에게 첩서를 올렸다.

"군사를 이끌고 일곱 길로 나눠 진군했사온데, 오랑캐의 죄를 묻고 모두 평정했습니다. 엎드려 생각하건대, 외람하게도 어리석은 재주로 거룩한 시대를 만나 도적을 포로로 잡아 심문하고, 창과 칼을 부러뜨려 하늘에 가득한 악한 무리를 쓸어버렸나이다.”

그해 5월 16일 세종은 최윤덕을 야인을 토벌한 공로로 우의정에 임명했다. 세종이 최윤덕을 우의정에 앉힐 결심을 하고, 대언 김종서를 시켜 의정들의 견해를 묻게 했더니, 맹사성이 이렇게 말했다.
“윤덕은 비록 무인이나 공평하고 청렴하며, 정직하고 부지런하다. 또한 공을 세웠으니 수상을 맡긴다 하더라도 부끄러움이 없는 사람이다.”

세종이 그 말을 듣고 즐거워하며 의정들에게 말했다.
“대신들이 나와 뜻을 같이하니, 윤덕을 우의정에 제수하겠소. 짐이 작은 벼슬을 제수할 때도 심혈을 기울이는데, 하물며 정승이겠소이까. 윤덕은 비록 학문을 하지 않아 정치에는 어둡지만, 밤낮으로 게으르지 않고, 일심으로 공을 세워 족히 그 지위를 보전할 것이오.”

하지만 최윤덕은 우의정 자리를 고사했다.
“신은 무인으로 변방을 지키는 것이 적임입니다. 정승은 나랏일을 잘 아는 사람에게 주소서.”

하지만 세종은 고개를 저었다.
“그대는 수상을 맡아도 모자람이 없소이다. 또한 지금은 야인이 변방을 넘보고 있으니, 그대가 내 곁에서 그 방책을 알려줘야 할 것이오.”

하지만 이듬해인 1434년에 야인들이 다시 준동한다는 보고가 있자, 그해 7월에 세종은 우의정인 그에게 평안도 도안무찰리사의 직분을 내려 국경을 지키도록 했다. 물론 정승의 자리는 유지시켰다.

최윤덕은 예순 살에 육박한 백발이 성성한 나이로 변방으로 나갔는데, 세종은 그 점이 미안했던지 12월 13일에 위로의 편지를 보냈다.

> "풍찬 노숙에 고생이 심하겠소이다. 경이 나라 받들기를 충성되고 부지런히 하여 중외에서 수고로움을 아끼지 아니하고, 묘당의 중신으로서 변방으로 나가 진무하여 위엄을 떨치고 야인을 진압하여 나의 근심을 펴게 하니 아름답기 그지없는 일이오. 몹시 추운 때를 당하여 움직임에 조심하시오. 내관 엄자치를 보내 잔치를 내려 위로하고, 또한 옷 한 벌을 주노니, 이르거든 받으시오. 많은 말은 전하지 못하오."

이렇듯 세종의 절대적인 신뢰에 힘입어 최윤덕은 변방에 7년간 머무르면서 압록강 상류 지역에 여연, 자성, 무창 우예군 등 4군을 설치했다. 그런 가운데 세종은 최윤덕을 잠시 불러올려 좌의정에 봉하고, 다시 평안도 도안무사로 삼아 변방으로 보냈다.

최윤덕은 좌의정이 된 뒤에도 정치 일선에 있는 것을 마다하고 좌의정에서 물러날 것을 청했다. 그는 오직 변방의 안정에만 주력하기 위해 무장으로 일생을 마감할 수 있도록 해달라며 안무사 자리만을 원하였다. 하지만 세종은 윤허하지 않았다.

세종은 그를 영중추원사로 삼아 조정에 남겨뒀고, 1445년에 그가 나이 칠십이 되었다는 이유로 사직을 청하자, 궤장을 내리고 벼슬을 유지할 것을 명령했다. 하지만 이때 최윤덕은 중병에 시달리고 있었다. 11월에 궤장을 내리자, 위독한 상태로 일어나 명을 받으려 했다. 자식들이 만류하자 그들을 무섭게 꾸짖으며 소리쳤다.

"내가 평생에 동료를 맞을 때도 병으로 인해 예를 갖추지 않은 때가 없었는데, 하물며 임금의 명이겠는가."

그는 기어코 관대를 하고 당하에서 궤장을 받은 뒤에 도로 가서 누웠다. 그리고 며칠 뒤인 12월 5일에 70세를 일기로 생을 마감했다.

최윤덕이 젊은 시절 태안군 수령으로 있을 때의 이야기다. 그가 어깨에 둘렀던 화살통 쇠 장식이 헐어 떨어졌는데, 공인工人이 그것을 발견하고 관가의 쇠로 기워서 고쳐놓았다. 하지만 그는 기웠던 쇠 장식을 도로 떼어냈으니, 그 청렴함이 이와 같았다(최윤덕 행장).

그가 평안도 도절제사와 안주목사를 겸하고 있을 때였다. 공무가 끝나면 그는 공청 뒤에 있는 빈 땅을 손수 경작했는데, 하루는 소송하러 온 사람이 그가 누군지 모르고 이렇게 물었다.

"대감께서는 어디 계신지요?"

윤덕은 "어디어디에 있습니다"라고 속여 말했다. 그런 다음 곧장

들어가서 옷을 고쳐 입고 판결에 임했다.

또 촌락의 지어미가 찾아와 울면서 "호랑이가 제 남편을 죽였습니다."하고 이르니, 그는 직접 화살통을 메고 호랑이를 찾아나서며 말했다.

"내 너를 위해서 원수를 갚아주겠다."

그는 정말 호랑이의 자취를 밟아 활로 쏘아 죽이고, 그 배를 갈라 남편의 뼈와 살을 꺼내 관을 갖춰 매장해주니, 그 지어미가 흐느껴 울었다. 한 고을 사람들이 그를 부모와 같이 사모했다(청파극담).

그가 안주목사로 있을 때 버드나무 수만 그루를 심었는데, 이는 터를 보호하고 수해를 막기 위함이었다. 이후로 사람들이 그의 뜻을 기려 감히 버드나무를 베지 못했다고 한다.

또한 그가 사는 집 남쪽에 있던 두 연못에 연꽃을 심고 그 곁에다 꽃나무와 아름다운 풀을 심어뒀다고 하는데, 매양 공무가 끝난 뒤에는 노인들을 그곳으로 불러 상을 차려놓고 함께 웃고 즐겼다고 한다(연려실기술).

육진을 개척한 북방의 호랑이 김종서

최윤덕이 중강진 지역의 여진족을 격퇴하여 4군 개척의 기반을 닦음으로써 서북 지역의 안정을 꾀한 세종 대의 대표적인 무관이었다면, 김종서金宗瑞는 드물게도 문관으로서 6진을 개척하여 동북 지역의 안정을 이끌어내고 조선의 영토를 두만강까지 확대한 주역이다.

김종서는 비록 문관 출신이지만 장수 못지않은 기개와 용맹을 갖췄고, 학문 또한 깊어 세종이 특별히 아끼고 중용했다. 때론 승정원에 머물게 하여 비서로 활용하였고, 집현전 학자들과 어울려 역사 편찬을 주도하게 했으며, 여진족이 북방을 교란하자 함경도에 지방관으로 보내 동북면의 안정을 도모하였다. 북방으로 간 김종서가 6진 개척에 성공하여 영토 확장과 국방에 크게 기여하면서 그에 대한 세종의 신뢰는 더욱 깊어졌고, 당시 재상이던 황희와 맹사성도 자신들을 이을 차세대 정승으로 그를 지목하길 주저하지 않았다.

김종서金宗瑞는 1390년(공양왕 2년)에 도총제를 지낸 무장 김추의 아들로 태어났다. 본관은 순천이고, 자는 국경國卿, 호는 절재節齋다.

그는 무관의 집에서 태어나 어려서부터 무술을 익힌 까닭에 기백과 용맹이 뛰어났다. 그러나 몸이 왜소하고 키가 작았으며, 책을 좋아하고 시문을 가까이한 까닭에 열여섯 살 되던 1405년(태종 5년)에 문과에 급제함으로써 관직에 발을 들여놓았다.

그러나 태종 대의 그는 주로 7품 이하의 낮은 직책에 머물러 있었는데, 직급이 낮은 탓인지 그다지 두각을 나타내지 못했다. 오히려 이 시절의 그는 좋지 않은 일에 연루되어 곤경에 처하곤 했다.

하지만 세종이 즉위한 뒤부터 그의 면모는 완전히 달라졌다. 세종 즉위 직후에 그가 맡고 있던 직책은 행대行臺(사헌부)감찰이었다. 행대 감찰은 직책은 낮으나, 지방관들에겐 가장 무서운 존재였다. 김종서는 이 행대감찰을 하면서 두각을 나타냈다. 덕분에 언관인 사간원 정언이 되었고, 이후로 우헌납, 사헌부 지평, 이조 정랑, 의정부 사인, 사헌부 집의 등의 요직을 거쳐 1429년 9월 30일에 승정원 우부대언(승지)에 기용되어 세종을 곁에서 보좌하게 되었다.

승정원의 대언이 된 후 김종서는 세종의 두터운 신임을 얻었다. 그래서 좌부대언을 거쳐 승정원의 2인자인 좌대언으로까지 승격했다.

그 무렵인 1433년 12월 9일, 세종은 김종서를 이조우참판으로 낙점하여 함길도 관찰사로 삼았다. 12월 18일에 세종을 인견한 김종서는 털옷과 털모자를 하사받고 함길도로 떠났다.

당시 북변 여진의 한 족속인 우디거족이 알목하(지금의 하령) 오도리족을 습격하여 건주좌위도독 동맹가티무르(첨목아) 부자를 죽이고 달아난 사건이 일어났다. 세종은 이 기회를 이용하여 두만강변을 과감하게 영토에 편입시키려 하였고, 그 일환으로 김종서를 함길도 관찰사로, 이징옥을 영북진 절제사로 삼았던 것이다.

함길도로 떠난 김종서는 함흥과 영흥, 정평, 안변, 문천 등지에서 2,200호의 백성을 뽑아 두만강변의 새로 개척할 땅에 이주시켰다. 또 경원부와 영북진에 성벽을 축조하기 위해 총 6,100명의 군사를 동원했다. 이로써 6진 개척의 서막이 오른 셈이다.

6진을 개척하는 과정에서 무장 이징옥과 문관 김종서의 견해는 다소 달랐다. 당시 영북진 절제사로 있던 이징옥은 북변의 여진인들을 정벌하여 힘으로 상대를 눌러야 한다는 입장이었고, 김종서는 가급적 여진인들과 부딪치지 않고 북변을 개척하자는 주장을 폈다. 당시 정승들인 황희와 맹사성은 김종서의 의견을 옳게 보았고, 세종 또한 마찬가지여서 이징옥의 여진 정벌론은 받아들여지지 않았다.

그 뒤 여진의 우두머리 범찰이 이징옥을 찾아와 동쪽의 파저강 유역으로 옮겨 살기를 원한다는 요청을 하였고, 조선 조정은 범찰의 청을 들어줬다. 이때 이징옥은 범찰이 매우 위험한 인물이므로 사전에 제거하여 우환의 싹을 자르는 것이 옳다고 주장했지만, 김종서는 범찰을 함부로 죽이면 오히려 여진인들에게 불신감을 심어줘서 소란이 일어날 것이라고 했다. 이에 황희 등 정승들과 세종은 김종서의 의견을 좇고, 혹여 범찰이 난동을 피우거나 도둑질을 할 때엔 즉각적으로 군사 대응을 해도 무방하다는 내용을 견지했다.

이렇듯 북변의 안정과 영토 확대의 주역으로 부상한 김종서와 이징옥은 1435년 3월 27일에 각각 함길도 병마도절제사와 판회령부사로 자리를 옮겼고, 정흠지가 함길도 도관찰사로 파견되어 6진 개척의 한쪽을 맡았다.

6진 설치 작업은 비교적 순조롭게 진행되었으나 몇 번의 어려움을 겪어야 했다. 1436년 5월엔 두만강 지역에 역질이 돌아 죽은 백성이 무려 2,600여 명이나 되었다. 당시 찬성사였던 하경복이 이를 부풀려 1만여 명이나 된다고 보고하여 조정을 발칵 뒤집어놓았는데, 후에 과장하여 보고하였다는 이유로 벼슬에서 내쫓겼다. 또 김종서, 정흠지, 이징옥과 경원부사 송희미 등을 국문해야 한다는 사헌부의 상소가 이어졌다. 이들이 지방관의 책무를 다하지 않았기 때문에 역질 피해가 늘어났다는 의견에 따른 것이다.

그러나 세종은 사헌부의 탄핵을 받아들이지 않았다. 비록 그들이 죄가 없는 것은 아니지만, 새로 설치한 고을 백성들이 혼란스러워할까 염려했기 때문이다.

세종의 신임을 얻은 김종서는 1436년경부터 이징옥의 의견을 받아들여 야인을 정벌해야 한다는 주장을 폈는데, 이는 군사적으로 정벌하지 않고는 결코 그들의 저항을 물리칠 수 없다고 판단했기 때문이다. 하지만 세종은 군사 행동을 자제할 것을 당부하면서 그의 청을 받아들이지 않다가 1440년에 이르러 야인들의 내침이 잦아지자, 사안에 따라 적절히 조치할 것을 명령했다. 이에 따라 김종서는 몇 번에 걸쳐 군사 시위를 하였고, 필요에 따라 병력을 동원하여 적지에 침투하는 과감한 작전을 벌이기도 했다. 덕분에 6진 중에서 4진이 건설되었고, 나머지 2진의 토대도 확보되었다.

당시 북변 백성들 사이에서 김종서의 위세는 대단했다. 학문은 물론이고 지략과 무인의 기상까지 갖춘 그를 두고 "대호大虎"라는 별명까지 붙일 정도였다. 그런 까닭에 세종은 김종서가 북변의 안정에 꼭 필요하다며 10여 년을 그곳에 묶어둔 것이다.

사실 김종서는 변방에만 머무는 것이 못마땅했던 모양이다. 그런 까닭에 몇 번에 걸쳐 한양으로 돌아가게 해줄 것을 청했지만 세종은 그때마다 여러 말로 다독거리며 허락하지 않았다. 심지어 김종서가 모친상을 당했을 때도 기복起復(초상을 당해 휴직하던 관원을 상복 기간이 다하기 전에 불러 직무를 수행하도록 하는 것)을 명령하고 그곳에 머물도록 했다.

　김종서가 다시 한양으로 돌아온 것은 1445년이었는데, 함길도로 떠난 지 무려 12년 만이었다. 세종은 이때 그를 예조판서에 임명하여 불렀는데, 결코 조정에 오래 머물러 있게 하지 않았다. 오자마자 도순찰사로 임명되어 경상, 전라, 충청도로 가서 목마장으로 적당한 곳과 방마가 가능한 곳을 조사해야 했다.

　그가 삼시나마 한양에 머무른 것은 1446년에 이르러서 였다. 그해에 의정부 우찬성이 되었는데, 판예조사를 겸하긴 했지만 그나마 한직을 맡아 몸을 쉴 수 있었다. 하지만 이듬해 다시 충청도로 파견되어 태안 등지의 군사 시설을 돌아봐야 했고, 1449년 8월에는 달달야선이 침입하여 요동 지역이 소란해지자, 평안도 도절제사로 파견되어 의주에 읍성과 행성을 쌓으며 변방 안정에 주력해야 했다.

　그 무렵 그가 토대를 구축하고 기반을 쌓았던 6진이 완성됨으로써 조선은 두만강 유역을 국경으로 확정 짓는 개가를 올릴 수 있었다. 6진은 후방의 부령을 기반으로 두만강변의 회령, 종성, 온성, 경원, 경흥 등이었다. 신설된 6진에는 도호부사가 파견되었고, 그 아래 토관을 두고 남쪽 각 도에서 많은 백성을 이주시켜 변방이 크게 안정되었다.

　1450년 2월에 세종이 승하하자 김종서는 조정으로 돌아와 좌찬성을 거쳐 1451년에 우의정이 됨으로써 정승의 지위에 올랐다. 1452년에 『세종실록』 편찬의 감수를 맡았고, 그해 문종이 죽고 단종이 즉위하자 좌의정에 올라 권력을 손안에 쥐었다. 하지만 64세 되던 1453년

10월, 수양대군에 의해 자행된 계유정난으로 비참하게 살해되고 말았다.

3. 세종시대의 학문을 이끈 사람들

옹고집쟁이 대학자 변계량

세종시대엔 어릴 때부터 신동 소리를 들으며 조선 학문의 기틀을 다진 이들이 여럿 있었다. 그중에서도 빼놓을 수 없는 인물이 변계량이다. 변계량은 네 살에 고시古詩를 줄줄 외웠고, 여섯 살에 시를 지은 천재였다.

그는 관직 생활의 대부분을 학관 직에 종사하여 세종 대의 학문적 기반을 닦는 데 중추적인 역할을 했던 대표적인 문형文衡(학문 분야의 저울 역할을 하는 사람을 의미하는데 대개는 예문관 대제학을 지칭한다)이었다. 그는 예문관과 집현전에 주로 근무하며 태종 대와 세종 초의 외교문서 작성을 거의 전담하다시피 했고, 한편으론 학자 양성에 주력하여 많은 학사들을 길러냄으로써 세종의 문치주의 정책에 획기적인 공헌을 했다.

변계량은 1369년(공민왕 18년) 판중추원사 변옥란의 아들로 태어났다. 본관은 밀양, 자는 거경巨卿, 호는 춘정春亭이다.

변계량의 집안은 전형적인 문관 가문으로 증조부 변현인과 조부 변원이 모두 문관으로 출세했다. 아버지 변옥란은 어린 나이에 벼슬하여 고려 조에선 호조, 이조판서 등을 역임했으며, 조선 개국 이후에는 원종공신으로 검교 판중추원사에 올랐다. 태조는 그를 실직 중추원사로 임명하려 했으나 그가 74세로 죽는 바람에 벼슬을 내리지 못하여 무척 안타까워했다는 기록이 있다. 옥란은 아들 둘을 낳았는데 첫째가 중량이요, 둘째가 계량이었다.

변계량은 문관의 집안에서 태어난 터라 어린 시절부터 책을 가까이할 수 있었는데, 외우고 쓰고 창작하는 데 남다른 재주를 보인 까닭에 신동이라는 소리를 듣고 자랐다. 신동이라는 말에 걸맞게 열네 살에 진사가 되었고, 열일곱 살에 문과에 급제하여 종6품 전교주부로 관직생활을 시작했다. 그 뒤 성균관 학정을 거쳐 직예문관, 예문관 응교, 예문관 직제학, 제학 등을 거치며 예문관 붙박이가 되었다.

변계량은 학자로서 두각을 드러내며 출세가도를 달렸다. 예문관 직제학으로 있던 그는 1407년 4월 22일에 태종이 실시한 중시에서 을과 일등을 하여 당상관인 예조참의가 되었다. 그가 예조참의에 오른 그해 8월 25일에 임금은 권근의 요청에 따라 관리들에게 시를 짓게 하여 30명을 뽑았다. 이번에도 역시 변계량이 일등이었다. 그야말로 조선 최고의 문장가로 공인된 것이다.

덕분에 그는 이듬해 1월 29일에 생원시원生員試員이 되었다. 생원을 뽑는 시험의 출제자가 된 것이다. 이때 함께 시원이 된 사람은 성균관 대사성 유백순이었는데, 대사성이 시원이 되는 것이 관례였던 점을 상기할 때, 변계량에겐 크나큰 영예가 아닐 수 없었다.

그해 10월 25일에 변계량은 세자시강원의 강의를 맡았다. 시강원은 세자에게 강의를 하는 곳인데, 정1품 정승이 관례로 맡는 세자사(師)와 부(傅)가 있고, 판서급이 맡는 빈객賓客(정2품), 그 아래 찬선(정3품), 보덕輔德(정3품)과 진선(정4품)과 필선(정4품), 문학(정5품) 등이 있다. 그 외에도 사서, 설서, 자의 등의 6~7품 학자들이 있다. 이 중에서 변계량은 좌보덕을 맡았다.

시강원 관원 중에 빈객 이상은 모두 겸직이었고, 찬선부터 녹관이었다. 다른 일은 하지 않고 세자에게 강의만 하는 직책은 찬선과 보덕 이하였다는 말이다. 보덕은 그런 녹관 중에 제일 윗자리였으므로 실제로 강의를 주관하는 직책인 셈이다.

세자를 가르친다는 것은 곧 미래의 왕에게 제왕의 도리와 가치관을 가르친다는 뜻이다. 그러므로 세자시강원 자리는 학자 중에서도 가장 뛰어난 자가 맡는 게 당연했고, 또 시강원의 관원으로 뽑히면 출세가 보장되는 셈이다.

하지만 당시 학자들은 세자시강원 벼슬을 달가워하지 않았다. 이때 변계량이 가르치던 세자는 바로 세종의 형 양녕대군이었다. 양녕은 학문에 뜻이 없고 활쏘기와 사냥, 여색을 즐기는 위인이었다. 그런 까닭에 당시 세자시강원의 학자들은 툭하면 태종에게 불려가 책임 추궁을 당하는 일이 잦았고, 그것은 곧 시강원 직책을 꺼리는 현상으로 이어졌다. 변계량은 그런 어려운 상황에서 양녕을 가르쳤다. 그러면서 내심 충녕대군의 학구열을 부러워하곤 했다.

그렇게 6개월이 흐른 1409년 4월 13일, 변계량은 학문을 등한시하는 양녕 때문에 속을 끓이던 시강원 보덕 자리에서 벗어나 예문관으로 돌아왔다. 예문관은 그의 젊은 시절이 그대로 녹아 있던 까닭에 고향 같은 곳이었다. 그의 직위는 종2품 제학이었고, 동지춘추관사를 겸직했다.

태종은 그의 문장을 좋아하여 무척 총애했던 모양이다. 변계량의 문재文才를 귀하게 여겨 나라의 중요한 문서 작성은 거의 다 맡았다. 또한 1410년 7월 12일에 태종은 죽은 왕사 무학에게 시호를 내리고 변계량에게 비명을 짓게 했다. 이는 상왕으로 물러난 정종이 무학을 존경하여 태종에게 극력으로 요청한 결과였다. 그해 9월 29일엔 문묘에 비를 세웠는데, 그 비문 또한 변계량이 지었고, 돈화문 누각의 종명과 태종의 신도비문도 그가 지었다.

1412년 3월 22일엔 세자의 우빈객에 임명되고, 이후 예조판서 등을 거쳐 태종 말년인 1418년에 마침내 예문관 대제학에 오른다. 학관學官으로 시작한 벼슬살이 초반부터 계속 예문관 붙박이로 있다가 마침내 그곳 수장이 된 것이다.

이후 세종이 즉위하자 1420년 3월 16일에 집현전 대제학이 되어 유망한 젊은 학사들을 가르치고 관리했다. 당시 집현전에서 공부하던 관리들 대부분이 변계량의 지도를 받았다. 또 경연을 주관하며 세종에게 정치와 역사를 가르치고, 조정에서 사용하는 여러 단어의 의미와 병력을 움직이는 원리인 진법陣法을 강의했다.

변계량은 노래 가사도 잘 지어 곧잘 세종에게 올렸고, 사주와 운명을 볼 줄 알았기에 세자(문종)의 배필을 정하는 일에도 참여했으며, 문과에 합격한 사람들의 서용에도 깊이 관여했다.

또한 당시 성균관의 시험 과목을 결정하는 데도 큰 영향력을 행사했다. 세종 10년(1428년)에 예조참판 유영이 성균관에서 제술만 할 뿐 경전 강의는 시험 과목으로 포함시키지 않아 생도들이 경학에 신경 쓰지 않는다면서 과거에 경전 강의, 즉 훈고를 넣자고 했다. 이에 세종은 변계량과 의논해서 보고하라고 했다.

변계량이 그 말을 듣고 이렇게 아뢰었다.

"문과에 경학 강의를 시험 과목으로 넣는 것은 옳지 못하니, 그 이유가 한두 가지가 아닙니다. 학문을 하는 데 있어 어려서는 기송記誦(기억하여 외우다)과 훈고訓詁(경서를 고증하고 해명하고 주석하는 일)를 익히고, 장성해서는 제술製述(시나 글을 짓는 일)을 배우고, 늙어서는 책을 짓는 것이 그 범례입니다. 생원 과거에서도 오히려 제술로써 아래 위를 정하는데, 대과인 과거의 초장初場에서 훈고만을 생각하여 떨어뜨리는 것이 옳겠습니까? 이것이 옳지 못한 첫째 이유입니다.

다음으로 수백 명이나 되는 응시자들에게 일일이 경전을 강의하게 하면 시험을 보는 데만 수 개월이 걸리게 되니, 그 시간과 비용을 어찌 감당하겠습니까?"

변계량은 경전 강의의 문제점을 열거하며 장문의 글을 올렸고, 세종은 결국 그의 의견을 받아들였다. 하지만 당대의 석학들인 이명덕, 윤회, 권채, 이선제 등은 강경講經(경전 강의)을 시험 과목에 넣어야 한다고 주장했다. 이 때문에 변계량은 그들을 몹시 미워했다. 또 경연에서 정초가 자신과 다른 의견을 냈다고 하여 그를 찾아가 심하게 꾸짖기도 했다.

변계량은 집현전의 수장이자 성균관의 겸직 대사성으로 당시 학문을 대변하는 인물이었으나, 속이 좁고 인간관계가 편협하여 자기 의견에 동조하지 않는 사람을 몹시 싫어했다. 당시 변계량과 건줄 만한 사람으로 윤회가 거론되었으나, 그는 윤회를 싫어하여 집현전 제학 자리에 자신의 제자인 신장(신숙주의 아버지)을 앉히려 했다. 세종은 윤회의 뛰어남을 잘 알고 있었기에 변계량의 속 좁음을 질책했다.

변계량은 학문이 뛰어나고 시문에 조예가 깊었으나 속이 좁은 것이 문제였다. 그래서 당대의 식자들 사이에 좀팽이로 정평이 났다. 성품이 인색하여 보잘것없는 물건도 남에게 빌려주는 법이 없었고, 주변 사람과 음식을 나눠 먹는 것에도 매우 인색했다. 그는 동과冬瓜(겨울 참외)를 좋아했는데, 매일 잘라 먹은 뒤에 누가 몰래 훔쳐 먹을까 봐 자른 자리에 표시를 해두는 것으로 유명했다. 또 객을 접대하여 술을 내놓을 땐, 상대방이 마신 술의 잔 수를 계산해두고, 한 잔 부은 다음에는 술병을 마개로 봉해두니, 손님들이 그 인색한 얼굴빛을 보고 그냥 가는 사람이 많았다.

세종 시절에 흥덕사에서 『국조보감』을 편집할 때의 일이다. 세종이 그의 문장을 높이 평가하여 자주 음식을 내렸고, 재상들도 다투어 술과 음식을 보냈다. 하지만 그는 그것들을 방 안에 가득 쌓아두고 남에게는 한 점도 주지 않았다. 그 때문에 온 집 안에 음식 썩는 냄새가 진

동하고 방 안에 구더기가 들끓었다. 음식이 썩어나도 구덩이에 버릴
지언정 하인들에겐 단 한 점도 주지 않았던 것이다(용재총화).

　그가 문형으로 이름을 떨치고 있을 때, 당시 후배 학자였던 김구경
이 그의 단점을 여러 번 말했는데, 그 일을 마음에 두고서는 김구경
을 깎아내리는 시를 짓기도 했다. 또 언젠가 『낙천정기』를 지어 김
구경에게 보이니, 구경이 성리性理를 논한 것이 『중용』의 서문과 흡
사하다고 비판하자, 그를 몹시 미워했다. 그 사건 이후로 김구경이
글을 지어내면 변계량은 고의로 입을 가리고 크게 웃어 그를 민망하
게 하기 일쑤였고, 끝내 김구경에게 좋은 벼슬을 내주지 않았다(필원
잡기, 용재총화).

　그는 성품이 편벽되고 고집이 대단했다. 한번은 중국에서 흰 꿩을
보내자 세종이 이에 하례하는 글을 짓게 했다. 그런데 그 표 중에 "오
직惟이玆 흰 꿩"이라는 말이 있었다. 그는 이 자玆를 특별히 띄어서
따로 써야 한다고 주장했는데, 여러 대신들이 모두 어떻게 그 글자만
띄어서 쓰냐며 붙여야 한다고 했다. 그러나 그는 끝까지 띄어 써야 한
다고 고집했다. 세종은 대신들의 말이 옳다고 판정했다. 그랬더니 변
계량이 붉게 상기된 얼굴로 이렇게 대꾸했다.

> "밭 가는 일은 마땅히 종에게 물을 것이요, 베를 짜는 것은 여종에게
> 물어야 합니다. 그러니 외교문서에 대해서는 마땅히 노신에게 맡겨야
> 할 것입니다. 함부로 다른 말을 옳다 할 것이 아닙니다."
> 세종은 하는 수 없이 그의 의견을 따랐다(필원잡기).

성격은 괴팍했지만 하늘이 내린 문재였던 변계량은 1430년(세종 12년) 4월 24일에 62세를 일기로 죽었다. 적자는 없었고, 비첩에게 얻은 아들 영수가 있었다.

세종이 그에게 내린 시호는 문숙文肅이었으며, 그의 저서로는 『춘정집』 3권 5책이 있다. 남긴 글로는 「화산별곡」, 「태행태상왕시책문」 등과 기자묘의 비문, 「낙천정기」, 「헌릉지문」 등이 있으며, 김천택의 『청구영언』에 시조 2수가 전한다.

술독에 빠진 천재 윤회

세종시대에 수많은 학자들이 있었지만, 그 중에서도 세종이 가장 아낀 인물이 있다면 단연 윤회일 것이다. 윤회는 당대 천재의 대명사였다. 하지만 그는 술을 지나치게 즐겨 몸을 상하는 일이 많았는데, 태종과 세종은 천재를 잃을 것을 염려하여 늘 그를 불러 술을 줄이라고 당부했을 정도였다. 그럼에도 그는 항상 술독에 빠져 지냈고, 술 때문에 여러 번 순군옥巡軍獄(고려시대 도적, 난을 일으킨 사람 가두는 감옥)에 갇히기도 했다. 그러나 그는 취중에 교서를 작성해도 임금의 뜻에 한 치의 어긋남도 없었다. 태종은 그런 그를 앞에 두고 "과연 천재로고."를 연발했다고 한다.

윤회尹淮는 1380년에 윤소종의 아들로 태어났다. 자는 청경淸卿, 호는 청향당淸香堂이며, 본관은 무송茂松이다. 열 살에 웬만한 선비는 엄두도 내지 못할 『통감강목』을 외워 신동이란 소리를 듣기 시작했다.

그의 집안은 대대로 문관으로 벼슬살이를 하였는데, 증조부 윤택은 찬성사를 지냈고, 조부 윤구생은 전농시의 판사를 지냈으며, 아버지

윤소종은 동지춘추관사를 지냈다.

윤회가 관직에 나간 것은 1401년이다. 그해 4월에 실시된 복시에서 3등으로 합격하여 사재직장(종7품)의 관직을 얻었다. 11월에는 응봉사의 녹사緣事(중앙 관부의 상급 서리직, 정7품)가 되었는데, 이때 술로 인해 순군옥에 갔다. 그는 평소에 늘 술을 달고 살았는데, 그날도 술에 취해 일어나지 못하는 바람에 중국과의 무역 서류를 작성하지 못했던 것이다.

그 뒤 그는 벼슬을 내놓고 전국을 돌아다녔다. 이 시절에 그가 남긴 유명한 일화가 『연려실기술』에 전하고 있다.

여행을 하던 그는 날이 저물어 한 여각을 찾았는데, 행색이 말이 아닌 까닭에 주인이 유숙을 허락하지 않았다. 그는 마땅히 몸을 뉘일 곳이 없어 그저 여각의 마당에 앉아 있었는데, 주인의 아들이 커다란 진주를 가지고 놀다가 마당 한가운데 떨어뜨렸다. 그 옆에 흰 거위가 한 마리 있었는데, 진주를 보자 냅다 삼켜버렸다. 잠시 후 주인이 붉게 달아오른 얼굴로 진주를 찾았는데, 끝내 찾지 못하자 윤회를 도둑으로 몰았다. 주인은 막무가내로 그를 밧줄로 묶었고, 이튿날 관아에 넘기겠다고 했다.

하지만 윤회는 아무런 변명도 하지 않고 이렇게 말했다.
"저 거위도 내 곁에 매어주시오."

이튿날 아침에 거위가 똥을 누자, 진주가 그 속에 있었다. 주인이 진주를 발견하고 부끄러운 낯빛으로 말했다.

"어제 진작 말했더라면 결례를 범하진 않았을 터인데 … 왜 아무 말
도 하지 않았습니까?"

윤회가 웃으면서 대답했다.

"만일 내가 어제 말했다면 그대는 필시 거위의 배를 갈라 구슬을 찾으
려 했을 것이오. 거위가 죽을까 염려되어 모욕을 참으며 기다렸소."

이 이야기에서 보듯 윤회는 성격이 느긋하고 헤아림이 깊은 인물
이었다. 또한 권력에 대한 욕심도 없었다. 그는 권력보다는 학문을 좋
아했기에 늘 학관 직을 원했다. 그러던 차에 1409년 9월 3일, 이조정
랑을 맡고 있던 윤회에게 춘추관 기주관記注官(5품)을 겸하라는 명령
이 내려졌다. 이조정랑은 비록 정5품 벼슬이지만 당상관의 인사를 좌
지우지하는 요직이었다. 그런 까닭에 문관이라면 누구나 선호하는 자
리였다. 하지만 그는 이조정랑보다 춘추관 기주관이 되었다는 사실을
더 즐거워했다.

이때 그는 태조실록 편찬에 참여했는데, 실록 편찬이 끝난 뒤 예문
관의 응교(정4품)가 되었다. 태종이 그의 문장과 학문을 높이 평가하여
학관직으로 옮겨준 것이다. 윤회는 평소부터 학관이 되길 소원했는
데, 마침내 뜻을 이룬 셈이다.

윤회를 특별히 아끼던 태종은 그를 승문원 지사로 삼았다가 세종이
왕위에 오르자, 승문원 판사와 경연관으로 승진시켰고, 마침내 왕의

비서실인 승정원 대언으로 추천했다.

1418년(세종 즉위년) 8월 27일에 윤회는 정3품 당상관인 동부대언에 임명되어 세종을 곁에서 모시게 된 것이다. 이때부터 윤회와 세종은 각별한 관계를 형성하게 된다.

윤회가 맡고 있던 동부대언은 육조 중에 공조를 담당하는 비서였지만, 세종은 윤회에게 특별히 몇 가지 일을 더 시켰다. 중국에서 온 사신을 접대하는 일이 그 중 하나였고, 상왕으로 물러난 태종과 세종 사이를 오가며 의견을 조율했으며, 경연에 참여하여 학문을 강의하고 정치 토론을 이끄는 역할을 했던 것이다.

윤회의 학문적 능력을 특별히 아꼈던 세종은 그해 12월에 그를 좌부대언으로 승격시켰다. 세종이 그의 학문을 높이 평가했다는 것은 1419년 1월 9일의 기록에서도 확인된다. 이날 동지사 이상의 경연관들이 모두 결석하여 사람들이 세종에게 휴강할 것을 청했는데, 세종은 오히려 윤회에게 특명을 내려 홀로 『대학연의』를 강의하게 했다. 경연관도 홀로 강의하는 법이 드물었는데, 경연의 참찬관에 불과한 그에게 단독 강의를 맡긴 것은 세종이 그를 높게 평가하고 있었다는 뜻이다. 그 뒤 대언직에 있던 윤회에게 『고려사』 개수를 맡긴 것도 그의 역사에 대한 지식을 남다르게 보았기 때문이다.

세종은 농담을 잘 하지 않았는데, 이는 임금이 농담을 할 경우 신하가 그 진의를 오해하여 문제가 발생할 소지가 있었기 때문이다. 하지만 세종은 윤회에겐 곧잘 농담을 건넸고, 그런 사실을 신하들에게 알리면서 윤회와 자신이 농담을 주고받아도 될 만한 특별한 사이임을 은근히 강조하기까지 했다.

세종은 1419년 12월 7일에 윤회를 병조참의(정3품)에 임명해 대언에서 내보냈다. 그를 병조로 보낸 것은 병권을 쥐고 있던 태종과의 관계를 원만하게 하기 위해서였다. 원래 육조의 장차관인 판서와 참판은 실무를 직접 챙기지 않았고, 때문에 실무와 관련된 책임에서 면제되는 것이 상례였다. 즉 육조의 실무 책임자는 참의였던 셈인데, 세종은 윤회를 병조의 실무 책임자로 임명하여 병권을 안정시키려 했던 것이다. 이는 세종이 윤회를 매우 신뢰했음을 보여주는 대목이다.

세종의 믿음대로 윤회는 태종과 조정의 관계를 원만하게 조정하는 역할을 성공적으로 수행했다. 특히 태종은 윤회를 매우 신뢰하여 단순히 병조참의로서가 아니라 비서로 활용하기도 했다. 윤회는 매번 태종의 의중을 정확하게 읽어냈고, 태종은 자신의 뜻이 조정에 제대로 반영되고 있다는 사실에 매우 흡족해했다. 덕분에 윤회가 병조참의로 있던 3년 동안 병권으로 인해 태종과 세종 사이에 충돌이 일어나는 일은 전무했다.

태종이 죽자, 세종은 그를 집현전 부제학에 앉혔다. 원래 세종은 윤회를 제학으로 삼고자 했으나 대제학이었던 변계량이 강력하게 반대하는 바람에 부제학에 임명했다. 변계량은 자기 문하로 부제학에 있던 신장(신숙주의 아버지)을 후임자로 생각하고 있었던 것이다.

이듬해 6월 23일에 세종은 변계량의 후임을 정하는 것과 관련하여 이런 말을 내렸다.

"옛날 진산부원군 하륜과 길창군 권근이 문사를 맡았을 때 대제학 변계량이 그 문하에 내왕하면서 배웠다. 이제 집현전 부제학 신장 또한 변계량 문하에 내왕하면서 익히고 있다. 처음에 내가 계량에게 묻기를 '경을 이을 사람이 누구인가?' 하니, 신장이라고 대답했다. 그때 윤회의 문장이 신장보다 우월하였으나 본래 회가 계량과 의견이 많이 달랐고, 이때에 이르러 관계가 더욱 좋지 못했다."

세종의 이 말 속엔 어떻게 해서든 윤회에게 집현전을 맡기겠다는 강한 의지가 담겨 있었다. 세종은 일단 변계량의 입장을 고려하여 윤회를 예문관 제학으로 임명하여 마찰을 피했으나 1424년 3월에 자신의 의지대로 윤회를 집현전 제학을 겸하게 했다.

집현전은 세종 정치의 구심체였고, 그 기반은 바로 학문이었다. 따라서 집현전을 맡은 관리는 당연히 학문적으로 가장 뛰어난 사람이어야 했다. 윤회가 바로 적임자였다. 윤회의 라이벌이었던 신장도 학문의 깊이가 없는 것은 아니었으나 윤회에 미치지 못한다고 세종은 판단했던 것이다.

하지만 세종과 윤회의 의견이 늘 일치했던 것은 아니다. 1425년 11월 29일의 일이다. 세종은 대제학 변계량에게 명령하여 사학을 읽을 만한 사람을 천거하라고 했다. 변계량이 천거한 사람은 정인지, 설순, 김빈이었다. 당시 정인지는 직집현전이었고, 설순은 집현전 응교였으나, 김빈은 인동(지금의 구미)현감이었다. 세종은 김빈에게 집현전 수찬을 제수하고 세 사람이 모든 역사책을 나눠 읽고 자신의 질문에 대비토록 했다.

그런데 이 일을 결정하기 전에 윤회와 세종은 한차례 논쟁을 벌였다. 먼저 세종이 윤회에게 물었다.

"내가 집현전의 선비들에게 모든 역사책을 나눠 읽히고자 하오. 어떻게 생각합니까?"

윤회가 대답했다.

"옳지 않습니다. 대체로 경학經學이 사학史學에 우선되는 것입니다. 오로지 사학만을 해서는 안 됩니다."

하지만 세종은 고개를 가로저으며 말했다.

"내가 경연에서 『좌전左傳』, 『사기史記』, 『한서漢書』, 『강목綱目』, 『송감宋鑑』에 기록된 옛 일을 물으니, 다 모른다고 했소. 만약 한 사람이 읽게 한다면 고르게 볼 수 없을 것이 분명하오. 지금 선비들은 말로는 경학을 한다고 하나, 이치를 제대로 밝히고 마음을 바르게 한 사람이 있다는 소리를 듣지 못했소."

세종은 결국 자신의 생각대로 사학 전문가를 양성했고, 그 선두 주자가 바로 정인지, 설순, 김빈이었다.

사실 사학은 당시 과거 과목이 아니었기 때문에 선비들로부터 경시되었다. 그러나 실제 정치에서는 사학 지식이 꼭 필요했다. 특히 중국과의 외교에 있어서는 필수적이었다. 세종은 그 점을 절실히 깨닫고 아예 사학 전문가를 양성하려 했던 것이다. 윤회의 말대로 비록 경학이 사학보다 상위의 학문이라 할 수 있으나, 경학이 단순히 출세의 수단으로만 쓰였던 점을 고려한다면 사학 전문가를 양성해야 한다는 세종의 주장이 옳았던 것이다.

학문으로는 당대 최고였던 만큼 윤회는 왕세자의 빈객을 겸하였다. 또 춘추관의 동지관사를 겸하며 『팔도지리지』, 『삼강행실도』, 『통감훈의』 등의 편찬을 주도했으며 그 공로로 예문관 대제학에 올랐다. 학자로서는 가장 영광스러운 자리였다.

하지만 이 무렵 그는 풍질(중풍)에 걸려 있었다. 그는 술을 워낙 좋아하여 신장 등과 더불어 당대 최고의 술꾼으로 통했다. 하지만 술과 문장으로 윤회와 비교되던 신장은 1433년에 술병으로 사망했다. 당시 재상이었던 허조는 그의 죽음을 안타깝게 여기며 "이런 어질고 재주 있는 사람을 술이 앗아갔다."고 한탄했다. 세종 역시 신장을 따로 불러 술을 끊으라고 명했으나 그는 끝내 술을 끊지 못하고 죽었다. 그러자 세종은 윤회마저 잃을 것을 염려하여 술을 끊으라고 신신당부했으나, 윤회 역시 술을 끊지 못했다.

결국 그의 지나친 음주는 풍질을 악화시켰고 급기야 1436년 3월 12일에 그의 목숨을 앗아갔다. 그가 몸져누웠을 때, 세종은 내의(內醫)와 좋은 약을 보내 회복을 기원했지만, 끝내 숨을 거두고 말았다. 이때 그의 나이 57세였다. 그는 풍질을 앓고 있는 상태에서도 『통감훈의』 편찬 일을 지속했는데, 그로 인한 과로 또한 저승길을 재촉한 원인이었다.

세종은 그의 죽음을 비통해하며 제문을 내렸다.

> "천성이 깊고 넓으며, 학문이 심오하고 넓었다. 세자의 빈객을 맡았을 때 가르치고 이끄는 것이 깊이가 있고 절도가 넘쳤으며, 경연에서 논강할 때엔 깨우쳐준 바가 많았도다. 그 외에도 가는 곳마다 공적과 명성이 있으매, 심히 가상히 여겨 사랑하기를 더욱 두텁게 했도다."

세종은 그의 시호를 문도文度라 했는데 "학문을 좋아하여 묻기를 좋아하고 마음을 능히 의리로써 제어할 줄 안다"는 뜻이다.

집현전 학사들의 맏형 정인지

세종의 혁신적인 정책들은 대부분 조선 유학자들의 호응을 얻지 못했다. 오히려 전통적인 개념을 가졌던 유학자들은 세종에게 반기를 드는 경우가 많았다. 기득권 계층에 속한 그들로선 세종의 혁신 정책에 의해 이권을 빼앗길 것을 염려했던 것이다. 심지어 세종의 친위세력이라 할 수 있는 집현전 내부에서조차 때때로 세종의 정책에 반발했다. 특히 훈민정음 창제에 대해서는 부제학이었던 최만리 등이 세종을 힐난하며 결사적으로 반대하기도 했다. 그러나 세종의 새로운 정책들을 지지하며 묵묵히 소임을 다하는 학자들이 있었는데, 그 대표적인 인물이 정인지였다. 그는 역사, 천문학, 언어학, 경학 등에 두루 통달하여 세종이 요긴하게 써먹은 인물이다.

세종이 간의와 규표, 흠경각과 보루각을 제작할 때 대개의 신하들은 그 깊이를 이해하지 못했는데, 정인지만이 홀로 제대로 받아들였다. 이를 두고 세종이 이렇게 말했다.

"정인지만이 이 모두를 함께 의논할 수 있는 유일한 신하다."

정인지 졸기에 나오는 이 얘기만 보더라도 세종이 그의 학문을 얼마나 높이 평가했는지 알 만하다.

정인지鄭麟趾는 1396년에 석성현감을 지낸 정홍인의 아들로 태어났다. 자는 백저伯雎, 호는 학역재學易齋, 본관은 하동이다.
그가 태어날 무렵 그의 아버지 홍인은 내직별감으로 있었는데, 소격전에 들어가 집안을 일으킬 아들을 낳게 해달라고 빌었다고 한다. 또 그의 어머니 진씨는 그를 낳기 전에 특이한 꿈을 꾸었다고 하는데, 아이를 낳고 보니, 글도 잘하고 암송도 잘하여 다섯 살에 한문을 줄줄 읽을 정도였다.

그런 까닭에 아버지로부터 집안을 일으킬 재목으로 인정받은 정인지는 16세에 생원시에 합격하고 19세 되던 1414년 3월 11일에 문과에 일등으로 급제하였다. 이후 승문원 부교리, 병조좌랑 등을 거쳤지만, 그 과정에서 그는 두 차례나 쓴 경험을 해야 했다. 승문원 근무 시절엔 태종에게 올린 문서가 틀려 옥에 갇혔고, 병조 근무 시절엔 중국 사신의 의장을 준비하지 않아 장 40대를 맞기도 했다. 또 정랑 시절에는 태종이 군사들을 훈련시킬 것을 명령했는데, 따르지 않았다가 태종의 노여움을 사 또다시 옥에 갇히기도 했다.

사실, 정인지는 행정관보다는 학관이 어울렸다. 그는 학문을 좋아하여 곧잘 책에 심취했지만, 태종 시절엔 단 한 번도 학관에 제수되지 못했다. 그런 까닭에 그의 학문적 능력은 빛을 내지 못했다.

그가 두각을 드러내기 시작한 것은 태종이 죽고 난 뒤였다. 태종이 죽자, 그는 병조에서 벗어나 예조와 이조에서 정랑을 지내고, 이내 세종에 의해 종4품 집현전 응교로 발탁되었다. 그의 학문적 능력을 눈여겨본 세종은 그를 집현전의 기둥으로 키우고자 한 것이다.

응교에 임명된 그는 1423년(세종 5년) 6월에 춘추관 직위를 겸직하여 역사학을 심도 있게 연구할 기회를 얻었다. 평소부터 역사에 관심이 깊었던 세종은 그의 능력을 알아보고, 곧 정4품 직집현전으로 승격시켰다. 이 무렵 세종은 대제학 변계량에게 명하여 역사학을 전담할 인물을 천거하라고 했는데, 계량은 정인지, 설순, 김빈을 천거했다. 이때부터 정인지는 예문관과 집현전에 근무하며 학관으로 자리를 굳혔다.

더욱이 1427년 3월에는 문관들을 대상으로 중시가 실시되었는데, 정인지는 이 시험에서 일등을 하여 정3품 집현전 직제학에 제수되었다. 그는 또 세자시강원의 좌필선을 겸직했다. 당시 필선의 아랫자리인 문학에는 훗날 세종의 훈민정음 창제에 정면으로 반발한 최만리가 있었다. 그와 최만리는 번갈아가며 세자 향(문종)에게 강의를 했다.

정인지는 직제학에 오른 지 1년 만인 1428년(세종 10년) 종2품 부제학이 되는 영광을 누리기에 이르렀다. 30대 초반의 새파란 나이에 재추의 반열에 든 것이다. 등용된 지 14년 만이었고, 나이는 불과 33세였다. 정인지보다 여섯 살 많았으며, 조정의 이목을 끌며 무섭게 성장하고 있던 김종서의 당시 직책이 종3품 사헌부 집의였고, 정인지와 함께 부제학에 임명된 김효정이 46세였다는 사실만 보더라도 그가 얼마나 고속 승진했는지 알 만하다.

집현전에서 가장 높은 직위의 녹관(자기 직책으로 인해 월급을 받는 관리)은 부제학이었다. 제학과 대제학은 겸직이라 다른 부서의 업무를 봐야 했기 때문에 집현전을 실제로 책임지고 이끄는 사람은 부제학이었던 것이다. 정인지가 부제학으로 있을 때, 집현전의 기능은 대폭 확대되었고, 관원 수도 16명에서 32명으로 늘었다. 또 유명무실한 상태로 있던 수문전과 보문각은 폐지되고 그 기능이 집현전으로 통합되었다.

집현전에서 다루는 학문의 범위는 다양했다. 통치 이념의 근간이 되는 경학은 물론이고, 역사학, 천문학, 기술과학, 농학, 악학, 법학, 언어학 등 당시의 모든 학문을 연구했다. 정인지는 이러한 작업들을 현장에서 지휘하고 통솔했으며, 세종은 그들의 학문적 바탕에 힘입어 과감한 정책들을 입안하고 실천했다.

집현전에서 학문적인 보폭이 가장 넓은 인물은 역시 부제학 정인지였다. 수학에서 천문학, 경학, 역사학, 악학, 언어학에 이르기까지 모르는 분야가 없을 정도였다. 경연관이기도 했던 그는 세종에게 수학을 가르치기도 했고, 천체학이나 역사학을 강의하기도 했다. 그는 인재를 쓰는 데 있어 개인마다 전문적인 분야를 길러줘야 한다는 조언을 하기도 했는데, 세종은 그의 견해를 옳게 여기고 학자들을 전문적인 분야에 투입시켰다.

1429년에 정인지는 잠시 우군동지총제에 임명되었는데, 이때 이천 등과 더불어 새로운 무기를 개발하는 작업을 이끌기도 했고, 이듬해에 『아악보』가 완성되자 그 서문을 쓰기도 했다.

1431년에는 당대 최고의 학자인 신장, 윤회와 같은 선배들과 함께 세자의 빈객을 겸직함으로써 필선 시절에 이어 문종에게 다시 글을 가르치게 되었다. 이 무렵 세종은 역법을 교정하여 한눈에 볼 수 있는 역서를 만들어야 한다고 생각하고 있었는데, 이 일 또한 정인지와 정초에게 맡겼다.

그렇듯 정인지의 학문을 높게 평가하던 세종은 1432년 3월 18일에 정인지를 예문관 제학(정2품)에 임명했다. 이때 그의 나이 37세로, 조선사를 통틀어 가장 젊은 나이에 예문관의 수장이 된 셈이다.

예문관 제학으로 있던 중에 몇 달간 인수부윤과 이조참의 직책을 수행하긴 했지만, 정인지는 제학 직책에 3년 동안이나 머물렀다. 이때 세종은 풍수학에 관심을 두고 학자들에게 연구하도록 했는데, 정인지는 풍수학 제조도 겸했다. 일부 학자들은 풍수학을 학문도 아니라고 폄하했으나, 세종은 풍수학도 중요한 학문이라고 하면서 따로 기관을 마련하고 관원을 배치하였던 것이다.

1433년에 정인지는 정초, 이천 등과 함께 혼천의를 제작하여 세종에게 올렸다. 세종이 이를 가상하게 여기고 간의와 혼천의 제도에 대해 상세하게 질문하고, 발전 방향을 모색하도록 명령했다. 이후 세종은 매일 밤 세자와 함께 간의대를 찾아와 천문학의 발전을 논의했으니, 이때 혼천의 제작은 세종이 천문학에 적극적인 관심을 갖게 된 동기였던 셈이다.

이후 그는 충청도 관찰사로 나갔다가 다시 예문관 제학이 되어 조정으로 돌아왔다. 하지만 세종은 7개월 뒤인 이듬해 4월 2일에 그를 형조참판으로 제수한다. 너무 오랫동안 학관 생활만 한 탓에 행정력을 전혀 키우지 못한 그의 처지를 고려한 조치였다. 그리고 한 달 뒤에 전격적으로 형조판서에 기용했다. 당시 형조판서였던 정연이 다른 자리로 옮기면서 정인지를 천거했던 것이다.

정인지의 형조판서 생활은 반년 남짓 이어졌다. 이 자리에 있으면서 그가 상소한 내용은 주로 절도죄 처벌을 강화해야 한다는 주장이었다.

"절도죄를 범한 자의 힘줄을 끊어버리는 것은 악을 징계하기 위함인데, 지금 힘줄을 끊긴 자가 상처가 아물고 이전처럼 걷게 되면 다시 도둑질을 하므로 도둑이 나날이 성해지고 있습니다. 지금부터는 절도죄를 세 번 저지르면 법률대로 시행하되, 더하여 무릎 힘줄을 끊어버리소서. 그러면 다시는 도둑질을 못할 것입니다."

하지만 세종은 그의 상소에 고개를 끄덕이지 않았다. 다만 그의 위신을 생각해서 의정부에서 상의토록 하라고 했다.

형조판서로서 정인지의 이런 처방은 형편없는 강압 일변도의 방안이었다. 법이 강력하면 도둑이 사라질 것이라는 사고방식 자체가 한계가 있었던 것이다. 먹고살기 편하면 도둑의 숫자는 자연스럽게 줄어들 것이고, 또한 도둑 전과가 있는 사람이 제대로 살 수 있는 제도적 방안을 우선적으로 마련했어야 옳았다. 법을 맡은 관리로서 처벌 위주의 발상만 내놓았으니, 법의 본질을 제대로 꿰뚫고 있지 못한 것이다. 이런 점에서 그는 판서의 임무를 무난히 수행할 만한 정치인은 못되었다. 역시 그는 학자가 격에 맞았다.

세종은 1440년 11월에 그를 지중추원사로 임명하여 역사서 편찬에 주력하도록 했다. 중추원은 고려시대에 있던 관부로 원래 왕명을 출납하고 군대 기무를 담당하던 곳이었으나, 이 무렵엔 왕의 고문 기관으로 축소된 상태였다. 세종은 그를 중추원에 머물게 하며『치평요람』의 편찬을 지시했다.

그 무렵, 세종은 조정을 재상들에게 맡겨두고 서무 결재권을 세자에게 넘긴 채 운학 연구에 몰두하고 있었다. 이를 위해 경연에 언어학 서적들을 대거 비치했고, 그 내용을 모두 간파한 뒤에는 모자라는 부분을 보충하기 위해 일본과 중국으로 사람을 보내 운학 서적을 구해오도록 조치했다. 세종은 경연에 채워진 음운학 서적들을 모두 독파하고, 홀로 훈민정음 창제 작업을 시작했다.

세종은 훈민정음이 창제되면 반포 과정에서 학자들의 반발이 있을 것으로 예상했고, 이를 막아줄 인물을 모색했다. 그래서 선택한 이가 정인지였다. 정인지는 그간 세종이 벌였던 학문 사업과 과학 발전 계획에 지속적으로 도움을 줬고, 음운학에도 조예가 깊은 유일한 인물이었던 것이다.

세종은 곧 정인지를 예문관 대제학에 임명했다. 이때가 1442년 9월로, 정인지의 나이 47세였다. 예문관 대제학은 국가의 학문 정책을 책임지는 위치이므로 훈민정음의 반포 여부에 크게 영향력을 끼칠 수 있는 자리였다. 세종은 정인지를 이 자리에 배치하여 훈민정음의 입지를 강화하고자 했던 것이다.

그리고 이듬해인 1443년 12월 30일에 기습적으로 훈민정음 창제 사실을 공표하였고, 세종의 예상대로 정인지는 새로운 문자 창제에 찬성했다. 최만리 등이 훈민정음을 강력하게 반대했지만, 세종은 오히려 최만리를 꾸짖으며 반대 여론을 물리쳤다. 세종이 최만리 등 집현전 학자들의 저항을 물리칠 수 있었던 것은 정인지처럼 훈민정음에 대해 적극적인 태도를 보인 학자들이 있었기 때문일 것이다.

세종은 새 문자의 창제 취지와 각 자모의 음가를 알려주는 구체적인 해설서를 만들도록 했고, 정인지는 이 작업을 주도하여 1446년 9월에 결실을 보았다. 훈민정음 해설서의 제목은 새 문자의 이름을 따서 『훈민정음』이라 했고, 정인지는 해설에 해당하는 해례편의 서문을 썼다.

이렇듯 정인지는 세종 대엔 주로 학관직에 머물며 학문 진흥에 기여했지만, 세종 이후에는 정치인으로 변모했다. 훈민정음 창제 이후 예조판서와 이조판서를 지낸 그는 문종이 즉위한 뒤에는 의정부 좌참찬이 되었다가 단종 재위 시에는 병조판서가 되었다. 이후 계유정난을 옹호하여 세조 시절엔 벼슬이 영의정에 이르렀다.

이후 그는 성종 대까지 살다가 1478년 83세를 일기로 죽었다.

4. 과학 기술 혁명을 이끈 사람들

과학 기술 발전의 초석을 다진 정초

세종의 빛나는 업적 중에 또 하나 간과할 수 없는 것이 과학과 기술 분야에서의 혁명적 발전이다. 천문학에서부터 농학, 인쇄술, 화기, 의학, 아악에 이르기까지 다양한 분야에서 과학적인 변혁이 시도됐다. 그 중에서 특히 천문학의 발전은 가히 혁명이라 할만 했다.

세종은 이 일을 위해 신분을 따지지 않고 인재를 선발했는데, 정초 鄭招, ?~1434는 그들 중에서 천문 이론을 담당한 학자였다.

정초는 경서에 통달했음은 물론이고 천체학과 역산曆算에도 해박한 지식을 가진 인물이었다. 1405년(태종 5년)에 을과 제2등에 급제하여 관리로 진출한 정초는 예문관, 사간원, 사헌부 등을 거쳐 1418년 세자시강원 근무 시절에 처음으로 당시 세자였던 세종을 만났다.

정초를 접한 세종은 단번에 그가 매우 요긴한 인물임을 알아보았다. 그래서 왕이 된 뒤로 반드시 경연에 그를 참여시켰다. 혹 경연에 정초가 보이지 않으면 반드시 찾아오라고 하여 참여토록 할 정도였다. 경연에서 세종이 정도전이 편찬한 『고려사』가 『고려왕조실록』 초본과 다른 곳이 많아 역사가 왜곡되었다고 말하자, 정초는 변계량과 함께 『고려사』를 개편할 것을 권해 실행시켰다.

한번은 『시경』의 「칠월편」을 강의하던 중에 세종이 이렇게 한탄했다.

> "칠월편은 백성의 가난함만을 두루 말했고 그 가난을 해결할 수 있는 방법은 말하지 않았으니, 장차 무슨 방도로 가난을 타개한단 말이오?"

그러자 변계량이 사람을 잘 쓰는 것이 해결책이라고 대답했다. 이에 정초가 덧붙여 아뢰었다.

> "각 도 감사가 수령들을 올리고 낮추는 것이 적중하지 않고 대개는 사리 판단만 능사로 알고 있습니다. 이 때문에 전하의 뜻이 백성에게 미치지 못하니, 원컨대 새로 임명된 지방 수령은 반드시 전하께서 친히 인견하소서. 그리고 그의 능력과 성정을 살핀 다음에 부임하게 하면 반드시 좋은 수령을 얻을 것이며, 백성도 전하의 뜻에 따른 혜택을 얻을 수 있을 것입니다."

세종이 환한 얼굴로 고개를 끄덕였다.

> "좋은 방도로다."

이렇듯 정초는 경연 자리에서 세종에게 구체적인 조언을 자주 하였고, 세종은 그의 조언을 받아들여 대부분 실천에 옮겼다.

1419년 5월 10일에 정초는 공조참의로 임명됐다. 물론 여전히 경연관을 겸직했다. 당시 세종은 과학기술의 개발에 관심을 가지기 시작했는데, 정초의 역산에 대한 해박한 지식이 큰 보탬이 될 거라 판단하고 기술 개발을 주도하던 공조에 보낸 것이다. 당시 공조의 공장에는 뛰어난 기술자로 이름이 오르내리던 장영실이 근무하고 있었다. 이때 정초는 장영실에게 시계 제작에 대한 이론을 전수하고 물시계 작업을 진행했던 것으로 보인다.

공조참의로 있던 그는 이내 승정원 우대언(우승지)으로 임명되어 세종 곁으로 갔다. 그가 대언으로 근무할 무렵에 장영실은 공조에 소속된 상의원 별좌 벼슬을 받았는데, 여기엔 그의 능력을 높이 평가한 정초의 후원이 컸던 것으로 보인다.

승정원 생활을 끝낸 정초는 1424년 6월에 공조참판이 되었는데, 이 시기에 정초는 조선 과학에 획을 긋는 중요한 성과를 얻어낸다. 그의 휘하에 있던 장영실이 드디어 물시계를 만들어냈던 것이다. 물시계 제작에 성공한 정초는 형조와 이조의 참판을 거쳐 1429년에 우군총제에 오르는데, 이때 집현전 학자들을 이끌며 『농사직설』 편찬을 주도했다.

세종은 당시 농사법의 개량에 심혈을 기울이고 있었지만, 농민들을 지도할 수 있는 실용 농서가 없어 고민하고 있었다. 중국의 농서인

『농상집요』, 『사시찬요』 등과 우리나라 농서인 『본국경험방』이 있긴
했지만 그 책으로 농민들을 계몽하기에는 무리였다. 내용이 구체적이
지 못하고 농업 방식도 뒤떨어졌기 때문이다. 『농사직설』은 바로 이
런 문제를 해결한 책이었다.

『농사직설』은 무엇보다도 곡식 재배에 중점을 둔 농서였다. 곡식
재배에 필요한 수리水利, 기상, 지세 등의 환경 조건도 상세히 기술하
여 농민들이 어떤 환경에서 어떤 곡식을 재배하면 유리한지를 알 수
있게 했다. 정초는 이 책을 짓기 위해 실제로 각 도 농민들의 재배법을
확인하는 한편, 농민들의 경험담을 기술하기도 했다. 그리고 이 책은
세종의 명에 의해 편찬되어 각 도의 감사와 주·부·군·현 및 장안
의 2품 이상 관리들이 모두 소장하게 되었다.

이후 『농사직설』은 판을 거듭하며 조선 농업의 기본서로 자리매김
했으며, 성종 때 간행된 내사본은 일본으로 전달돼 일본 농업의 발전
에도 지대한 공헌을 하였다. 그 뒤에도 『산림경제』, 『임원경제지』 등
여러 농서에 그 내용이 인용되기도 했다.

정초는 이 책의 서문에서 "풍토가 다르면 농사법도 달라야 한다"고
기술하고 있는데, 이 점이 곧 『농사직설』의 가장 큰 특징이었다. 즉
각 지역에 따라 그곳에 알맞은 농사법을 수록했는데, 이는 농민들의
절실한 요구 사항이었다.
정초의 이러한 농업관은 조선 후기의 실학자들에게 막대한 영향을
끼치게 된다. 그는 중농주의 실학의 선구자였던 셈이다.

1432년에 정초는 예문관 대제학에 임명되었다. 이때 그는 또 하나의 과학적 업적을 이뤘다. 1433년 6월 9일에 박연, 김진 등과 함께 새로 만든 혼천의渾天儀를 세종에게 올렸던 것이다. 이때 혼천의를 직접 제작한 기술자는 이천과 장영실이었고, 정초는 그에 대한 이론을 구축하고 작업을 지휘했다.

혼천의는 천체의 운행과 그 위치를 측정하는 기구로, 고대 중국의 우주관인 혼천설에 기초하여 서기전 2세기 중국에서 처음 만들어졌다. 우리나라는 삼국시대에 이미 이것을 받아들였고, 신라와 고려를 거치며 발전해왔다. 이때 정초 등이 만들어 올린 것은 이전의 것보다 정교하고 결과가 훨씬 정확했다. 이 혼천의는 목재로 만든 것인데 나중에는 구리로 만들어지고, 효종 대에 이르면 혼천의와 시계 장치를 연결하여 혼천시계로 발전하게 된다.

혼천의 제작은 1423년부터 본격적으로 연구되기 시작한『칠정산내·외편』편찬 작업과 직접적인 관계가 있었다. "칠정七政"이란 해와 달, 그리고 목·화·토·금·수 5성을 합쳐서 이르는 말인데, 이 별들의 운행 원리와 결과를 기록한 책이 바로『칠정산내·외편』이다.

『칠정산내편』은 원나라 수시력授時曆에 대한 해설서이고,『칠정산외편』은 아라비아 역법인 회회력법回回曆法을 연구하여 해설한 것이다. 따라서 내편과 외편은 칠정을 이해하는 시각과 해설하는 방법에서 큰 차이를 보였는데, 세종은 이 둘을 합쳐 보다 발전된 역법을 얻고자 했고, 그 결과로 편찬된 것이『칠정산내·외편』이다.

『칠정산내편』해설에 기여한 인물은 정흠지, 정초, 정인지 등 세 사람이었다. 당시 천문관들은 역서를 만드는 방법은 알고 있었지만, 일식과 월식의 계산법이나 5개 행성의 움직임을 측정하는 계산법은 몰랐다. 『칠정산내편』편찬 작업은 이런 한계를 극복하기 위해 이뤄진 것이다. 또 회회력인『칠정산외편』해설 작업에 참여한 인물은 이순지와 김담이었는데, 이들은 회회력의 오류까지 찾아내는 등 대단한 성과를 일궈냈다.

『칠정산내·외편』의 해설 작업이 끝난 것은 1433년이었다. 이 작업에는 세종도 직접 참여했다. 이 작업의 성공으로 조선 과학계는 칠정의 운행 원리에 통달함으로써 혼천의, 혼상, 앙부일구 등의 과학적 성과물을 얻게 된다. 정초는 바로 이러한 과학 발전을 이끄는 데 구심체 역할을 했다. 특히 과학 이론을 분석하고 해석하는 일은 거의 그가 주도했다.

하지만 안타깝게도 정초는 혼천의를 올린 그 이듬해인 1434년 6월 2일에 죽음을 맞이했다. 이미 몇 해 전부터 시름시름 앓고 있었으나, 병상에서도 연구를 게을리 하지 않았다.

실록의 졸기는 그를 이렇게 평하고 있다.

> "정초는 천성이 총명하고 영매함이 보통 사람이 아니었고, 경사에 널리 정통한 데다 관리의 재질도 뛰어났다. 대체로 국가의 제도 마련에 숱하게 참여하였고, 역산曆算과 복서卜筮에 통달하였다."

천문학의 대가 이순지

정초와 함께 세종시대의 천문학 발전에 기여한 인물로 이순지李純
之, ?~1465(조선초기 문신, 천문학자)를 빼놓을 수 없다. 당시의 천문학은
칠정七政(일·월·목·화·토·금·수)의 움직임을 파악하는 데 중점을 두고
있었는데, 이를 위한 계산법이 역산曆算이라고 한다. 이순지는 바로
이 역산의 대가였다.

역산의 기초는 산학算學(수학)이었는데, 이순지는 산학에 천재적인
능력을 보였다. 그리고 결국 산학의 최고 경지라 할 수 있는 역산의 선
두주자가 된 것이다.

이순지는 지사간 이맹상의 아들이며, 언제 태어났는지는 기록되어
있지 않다. 자는 성보誠甫, 본관은 양성陽城이다.

그는 태어날 때부터 병약하여 혼자 제대로 먹을 수도 없었고, 다섯
살이 되도록 제대로 말하지 못하고 걷지도 못하는 아이였다. 그의 어
머니는 병약한 그를 살리기 위해 유모에게 맡기지 않고 직접 길렀으
며, 늘 포대기에 싸서 다녔다고 한다. 그런 어머니의 헌신과 노력 덕분
에 그는 다섯 살이 넘어서야 말문이 열리고 제대로 걷게 되었다. 하지
만 늘 귀에서 고름이 나고 눈에선 항상 눈물이 흐르는 병을 지고 살았
다. 그럼에도 그는 학문을 좋아하고 책을 가까이했다.

처음엔 동궁에서 행수行首로 지내다가 1427년 문과에 급제하여 관
직 생활을 시작했다. 이때 천문학에 관심이 깊던 세종은 명석한 문인
들을 따로 뽑아 산학을 익히게 했는데, 이순지도 그 중 하나였다. 이순
지는 이 무렵에 이미 역산에 정통한 상태였다. 세종이 그 명성을 듣고

이순지를 불러 물었다.

"지도상으로 이 나라는 어디에 위치해 있는지 아느냐?"

이순지가 자신 있게 대답했다.

"본국은 북극에서 38도 강強에 위치하고 있습니다."

하지만 세종은 그 말을 믿지 않았다. 이순지를 과소평가한 것이다. 그런데 얼마 뒤 중국에서 온 산학자가 천문학 책을 바쳤다. 그에게 세종이 물었다.

"이 나라가 어디에 위치해 있는지 그대는 잘 알겠군."

중국 학자가 대답했다.

"고려(당시 중국에서는 조선을 여전히 고려라고 부르는 사람이 많았다)는 북극에서 38도 강에 위치한 나라입니다."

그 소리에 세종은 이순지를 의심했던 것을 크게 반성하고, 역산에 관한 한 이순지의 말을 모두 인정했다.

이순지가 과거에 합격하여 처음 근무한 곳은 승문원이었다. 이곳은 중국과의 외교를 담당하는 곳으로 주로 사대교린에 관한 문서를 작성하고, 이두를 가르치고, 역관의 교육에 대한 업무를 담당했다. 이순지는 여기서 4년 동안 이두를 배우고 역산을 연구했다.

역산에 대한 지식이 깊어지자, 세종은 그에게 고래의 역법을 상고하여 사실과 맞지 않는 부분을 수정하는 작업을 시켰다. 이후로 그는 3년 동안 역법 교정에 전념하였고, 이 기간 동안 역산의 대가로 성장하게 된다.

이후 이순지는 서운관에 근무하며 간의대 업무를 보았다. 간의대는 천문을 관측하여 별의 운행과 변화를 기록하고 그 원리를 파악하는 곳으로 요즘의 천문관측대 역할을 했다. 이곳에서 장영실, 이천 등과 머리를 맞대고 간의簡儀, 규표圭表, 앙부일구, 보루각, 흠경각, 서책 인쇄를 위한 주자鑄字 등을 제작했다.

1437년에 이순지는 모친상을 당했는데, 세종은 그가 빠지면 역산에 큰 차질이 생긴다고 판단하고 상복을 벗고 관직에 나올 것을 명령했다. 이순지가 이를 받아들이지 않자, 세종은 그의 아버지 이맹상에게 명하여 아들 순지가 벼슬에 나올 수 있도록 설득하라는 명령을 또 내렸다. 당시 이순지는 정4품 벼슬인 호군의 자리에 있었는데, 이런 하위직에 대해 임금이 직접 기복 명령을 내리는 일은 거의 없었다. 이는 세종이 얼마나 천문학의 발전에 심혈을 기울이고 있었는지 잘 보여주는 대목이다.

세종의 기복 명령이 있자, 이순지는 장문의 글을 올려 효도를 다할 수 있도록 해달라고 청했다. 이순지는 다른 형제들에 비해 어머니의 은혜를 크게 입어 절대로 기복할 수 없다고 하면서 역산 업무는 굳이 관청에 나가지 않아도 할 수 있는 일이라고 역설했다. 그 내용을 들어보면 이렇다.

"역산이란 반드시 관아에서 벼슬을 얻어야만 판단할 수 있는 것이 아닙니다. 예전에 유홍이란 인물은 단지 평상에 단정히 앉아서 20년을 생각하고서야 비로소 그 이치를 깨달았다 했습니다. 원컨대 역산하는 책을 받아서 밤과 아침으로 마음을 다하여 깨닫고, 홀로 앉아 생각을 반복하고 연구하여 조금이라도 그 깨침이 있으면, 시끄러운 가운데 종일토록 모여 앉아 한 가지 일도 정하지 못하는 것보다 훨씬 나을 것입니다."

이순지는 이런 이유 말고도 상중에 자기 몸을 치유할 생각도 있었다. 그간 관직 때문에 치료에 전념하지 못했는데, 거상 중에 시간을 내서 치료에 열중하고자 했던 것이다.

세종은 그의 청을 받아들이지 않고 기복을 명령했다. 그러나 이순지는 상이 끝날 때까지 출사하지 않았다. 세종은 하는 수 없이 이순지의 관직을 그대로 유지시키고, 그의 부재를 메울 인물을 물색했는데, 이때 뽑힌 사람이 집현전 정자로 있던 김담이었다. 당시 젊은 학자였던 김담은 훗날 이순지의 뒤를 이어 역산의 발전에 크게 기여하게 된다.

세종은 1437년에 이순지를 정4품 호군으로 삼았다가 1443년에는 동부승지로 전격 발탁했다. 동부승지는 공조를 맡은 비서관인데, 이순지를 이 직책에 배치한 것은 과학, 특히 천문학 분야의 업무를 세종이 직접 챙기겠다는 의미였다.

이 시절에 세종은 이순지에게 천문학에 관한 새로운 서적을 편찬하라는 특별한 명령을 내렸는데, 이는 종래의 천문역서가 가진 문제점을 보완하고 중복된 부분을 삭제하여 긴요한 사항들만 한눈에 볼 수 있도록 하라는 것이었다.

1445년(세종 27년) 3월 30일, 드디어 이순지가 세종의 명령을 실천에 옮겼으니, 바로 『제가역상집諸家曆象集』의 편찬이 이뤄진 것이다.

이순지는 이 책의 발문에서 자신있게 이렇게 말하고 있다.

제왕의 정치는 역법과 천문으로 때를 맞추는 것보다 더 중요한 것은 없는데, 우리나라 일관들이 그 방법에 소홀하게 된 지가 오래다. 1433년 가을에 우리 전하께서 거룩하신 생각으로 모든 의상과 구루의 기계며, 천문과 역법의 책을 연구하지 않은 것이 없어서, 모두 극히 정묘하고 치밀하셨다.

의상에 있어서는 이른바 대간의와 소간의, 일성정시의, 혼의 및 혼상이 만들어졌다.
구루에 있어서는 이른바 천평일구, 현주일구, 정남일구, 앙부일구, 대소 규표 및 흠경각루, 보루각루와 행루가 있다.

천문에 있어서는 칠정을 중심으로 주변의 별자리를 배열하였고, 각 별마다 북극에 대한 몇 도 몇 분을 모두 측정하였고, 고금의 천문도天文圖를 참고하여 같고 다름을 알아내어 바른 것을 취하였고, 그 28수의 도수度數와 분수, 12차서(동양에서 적도를 따라 하늘을 30도씩 12구역으로 구분한 것으로 이는 12년 만에 제자리로 돌아오는 목성의 천구상의 위치를 파악하는 데 주로 쓰였다)의 별의 도수 일체를 『수시력』에 따라 수정해서 석판으로 간행했다.

역법에 있어서는 『대명력』, 『수시력』, 『회회력』, 『통궤』, 『통경』 등 여러 책을 본받아 서로 비교하여 교정하였다. 또 『칠정산내·외편』을 편찬했는데, 그래도 미진해서 다시 신에게 명령하셔서 전기에 기록된 천문·역법·의상·구루에 관한 내용을 모두 찾아내 중복된 것은 하나로 정리하고 긴요한 것은 취하여 부문별로 나눠 1질을 편찬토록 하셨으니, 진실로 이 책에 의하여 이치를 구해보면 생각보다 얻는 것이 많을 것이며, 더욱이 전하께서 하늘을 공경하고 백성에게 힘쓰시는 정사가 극치에 이르지 않은 것이 없음을 보게 될 것이다.

발문에서 알 수 있듯, 『제가역상집』의 강점은 천문학의 요점을 일목요연하게 정리하여 역산에 대한 깊은 지식이 없더라도 한눈에 알 수 있다는 점이다. 이는 실용주의 정책으로 일관했던 세종의 면모와 고금의 천문역서에 통달했던 이순지의 지식 체계가 일궈낸 조선 천문학의 쾌거였다.

『제가역상집』 편찬 이후에도 이순지는 문종, 단종, 세조 대에서도 조선 천문학 발전에 기여하다가 1465년에 생을 마감했다.

조선 최고의 과학기술자 장영실

세종의 과학 정책이 결실을 볼 수 있었던 것은 장영실蔣英實과 같은 뛰어난 장인이 있었던 덕이다. 설사 이론적으로 결함이 없다손 치더라도 어떤 기계가 실제로 만들어지기 위해서는 그 이론을 완제품으로 전환시킬 능력을 갖춘 기능공의 손을 거쳐야 하기 때문이다. 다행히 장영실이라는 뛰어난 기능공이 있었고, 세종은 장영실의 뛰어난 기술력 덕에 자신이 계획했던 과학 혁명을 성공시킬 수 있었던 것이다.

이렇듯 조선의 과학 혁명을 성사시킨 영웅이었지만 장영실에 대한 기록은 많지 않다. 심지어 언제 태어났는지 또 언제 죽었는지도 기록되지 않았다. 다만 『세종실록』에 그의 아버지가 원나라 소항주蘇杭州 사람이며 어머니가 기생이었다는 사실, 그가 동래현의 관노 신분이었다는 사실만 전하고 있다.

동래의 관노 신분인 그를 태종이 궁궐로 데려와 공장 일을 맡겼던 것으로 미뤄 그의 능력은 이미 조선 건국 초부터 명성을 얻고 있었던 모양이다. 하지만 그의 신분은 여전히 동래현의 관노였다. 그러다 관노의 신분에서 벗어난 것은 세종 5년인 1423년이었다. 이때 세종은 그를 관노 신분에서 풀어주고 상의원 별좌 자리를 주고자 했다. 그간 장영실은 공장에서 많은 기계를 제작했는데, 제련 기술에서도 남다른 재능을 보이자 그를 기술 관료로 키우고자 했던 것이다.

세종이 장영실을 상의원에 예속시켜 별좌에 앉히려 하자, 이조판서 허조가 반대했다. 기생 소생을 상의원에 둘 수 없다는 것이었다. 상의원尙衣院은 임금의 의복과 궁중에서 소요되는 일용품이나 금은보화 등을 공급하는 일을 맡아보는 기관이었고, 별좌는 비록 월급을 받지 못하는 무록관無祿官이었지만 종5품의 문반 실직이었다. 또 1년을 근무하면 다른 직책으로 옮겨가 녹봉을 받는 녹관이 될 수도 있었다. 허조는 한낱 관기의 자식이 작은 능력이 있다 하여 문반의 5품직 관직을 받는 것을 용납할 수 없었던 것이다.

그러나 병조판서 조말생은 장영실을 상의원 별좌에 앉히는 것이 옳다고 주장했다. 비록 천인 신분이지만 능력이 있고, 국가에 공로가 있으면 신분을 상승시킬 수 있다는 견해였다. 세종은 조말생의 주장에 힘입어 장영실을 종5품 별좌에 앉혔다. 관노 출신의 그에겐 파격적인 대접이 아닐 수 없었다.

그 뒤로 세종은 장영실을 한층 가까이 둘 수 있었다. 세종은 후에 장영실의 직위를 호군(정4품)으로 올리면서 "영실이 재주만 정교하고 뛰어난 것이 아니라 명민하기가 보통이 넘는다."고 평하고 있다. 그런 까닭에 세종은 장영실을 자주 데리고 다녔다. 때론 내시를 대신하여 어명을 전달하는 역할을 맡기기도 했다. 이는 세종이 황희에게 직접 말한 내용으로 장영실에 대한 세종의 총애가 얼마나 대단했는지 알려주는 대목이다. 신분에 관계없이 능력과 자질만으로 사람을 평가하던 세종의 진면목이라 할 수 있다.

장영실은 별좌가 된 뒤 1년 만에 사직司直의 벼슬에 오른다. 사직은 원래 실무는 없지만 월급을 받는 녹관으로, 군부에 속한 직책이었다. 세종이 그에게 실무가 없는 직책을 준 것은 조정 대신들의 반발을 의식한 조치였겠지만, 한편으론 세종이 시키고자 하는 일을 마음대로 시킬 수 있다는 계산이 뒤따랐을 것이다.

세종 곁에서 그런 업무들을 수행하며 장영실의 품계도 올라갔다. 1433년엔 정4품인 호군이 되었고, 1437년엔 종3품 대호군의 벼슬을 얻었다. 일개 관노였던 그가 군부의 중책인 대호군의 벼슬에 오른다는 것은 당시로선 꿈도 꿀 수 없는 일이었다.

세종의 적극적인 지원 아래 장영실이 일궈낸 과학적 쾌거를 열거하자면 대표적으로 혼천의, 혼상, 물시계, 해시계, 측우기, 간의대, 갑인자 등을 들 수 있다. 물론 장영실 혼자 이 일을 해낸 것은 아니었다. 주로 정초와 정인지, 세종 등이 이론과 원리를 설명하고 이순지, 김담 등이 수학적 기반을 마련했으며, 이천이 현장을 지휘했다. 하지만 실제 이 기계들을 제작한 인물은 장영실이었다. 장영실이 이때 만들었던 과학적 산물들의 면면을 살펴보면 이렇다.

우선 간의대를 살펴보면, 경복궁의 경회루 북쪽에 설치된 석축 간의대는 높이 6.3미터, 길이 9.1미터, 너비 6.6미터의 천문관측대였다. 이 간의대에는 혼천의, 혼상 등이 설치되었다. 간의대와 주변 시설물들은 중국과 이슬람 양식에다 조선의 전통 양식을 혼합한 것이었는데, 1438년(세종 20년) 3월부터 이 간의대에서 서운관 관원들이 매일 밤 천문을 관측한 것으로 기록되어 있다.

혼천의란 천체의 운행과 그 위치를 측정하는 기계로 중국 우주관 중 하나인 혼천설에서 비롯된 것이다. 혼천설의 골자는 우주는 새알처럼 둥글게 이 땅을 둘러싸고 있고, 땅은 마치 새알 껍데기 같은 우주 속에 있는 노른자위처럼 생겼다는 학설이다. 쉽게 말하면 우주는 둥근

원으로 얽혀 있고 지구는 그속에 있는 또 하나의 둥근 원이라는 뜻으로, 곧 지구 구형설인 셈이다. 혼천의는 천구의와 함께 물레바퀴를 동력으로 움직이는 시계장치와 연결된 것으로서 일종의 천문시계 기능을 하고 있었다.

또 혼상은 일종의 우주본으로 지구본처럼 둥글게 되어 있으며, 둥글게 만든 씨줄과 날줄을 종이로 감싼 것이다. 어설프게 보이는 이 천문관측기는 당시로서는 최고의 과학적 결정체였다.

이 외에도 간의대에 방위와 절기, 시각을 측정하는 도구인 규표, 태양시와 별의 시간을 측정하는 일성정시의도 설치되어 있었다. 천문학의 발전은 시계의 발명을 가져왔다. 당시의 시계는 해시계와 물시계로 대표된다. 해시계는 앙부일구, 현주일구, 천평일구, 정남일구 등이 있었으며, 물시계는 자격루와 옥루가 있었다.

해시계를 일구日晷라고 한 것은 해 그림자로 시간을 알 수 있도록 했기 때문이다. 이 일구들은 모양과 기능에 따라 여러 가지로 나뉘는데 우리나라 최초의 공중시계인 앙부일구는 그 모양이 "솥을 받쳐놓은 듯한仰釜" 형상을 하고 있다 하여 이 같은 이름이 붙여졌다. 이것은 혜정교와 종묘 남쪽 거리에 설치됐다. 현주일구와 천평일구는 규모가 작은 일종의 휴대용 시계였고 정남일구는 시계바늘 끝이 항상 "남쪽을 가리킨다"고 해서 붙여진 이름이다.

장영실 등이 만든 앙부일구는 단순히 해시계를 발명했다는 측면 외에 더 중요한 과학적 사실을 내포하고 있다. 다른 나라의 해시계가 단순히 시간만을 알 수 있게 해준 데 반해 앙부일구는 바늘의 그림자 끝만 따라가면 시간과 절기를 동시에 알게 해주는 다기능 시계였다. 또한 앙부일구는 세계에서 유일하게 반구로 된 해시계였다. 앙부일구가 반구로 된 점에 착안해서 그 제작 과정을 연구해보면 놀라운 사실이 발견되는데, 그것은 당시 사람들이 해의 움직임뿐만 아니라 지구가 둥글다는 사실도 알고 있었다는 점이다.

해시계는 이처럼 조선의 시계 문화에 획기적인 발전을 가져다주었지만 기능적인 한계를 안고 있었다. 해시계는 해의 그림자를 통해 시간과 절기를 알게 해주는 것이었기에 흐린 날이나 비가 오는 날에는 이용할 수 없었던 것이다. 그래서 만들어진 시계가 물시계였다.

물시계로는 자격루와 옥루가 있었다. 자동으로 시간을 알려주는 시보장치가 달린 이 물시계는 일종의 자명종이다. 1434년 세종의 명을 받아 장영실, 이천, 김조 등이 고안한 자격루는 시, 경, 점에 따라서 자동적으로 종, 북, 징을 쳐서 시간을 알리도록 되어 있었다. 1437년에는 장영실이 독자적으로 천상시계인 옥루를 발명해 경복궁 천추전 서쪽에 흠경각을 지어 설치했다. 옥루는 중국 송·원 시대의 모든 자동시계와 중국에 전해진 아라비아 물시계에 관한 문헌들을 철저히 연구한 끝에 고안한 독창적인 것으로서 중국이나 아라비아의 그것보다도 뛰어났다는 평가를 받고 있다.

해시계, 물시계와 더불어 천문학의 발전으로 이루어진 또 하나의 뜻깊은 발명품은 측우기였다. 측우기는 1441년에 발명되어 조선시대의 관상감과 각 도의 감영 등에서 강우량 측정용으로 쓰인 관측장비로, 현대적인 강우량 계측기에 해당된다. 이는 갈릴레오의 온도계나 토리첼리의 수은기압계보다 200년이나 앞선 세계 최초의 기상 관측장비였다. 측우기의 발명으로 조선은 새로운 강우량 측정 제도를 마련할 수 있었고, 이를 농업에 응용하게 되어 농업기상학에서 괄목할 만한 진전을 이룩하였다. 또 강우량을 정확하게 파악할 수 있어 홍수 예방에도 도움이 되었다.

인쇄 문화에서도 획기적인 발전이 이뤄졌는데, 바로 갑인자의 등장이었다. 세종은 당시까지 사용하던 활자인 경자자의 문제를 해결하기 위해 새로운 활자를 만들도록 했고, 이천의 지휘 아래 이순지, 장영실, 김돈, 김빈 등이 중심이 되어 두 달 만에 활자 20만 자를 만들었다. 1434년 갑인년에 동활자로 만들어진 갑인자는 가늘고 빽빽하여 보기가 어렵고, 판이 잘 허물어져 글자가 한쪽으로 쏠리고 삐뚤어지는 경자자의 문제점을 거의 완벽하게 개선했다. 갑인자는 필력이 정확하게 나타나고, 아름답고, 보기에 편하며, 크기가 일정하여 흔히 한국 활자본의 백미라고 하며, 세계 활자사에도 일획을 긋는 업적으로 평가받고 있다.

조선 정부는 그 이후에도 400여 년 동안 갑인자를 계속 사용했는데, 세종 이후로 동활자가 계속 유실되어 많은 부분이 목활자로 대체되었고, 그런 까닭에 조선사를 통틀어 세종 때 만든 동판 갑인자로 찍어낸 글자보다 세밀하고 유려한 활자는 없다. 갑인자는 조선 500년은 물론이고, 중국의 어느 활자보다도 정교했던 것이다.

간의대, 해시계, 물시계, 측우기, 갑인자 등 세계 과학사에 빛나는 이와 같은 업적들은 세종의 뛰어난 지도력 없이는 탄생할 수 없었을 것이다. 학문은 물론이고 기술적인 측면에도 지대한 관심과 노력을 아끼지 않았던 세종은 측우기의 제작에 왕세자를 직접 참여시키는 열성을 보였는가 하면, 출신 성분에 관계없이 능력에 따라 학자와 기술자를 등용하기도 했다. 장영실은 세종의 그와 같은 실용적 가치관에 힘입어 마음껏 능력을 발휘할 수 있었다.

이렇듯 세종의 후원에 힘입어 승승장구하던 장영실은 1442년 3월 16일에 안여安輿(가마)를 잘못 만들어 국문을 당하는 상황에 처한다. 대호군 장영실의 주도 아래 임금의 가마를 만들었는데, 시험으로 타보던 중에 부서지는 사태가 발생한 것이다. 이 일로 장영실은 탄핵을 당했다. 죄는 불경죄였다. 그 때문에 곤장을 맞고 파직되었다.

『조선왕조실록』에는 이후 장영실이 어떻게 되었는지에 관한 기록이 없다. 실록에 더 이상 등장하지 않는 것으로 봐서 파직 이후에 평민으로 살다가 죽은 것으로 보인다.

5. 조선의 음악의 토대를 닦은 박연

세종은 조선 왕을 통틀어 음악에 가장 조예가 깊은 왕이었다. 심지어 스스로 음률을 바로 잡고 작곡을 할 정도로 음악 실력이 뛰어났다.

그런 까닭에 조선 음악을 정비하고 발전시키는데 남다른 애착이 있었다. 하지만 홀로 그 일을 할 수는 없는 노릇이었다. 그래서 음악 이론에 밝고 악기를 잘 다루는 인재가 필요했는데, 박연이 바로 세종이 찾던 그런 인물이었다.

박연朴堧은 1378년(우왕 4년)에 충청도 영동에서 태어났다. 삼사좌사를 지낸 박천석의 아들이며, 우문관 대제학을 지낸 박시용의 손자다. 초명은 연然, 자는 탄부坦夫, 호는 난계蘭溪, 본관은 밀양이다.

그는 청년 시절에 우연히 피리를 익힐 기회가 있었는데, 음에 대한 남다른 깊이가 있어 피리 솜씨에 감탄한 고을 사람들이 "선수善手"라고 부를 정도였다. 그 뒤 음악을 제대로 배우기 위해 한양으로 올라왔는데, 마침 음악에 밝은 광대를 만날 수 있었다. 그는 광대 앞에서 제법 목에 힘을 주고 피리를 불었는데, 찬사는커녕 혹평을 들었다.

"선비님의 피리 소리는 음절이 야비하여 가락에 맞지 않습니다."

그 말에 충격을 받은 박연이 간절한 음성으로 부탁했다.
"그렇다면 내 음을 바로잡아줄 순 없겠소?"

광대는 고개를 절레절레 흔들었다.
"이미 습관이 굳어져 고칠 수 없습니다."

하지만 박연은 그에게 매달리며 사정했다.

"내 그간 마음대로 익힌 재주라 그렇소. 제대로 가르쳐준다면 필히 잘못된 습관을 고칠 것이오. 제발 내게 피리를 가르쳐주시오."

양반의 간절한 부탁이라 광대는 거절하진 않았다. 하지만 내심 며칠 지나지 않아 포기할 것으로 생각했다. 물론 엉터리 연주법은 고치지도 못할 것으로 판단했다. 그러나 박연은 단 며칠 만에 잘못된 습관을 완벽하게 고쳤다. 그제야 박연의 천부적 능력을 높이 평가한 광대가 말했다.

"선비님은 정말 가르칠 맛이 납니다."

그로부터 며칠이 지나지 않아 또 광대가 혀를 내두르며 찬사를 쏟아냈다.

"정말 완벽합니다. 곡조가 절실하고 소리가 깊습니다."

며칠 후에는 무릎을 꿇고 오히려 가르침을 구하면서 말했다.

"나로서는 선비님의 천부적인 감각에 미칠 수가 없습니다."

박연은 이렇듯 광대를 스승으로 모신 지 한 달도 안 돼 그를 능가해버렸다. 그 뒤로 거문고와 비파 등 모든 악기를 섭렵했는데, 그 솜씨가 가히 신기에 가까웠다.

이렇듯 박연은 젊은 시절에 음악에 몰두한 탓에 1405년(태종 5년)에 스물여덟이라는 늦은 나이로 생원시에 합격했다. 그리고 6년 뒤인 1411년에 진사시에 합격하고, 나이 마흔이 다 돼서야 대과에 붙었다.

문과에 합격하여 출사한 뒤로 그는 집현전 교리, 사간원 정언, 사헌부 지평, 세자시강원 문학 등 주로 언관과 학관직을 수행했다. 그러다 세종 즉위 후 처음엔 집현전 교수관을 지내다가 1423년 3월 17일에 의영고義盈庫 부사를 맡는 한편 의녀들을 교육시키는 훈도관이 되었다. 이런 사실을 볼 때 그는 의학에도 꽤 지식이 깊었던 것으로 보인다. 하지만 이때까지도 박연의 진가는 발휘되지 못했다.

　　그의 진가가 드러난 것은 세종 6년(1424년)부터였다. 당시 세종은 음악을 정비해야 한다는 신념을 가지고 인재를 찾고 있었는데, 마침 박연이 천거된 것이다. 세종은 그를 악학별좌에 임명하여 음률을 정비할 것을 명령했다.

　　박연은 우선 음률 정비를 위해 필요한 사항들을 점검하고, 그에 관한 구체적인 사안들을 조목조목 적어 예조에 보고했다. 예조에서는 박연의 보고를 요약하여 세종에게 이렇게 아뢰었다.

> "음악의 격조가 경전과 사기 등에 무분별하게 산재해 있는 까닭에 보기가 어렵게 되어 있습니다. 또 『문헌통고』, 『진씨악서』, 『두씨통전』, 『주례악서』 등을 소장한 사람이 없기 때문에 선비가 비록 뜻을 두고 개인적으로 음률을 연구하고자 하더라도 악서를 구하기 어려워 지금은 악률이 폐절될 위기에 있습니다. 청컨대 문신 한 명을 본 악학에 더 배정하여 악서를 찬집하게 하고, 향악, 당악, 아악의 율조를 상고하여 그 악기와 악보법을 만들고 써서 책으로 만드소서. 그리하여 한 질은 대궐 내에 두고, 예조와 봉상시와 악학관습도감과 아악서에도 각기 한 질씩을 수장토록 하소서."

세종이 흔쾌히 예조의 청을 수락했다. 그 뒤로 박연은 오직 음악에 관련된 업무에만 매달리며 자신의 역량을 한껏 발휘하기 시작했다.

1426년에 박연은 악학별좌로 있으면서 봉상시奉常寺 판관의 벼슬을 제수받았다. 봉상시는 나라에서 지내는 제사나 신하들에게 내리는 시호를 의논하고 결정하는 곳으로 판관은 종5품 벼슬이었다. 세종이 그를 봉상시에 배치한 것은 악기에 관한 업무가 봉상시 소관이었기 때문이다. 그해 1월 10일에 예조에서 박연의 말을 인용하여 세종에게 이렇게 아뢰었다.

"봉상시에 중국 악기인 소관簫管이 있는데, 이는 『악기도설』에 기록된 소관과 같은 것입니다. 소관은 황종黃鐘의 소리 중 하나를 고르게 하여 만든 것인데 척팔관, 중관, 수적이라고도 하며, 민간에서는 소관이라고 합니다. 소관은 음률의 소리가 모두 갖춰져 있으나 봉상시에서는 현재 사용하지 않고 있습니다. 소관을 사용하지 않는 것은 헌가軒架(악기의 종과 경을 거는 시렁. 악단의 대명사로 씀)에 적磧이 있기 때문입니다. 적은 『주례도周禮圖』에 따르면 옛날에는 구멍이 네 개였으나, 후에 구멍을 하나 더 내 오음을 갖춘 것입니다. 이는 오늘에 사용하는 저笛(작은 피리)라고 했습니다. 이것은 모양과 제도가 수적竪笛(소관)과 비슷하나 음률의 질이 떨어지니 헌가에 사용하기에는 부족합니다. 바라옵건대 종래에 쓰던 저를 버리고 중국에서 보내온 소관을 헌가에 사용하여 음악의 소리를 조화시키소서."

세종은 박연의 의견에 따라 저를 빼고 소관을 사용하라고 지시했다. 그 뒤로 박연이 석경石磬을 만들어 바치고 악기를 대대적으로 손질하여 원래의 소리를 되찾자, 세종은 그에 대해 이렇게 말했다.

> "세상 사람들이 박연은 세상일은 모르고 음악만 안다고 하는데, 그렇지 않다. 박연은 세상일에도 통달한 학자다."

쉽게 찬사를 늘어놓지 않는 세종이 이런 말을 했다는 것은 박연에 대한 신뢰가 매우 깊었음을 보여준다. 세종의 신뢰에 보답하듯 박연은 조선 음악체계를 정립하기 위해 몸을 사리지 않았다. 열정을 지나치게 쏟아낸 탓으로 몇 차례 병을 얻어 앓아눕기도 했지만 그는 신명을 바쳐 음악 개혁을 지속했다.

세종 대의 음악적 부흥은 크게 아악의 부흥, 악기의 제작, 향악의 창작, 정간보의 창안 등으로 대변될 수 있는데, 이는 모두 박연이 이룬 것이었다.

조선의 음악은 좌방과 우방으로 나누어져 있었다. 좌방으로는 흔히 궁중 음악으로 일컬어지는 아악雅樂이 있는데, 이는 원래 중국의 고대 음악으로서 고려 예종 때 송나라에서 들여와 왕실의 대중사에 사용되었다. 우방으로는 민속악을 대변하는 향악과 당악이 있었다.

박연은 음악의 정리 작업에 앞서 중국의 고전들을 통해 참고자료를 확보했으며, 이후 아악기와 아악보를 만들었다. 이 과정에서 수입되던 악기들을 국내에서 생산할 수 있는 기반을 닦았고, 음률의 기초가 되는 악기인 편경과 편종 등을 대량으로 생산할 수 있게 하였다.

이러한 성과는 율관 제작 과정에서 이루어진 것이다. 박연은 편경의 음정을 맞출 정확한 율관을 제작하기 위하여 여러 번 시험 제작을 했고, 흐트러진 악제를 바로잡기 위해 수십 번에 걸쳐 상소문을 올리기도 했다.

그는 아악을 정리하는 과정에서 향악과 아악의 조화로운 결합을 시도했다. 이는 세종의 의견에 따른 것이었다. 박연은 원래 아악을 되살리고 제향에 모두 아악만을 사용하자고 주장했지만, 세종은 반론을 제기했다.

> "아악은 본시 우리나라의 성음이 아니고 중국의 성음이다. 중국 사람들은 평소에 익숙하게 들었을 것이므로 제사에 아악을 연주하는 것이 정상일 것이다. 그러나 우리나라 사람들은 살아서 늘 향악을 듣는데, 죽어서 아악을 듣는다면 이상하지 않겠는가."

또 세종은 조정 대신들에게도 이런 말을 했다.

> "박연이 조회의 음악을 바로잡고자 하는데, 바르게 한다는 것은 쉬운 일이 아니다. 『율려신서』도 형식만 갖춰놓았을 뿐이다. 우리나라의 음악이 비록 다 잘되었다고 할 수는 없으나, 반드시 중국에 부끄러워할 필요는 없다. 중국의 음악인들 바르게 되었다고 할 수 있겠는가?"

이런 세종의 자주성은 박연에게 향악의 가치를 일깨웠고, 그 결과 『세종실록』의 악보에는 아악과 향악을 겸용한 원구악이 실리게 된 것이다.

또 김종서 등 유학자들이 중국에는 여악女樂이 없다며 철폐할 것을 주장했는데, 세종은 여악이 우리의 전통이라며 없애지 않았다. 그만큼 세종은 우리 민족의 독창적이고 전통적인 면을 살리려 했고, 박연은 세종의 그런 의지를 수용하여 조선 음악의 새로운 장을 열게 된다.

박연은 세종과 함께 「보태평」, 「정대업」 등의 향악을 만들기도 했는데 이것이 세조 이후에 아악을 대신하게 된다. 이는 곧 궁중 음악에서도 중국의 것을 원용하지 않고 우리의 음악을 사용하게 된 것을 의미한다. 그는 악현의 제도를 개정했는가 하면 옛것으로 되돌려놓아야 한다고 주장했다. 그 덕분에 조선은 악기를 생산할 수 있게 되었고, 독자적인 음악을 향유할 수 있게 되었다. 게다가 정리되지 않은 채 민간에만 남아 있던 향악을 궁중악으로 끌어들여 민족 음악의 기틀을 다졌다.

세종은 박연 못지않게 음악에 조예가 깊었다. 오히려 우리 음악에 대한 애정만큼은 박연이 세종을 따라잡지 못했다.

세종은 박연을 시켜 아악과 향악을 결합하여 새로운 음악을 만들어 냈는데, 조정 대신들이 강하게 비판하며 폐지할 것을 청했다. 대신들은 박연이 처음 주장한 대로 『주례』와 동일한 아악만을 고집했는데, 세종은 중국 음악만 쓸 수 없다며 우리 음악을 되살리는 작업을 병행했다. 그렇게 해서 탄생한 것이 신악新樂이었다. 하지만 대신들은 신악도 폐지할 것을 주장했다.

이에 세종은 1449년(세종 31년) 12월 11일에 이런 명령으로 대신들의 주장을 맞받아쳤다.

> "새롭게 만든 신악이 비록 아악에 쓰이는 것은 아니나 조종祖宗의 공
> 덕을 그려내는 일을 했으니, 함부로 폐할 수 없다. 의정부와 관습도감
> 에서 함께 이를 듣고 관찰하여 가한 것과 그렇지 아니한 것을 가려 보
> 고하라. 그러면 내가 마땅히 빼고 더하겠다."

하지만 의정부에는 세종의 음악적 지식을 능가하는 인물이 없었다.
기실 세종은 신악의 절주를 모두 스스로 만들어냈는데, 막대기를 짚고
땅을 치는 것을 한 음절로 삼아 하룻저녁에 고안한 것이었다. 수양대
군 이유(세조)도 음악에 조예가 깊었는데, 세종은 그로 하여금 기생들
과 함께 궁중에서 음악과 춤을 익히도록 독려하기도 했다.

한번은 박연이 옥경을 만들어 올렸는데, 세종이 직접 쳐서 소리를
들어보고 이렇게 말했다.

> "경쇠 소리가 약간 높으니, 몇 푼을 감하면 조화가 될 것이다."

박연이 그 말을 듣고 옥경을 자세히 살펴보니, 공인이 경쇠를 만들
면서 제대로 하지 못한 부분이 몇 군데 있었다. 그 부분을 고쳐놓으니
세종의 말대로 음의 조화가 이뤄졌다. 당대 최고의 음악가이자 연주
가였던 박연도 때론 세종에게 배워야 했던 것이다.

세종은 박연이 칠순이 넘긴 뒤에도 그를 놓아주지 않았다. 그를 대

신하여 악학을 이끌 인물이 마땅치 않았기 때문이다. 그런 가운데 1450년에 세종의 죽음을 맞이했다. 또 문종이 죽고 단종이 왕위에 올 랐다가 수양대군에게 왕위를 찬탈 당했다. 그러면서 세월은 어느덧 10년이 흘러 1458년(세조 4년)이 되었고, 박연의 나이 81세였다. 그때 까지도 그는 음악에 관한 업무를 보고 있었다. 문종도, 세조도 그의 탁월한 음악적 능력을 높이 평가하여 다른 사람으로 쉬이 대체하지 못했다.

그렇듯 영화를 누리던 박연에게 청천벽력 같은 소식이 들렸다. 그 의 막내 아들 계우가 단종 복위사건에 연루된 것이다. 이 일로 계우는 죽음을 당했지만, 박연은 목숨을 건졌다. 세조가 그의 음률에 대한 공 적을 감안하여 연좌시키지 않았던 것이다. 그러나 그는 벼슬에서 내 쫓기고 낙향 조치되었다.

그가 고향 영동으로 가기 위해 나루터에 섰는데, 말 한 필과 시종 한 명밖에 없을 정도로 행장이 초라하였다. 후학들이 강나루에 나와 전 송하였고, 그는 배 가운데 앉아 술잔을 베풀었다. 이윽고 손을 잡고 하 직할 때 박연은 떠나는 배 위에서 피리를 뽑아 물고 곡조를 흘렸는데, 그 소리를 듣고 울지 않는 이가 없었다고 한다.

그는 낙향한 그해에 81세를 일기로 죽었다.

10장
불세출의 언어학자, 세종

1. 세종의 가장 위대한 업적, 한글 창제

세종은 여러 뛰어난 인재들을 발굴하고 키웠을 뿐 아니라 그 자신이 당대의 가장 뛰어난 인재이기도 했다. 이미 말했듯이 세종은 다양한 능력을 가진 천재였지만, 그 중에서도 언어학적 능력은 그 누구도 흉내 낼 수 없을 정도로 탁월했다. 당대는 물론이고 우리 역사, 아니 인류사를 통틀어도 그에 필적할 만한 인물은 많지 않다. 한글의 창제는 바로 그의 언어학적 능력이 얼마나 대단했는지를 단적으로 보여준다.

세종은 여러 업적을 세웠지만, 단언컨대 그 모든 업적을 합한다 해도 훈민정음, 즉 한글 창제를 넘어설 순 없다. 더구나 훈민정음은 세종이 거의 홀로 만든 것이다. 이런 사실은 훈민정음 창제가 그의 다른 업적과 전혀 다른 차원에서 이해되어야 한다는 것을 가르쳐준다. 그를 단순히 한 시대를 잘 다스린 뛰어난 임금 정도로 받아들이는 차원을 넘어서서 인류가 낳은 가장 위대한 언어학자로 인식해야 한다는 뜻이다.

『총, 균, 쇠』의 저자 제레드 다이아몬드는 한국어판 서문에서 이렇게 말하고 있다.

> 나의 한국 방문에서 가장 즐거웠던 기억 중 하나는 그동안 그토록 많이 들어왔던 한글을 가는 곳마다 보면서 유명한 세종대왕의 문자를 읽는 방법을 배웠던 일이었습니다. 이런 모든 특성들로 인해 한글은 전 세계의 언어학자들로부터 세계에서 가장 뛰어나게 고안된 문자 체계라는, 어쩌면 당연한 칭송을 받고 있는 것입니다.

그는 서문 곳곳에서 한글에 대해 "위대한," "세계에서 가장 우수한"이라는 수식어를 사용하고 있다. 비단 제레드 다이아몬드뿐 아니라 세계의 석학들이 입을 모아 한글의 위대성과 과학성을 극찬하고 있다. 한글, 즉 훈민정음은 그야말로 인간이 만든 가장 위대하고 기념비적인 문자인 까닭이다.

세종은 이 기념비적인 작업을 거의 홀로 했다. 임금의 업무 중 가장 중요한 요소인 서무 결재를 세자가 대신 처리하게 할 정도로 훈민정음 창제 작업에 강한 열정을 쏟았다.

그 작업은 6년여 동안 거의 은밀히 진행됐으며, 왕자들과 측근에 됐던 집현전 학자들조차 그가 무슨 일을 계획하고 있는지 정확하게 알지 못했다. 그리고 마침내 훈민정음이 완성되자 그야말로 기습적으로 공표해버렸다.

이에 대해 집현전 학자들과 대신들의 반발은 대단했으며, 심지어 세종의 학문을 힐난하기도 했다. 그러나 세종은 물러서지 않았다. 오히려 우리 문자의 필요성을 역설하며 그들의 편협한 가치관을 꾸짖었다. 다행히 훈민정음을 적극적으로 지지하는 일군의 무리가 있었다. 당시의 대표적인 언어학자인 정인지와 신숙주, 성삼문, 최항, 박팽년, 이선로, 이개 등의 집현전 학사와 돈녕부 주부로 있던 강희안이 그들이었다.

세종은 그들을 시켜 훈민정음 창제 원리와 사용 방법을 설명하는 해설서인『훈민정음』을 편찬하고『홍무정운 역훈』,『동국정운』등의 언어학 서적을 발간했다. 또 세자 이향과 수양대군 이유, 안평대군 이용 등 아들들을 동원하여『석보상절』등의 불경과『내훈』등의 계몽서,『용비어천가』같은 개국찬가 등을 훈민정음으로 번역하는 작업을 병행했다.

또 "정음청"을 설치하여 훈민정음 관련 사업을 전담토록 했고, 일반 관리는 의무적으로 훈민정음을 배우게 하는 한편 관리 시험에 훈민정음을 포함시키고, 일반 백성들이 관가에 제출하는 서류를 훈민정음으로 작성토록 했다. 또한 형률 적용 과정에서 그 내용을 훈민정음으로 번역하여 알려주도록 했으며, 궁중의 모든 여인들에게 훈민정음을 익히도록 하고, 자신은 조정 대신들과 육조에 훈민정음으로 글을 내리기도 했다.

이런 까닭에 훈민정음은 순식간에 민간으로 퍼져나갔고, 학자는 물론이고 반가의 여자들과 평민, 심지어 노비들까지 쉽게 접하고 익힐 수 있었다. 덕분에 모든 백성이 문자의 혜택을 누리는, 그야말로 세계 언어학사에 일획을 긋는 혁명적인 사건이 동방의 작은 나라 조선에서 일어난 것이다.

2. 누가 만들었는가?

훈민정음은 누가 만들었는가? 이 물음에 대해 아직까지 명확한 결론을 내리지 못하고 있는 것이 학계의 현실이다. 그러나 실록을 자세히 살펴보면 이에 대한 대답은 명백하다.

흔히 훈민정음은 세종과 집현전 학자들이 공동으로 만들었거나 집현전 학자들이 만들고 세종이 후원한 것으로 알려져 있다. 하지만 이는 잘못된 이해다. 훈민정음은 세종이 거의 홀로 만든 것이다. 아니 홀로 만들 수밖에 없었다.

당시 훈민정음 창제 작업은 공식적으로 진행할 수 없는 일이었고, 그런 까닭에 집현전 학자들을 투입할 수 없었다. 물론 집현전 학자들 중 일부가 도움을 줬을 수는 있다. 그러나 그것은 어디까지나 세종의 질문에 답하는 정도의 조력자 위치에 불과했다. 정인지 등의 집현전 학자들은 세종이 무슨 의도로 운학韻學(언어학)에 관심을 두는지 몰랐다. 세종이 훈민정음을 공식적으로 공표할 때까지 그들은 왕이 스스로 문자를 만들어낼 줄은 상상도 못했을 것이다. 왜냐하면 세종의 창제 작업은 철저하게 비밀리에 진행됐기 때문이다.

만약 세종이 비밀리에 창제 작업을 진행하지 않았다면, 적어도 실록에 그에 대한 언급이 한마디라도 있어야 정상이다. 그러나 세종이 훈민정음을 공표할 때까지 문자 창제에 관한 언급은 단 한마디도 없다. 임금의 공식적인 행동과 말이 모두 기록되던 당시에 공식적인 사안이 전혀 기록되지 않는다는 것은 불가능하다. 실록에 무기 제작과 같은 극비 사항마저 기록된 것을 감안한다면 훈민정음 창제는 극비리에 진행된 국가 사업도 아니었다는 뜻이다. 즉 훈민정음은 그야말로 세종이 홀로 극비리에 진행한 일이었던 것이다.

세종은 왜 이 일을 홀로 극비리에 진행했을까? 그 답은 훈민정음 반포에 반대했던 최만리의 상소문에 잘 나타나 있다.

최만리의 상소문을 요약하자면, 첫째는 새 문자를 만들어 단독으로 쓴다는 말이 중국에 흘러들어가면 비난을 받을 수 있다는 것이고, 둘째는 중화의 문자인 한자를 대신하여 훈민정음을 쓰면 스스로 오랑캐가 된다는 논리, 셋째는 설총의 이두로써 가능한 일을 굳이 훈민정음으로 대체할 필요가 없다는 것, 넷째는 창제 취지 중 하나로 훈민정음 보급이 억울한 사람을 줄일 수 있다는 논리가 옳지 않다는 것 등이다. 그러나 이 내용의 골자는 "사대事大"와 "권위"였다.

당시 대개의 유학자들은 성리학을 삶의 지표로 삼고, 동시에 대국인 중국을 섬기는 것을 당연하게 여겼다. 그들은 이 두 가지 원칙을 국가를 유지시키는 철칙으로 여겼으며, 이러한 철칙은 그들의 권력을 지키는 수단으로 작용했다. 또한 그들의 내면엔 학자 또는 선비로서 갖는 권위주의가 도사리고 있었다. 적어도 문자는 자기들만이 아는, 따라서 학문은 자신들만의 고유한 영역이라는 사고에 빠져 있었다.

그들의 학문을 떠받치고 있는 것은 유학과 한자였다. 그들에게 평민은 이두 정도나 알고 있는 무식쟁이였고, 천민은 그것조차도 모르는 짐승 같은 존재에 불과했다. 그들은 그런 사실에 자부심을 가졌고, 그 자부심의 밑천이 한자였다. 그들 양반들은 문자와 학문을 권력의 기반으로 삼고 있었던 것이다. 그러니 평민이나 천민이 쉽게 익힐 수 있는 훈민정음의 등장은 결코 달가운 일이 아니었다. 만약 많은 서적들을 평민들이 쉽게 읽을 수 있게 된다면, 양반들은 그때까지 누리던 학문적 권위를 잃게 될 것이고, 그 연장선에서 권력의 상당 부분을 잃게 될 것이다.

최만리 등이 세종의 훈민정음을 거부한 근본적인 이유는 바로 이런 것들이었다. 세종은 그런 현실을 간파하고 있었다. 만약 새로운 문자를 만드는 일을 공식적인 회의를 거쳐 진행한다면, 시작도 하기 전에 엄청난 반대에 부딪힐 게 불을 보듯 뻔했다. 만약 세종이 그 일을 강력하게 추진한다면 대신들은 중국 사신들의 힘을 빌려 세종을 협박했을 게 분명했다.

세종이 쉬운 문자를 만들고자 했던 것은 훈민정음 창제 동기에서도 잘 드러나듯 "어리석은 백성이 이르고자 할 바 있어도 이르지 못하는 사람이 많아"그런 "백성들을 편안하게 하기 위함"이었다. 그러나 당시 양반 사회는 그러한 결심을 받아들일 수 없는 분위기였다. 심지어 그들은 일반 백성들이 법의 내용을 아는 것이나, 또 학정을 일삼는 관리를 고발하는 것조차 법으로 금지해야 한다고 주장했으니 말이다.

세종이 직접 훈민정음을 창제했다는 근거는 또 있다. 세종 대에 쓰인 모든 책엔 편찬에 참여한 사람들이 열거되어 있고, 또 당대에 만들어진 모든 과학적 산물에도 제작자와 참여 인사들의 이름이 거명되어 있다. 그러나 훈민정음만 유독 "임금이 친히 언문 28글자를 만들었다."고 기록되어 있다(세종실록 25년 12월 30일).

훈민정음의 창제 취지와 원리를 설명하고 있는 『훈민정음』에도 "세종어제世宗御製"라고 표현하고 있어 세종이 직접 만들었음을 명확히 밝히고 있다. 이는 단순히 세종 대에 만들어졌다는 표현이 아니다. 만약 이것이 세종 대에 만들어졌다는 표현이라면 당대에 편찬된 모든 책과 과학 기기에도 같은 표현을 써야 옳다. 그러나 "친제"와 "어제"라는 표현을 사용한 예는 훈민정음밖에 없다. 이는 훈민정음을 세종이 혼자 만들었음을 확실히 보여주는 대목이다.

하지만 의문은 여전히 남는다. 세종은 정말 문자를 창제할 만한 언어학적 소양이 있었는가 하는 점이다. 물론 세종의 언어학에 대한 깊이는 대단했다. 당대 최고였다고 해도 과언이 아니다.

세종은 최만리의 훈민정음 반대 상소문을 읽고 그를 불러 "네가 운서韻書를 아느냐? 사성칠음에 자모가 몇이나 되느냐?"며 그의 운학에 대한 무식함을 꼬집었다. 또 최만리의 언어 가치관이 지닌 논리적 결함을 조목조목 반박하고 설총이 만든 이두의 한계를 정확하게 지적하고 있다. 이는 세종이 설총의 이두를 깊이 연구했음은 물론이고, 언어학 서적도 두루 섭렵했음을 의미한다. 또 "내가 운서를 바로잡지 않으면 누가 이를 바로잡을 것이냐?"는 반문에서도 언어학에 대한 자부심을 엿볼 수 있다.

게다가 『홍무정운 역훈』과 『동국정운』, 『훈민정음』 등의 서문에 세종의 언어학적 가치관이 고스란히 반영되어 있다. 정인지를 위시한 당대의 언어학자들이 모두 세종의 영향을 받았다는 뜻인데, 이런 사실은 세종이 당대 어느 누구보다도 언어학에 대한 지식이 깊었음을 확인시켜준다.

3. 언제 만들었는가?

세종은 언제부터 훈민정음 창제 작업을 시작했을까? 『세종실록』 1444년 2월 20일 기사에 따르면 세종은 최만리에게 이런 말을 했다.

> "내가 늙어서 국가의 서무를 세자에게 맡겼으니, 비록 작은 일이라도 동궁이 참여하여 결정함이 마땅하거늘, 하물며 언문 사업에 세자가 참여하는 것이 무슨 문제가 된단 말이냐?"

이 말은 세종이 세자에게 훈민정음 반포 사업을 주관토록 한 점에 불만을 품은 최만리에게 내세운 논리다. 이 말에서 알 수 있듯 세종은 당시 세자 향에게 정무 처결의 서무 결재권을 넘긴 상태였다. 뿐만 아니라 정부구조도 육조직계제에서 의정부서사제로 바꾼 상태였다. 자신의 업무를 대폭 줄이고 세자와 정승들에게 상당 부분을 할애한 것이다.

육조직계제는 말 그대로 육조의 업무를 왕이 직접 챙기는 구조다. 따라서 왕의 업무가 과중하고 피로도가 심할 수밖에 없다. 그러나 의정부서사제는 정승들이 육조를 챙겨 서로 협의한 뒤에 일괄 보고하는 방식이다. 때문에 육조직계제에 비해 왕의 업무가 훨씬 줄어들 수밖에 없다. 세종이 이 같은 구조적 변화를 꾀한 것은 재위 18년(1436년)이었다.

거기다 세자에게 서무 결재권까지 넘기려고 했다. 이 두 가지 결정의 근거는 그의 지병이었다. 세종은 젊어서부터 소갈증을 앓고 있었는데, 이 때문에 과중한 업무를 볼 수 없다는 말이었다. 의정부서사제는 신하들도 원하던 일이라 조정에서 쉽게 수용되었지만 서무 결재권을 넘기는 문제는 반대가 많았다. 그러나 세종은 뜻을 굽히지 않았다.

세종이 의정부서사제를 추진한 때의 나이가 마흔 살이고, 세자에게 서무 결재권을 넘긴 때가 마흔한 살이었다. 비록 조선시대라는 점을 감안해도 한창 일할 나이였다. 그런 까닭에 세종은 나이를 핑계거리로 삼을 순 없었고 결국 지병 때문이라고 둘러댔다. 그런데 최만리에게 말할 땐 병 때문이라는 말은 없고 "늙어서 국가의 서무를 세자에게 맡겼다"고 말하고 있다. 하지만 마흔한 살인 그가 나이 때문에 임금의 가장 중요한 업무인 서무 결재권을 세자에게 넘겨준다는 것은 설득력이 없다. 즉 세종이 서무 결재권을 넘겨준 것은 다른 목적이 있어서였다는 뜻이다.

묘하게도 세종이 운학에 몰두하기 시작한 것이 이 시점부터였다. 『세종실록』22년 6월 26일의 기록은 그 점을 증명하고 있다.

경연에 보관되어 있는 『국어』와 『음의』 1책은 탈락된 곳이 매우 많아 중국에서 딴 판본을 구해왔는데, 빠지고 없어진 곳이 많았으며 주해도 역시 소략하였다. 일본에서 또 상세한 것과 소략한 것 두 본, 『보음補音』세 권을 구해왔으나 완전하지 않았다. 이에 집현전에 명하여 경연에 간직하고 있는 구본舊本을 중심으로 여러 판본들을 참고해서 잘못된 곳을 바로잡고 탈락된 곳은 보충하게 하였다. 동시에 『음의』와 『보음』에서 번잡한 것은 정리해서 해당 절목 아래에 나눠 넣고 그래도 완전치 못한 것은 운서로 보충하라고 하였다. 뒤이어 주자소에 지시하여 그대로 찍어서 널리 배포하라고 하였다.

경연청이 보유한 책은 주로 왕이 읽거나 왕을 위한 강의용이다. 따라서 이 기록은 세종이 1440년에 이미 일본과 중국에서 많은 운서를 수입하여 섭렵했다는 사실을 알려주고 있다. 세종은 잘못된 부분까지 구체적으로 지적할 정도로 각 운서의 내용을 면밀하게 분석하고 파악한 상태였다. 또 그 문제점을 보완하기 위해 중국과 일본으로 사람을 보내 책을 구해왔다. 그럼에도 문제가 해결되지 않자 집현전 학자들에게 새로운 책을 만들고, 인쇄하여 배포하도록 명령했다.

세종이 그토록 운서에 집착한 이유는 바로 새로운 문자를 고안하기 위해서였고, 그 결과물이 바로 훈민정음이었다.

즉 세종은 새로운 문자를 창제하기 위해 1436년부터 정부 구조를 의정부서사제로 바꿔 업무량을 대폭 줄였고, 그래도 시간이 모자라자 세자에게 서무 결재권까지 넘겼던 것이다. 이후 세종은 우선 운서를 섭렵하여 언어학적 지식을 쌓았고, 그 지식이 깊어지자 마침내 본격적으로 새로운 문자 창제 작업에 들어갈 수 있었다. 따라서 세종의 훈민정음 창제 작업은 조정을 의정부서사제로 개편하던 1436년부터 시작되었다고 보아야 할 것이다.

4. 왜 만들었는가?

세종은 훈민정음을 창제한 이유를 "어리석은 백성들이 이르고자 할 바가 있어도 이르지 못하는 사람이 많기" 때문이라고 스스로 밝히고 있다. 하지만 세종이 새로운 문자를 만들기로 결정한 과정은 이 한 문장으론 다 담아내지 못했다.

세종이 스스로 말했듯이 훈민정음 창제 취지는 백성들이 자신의 의사를 쉽게 표현할 수 있도록 하는 데 있었다. 그러나 더 직접적인 이유는 당시까지 일반 백성들이 사용하고 있던 이두의 문제점 때문이었다.

조선은 태조 때 『원육전元六典』을 이두로 편찬하여 관아의 아전과 관리들이 쉽게 읽을 수 있도록 배려했다. 그러나 일반 백성들에겐 큰 도움이 되지 못했다. 그러자 세종은 한 걸음 더 나아가 재위 14년 11월 7일에 율문律文을 이두로 번역하여 반포할 것을 명령했다. 이날 정사를 보다가 세종은 좌우 근신들에게 이렇게 일렀다.

"비록 사리를 아는 사람이라 할지라도 율문에 의거하여 판단을 내린 뒤에야 죄의 경중을 알게 되는 법인데, 하물며 어리석은 백성이야 어찌 자신이 범한 죄가 크고 작음을 알아서 스스로 고칠 수 있겠는가? 비록 백성들이 율문을 다 알게 할 수는 없겠으나, 따로 큰죄의 조항만이라도 뽑아 적고, 이를 이두문吏讀文으로 번역하여서 민간에 반포하고, 어리석은 남녀로 하여금 스스로 범죄를 피할 줄 알게 하는 것이 어떻겠는가?"

이때가 1432년으로 세종의 나이 36세였다. 장년의 열정으로 가득하던 세종이 그야말로 백성의 입장에 서서 내놓은 속깊은 발상이었는데, 이조판서 허조가 면전에서 반박하고 나섰다.

"신은 폐단이 일어날까 두렵습니다. 간악한 백성이 율문을 알게 되면, 죄의 크고 작은 것을 골라내서 두려워하고 꺼리는 바 없이 법을 제 마음대로 농간하는 무리가 생길 것입니다."

세종이 허조를 무섭게 쏘아보며 나무랐다.

"그렇다면 백성들은 알지도 못하고 죄를 범하는 것이 옳단 말인가? 백성에게 법을 알지 못하게 하고 그 범법한 자를 벌주게 되면, 법이 한낱 조삼모사朝三暮四의 술책밖에 더 되겠는가? 더욱이 선대의 대왕께서 율문을 읽게 하는 법을 세우신 것은 사람마다 모두 알게 하고자 함인데, 경 등은 고전을 상고하고 의논하여 아뢰라.”

허조가 물러간 뒤에 세종은 승지들을 향해 말했다.
　“허조는 백성들이 율문을 알게 되면 쟁송爭訟이 그치지 않을 것이고,
윗사람을 능멸하는 폐단이 생길 것이라 생각하는데, 모름지기 백성으
로 하여금 금지하는 법을 알게 하여 두려워서 피하게 함이 옳지 않겠
는가.”

　세종은 곧 집현전에 명령하여 옛적에 백성들에게 법률을 익히게 했
던 일을 상고하여 정리해오도록 했다.

　하지만 법률을 이두로 번역하여 백성들에게 반포하는 작업은 이뤄
지지 않았다. 왜 이 일이 추진되지 않았는지 기록엔 없지만, 아마도 이
두가 지닌 근본적인 한계 때문이었을 것이다. 이두는 비록 한문에 비
해 쉽긴 했지만, 적어도 기본적인 한자라도 알아야만 읽어낼 수 있었
는데, 일반 백성들에겐 그것도 용이한 일이 아니었다. 때문에 법률을
이두로 옮겨 백성들에게 전한다 하더라도 실질적인 효과를 거둘지는
의문이었다.

　그 뒤에 세종은 일반 백성들에게도 유학을 가르쳐야 한다는 생각으
로 경서에 이두 번역문을 함께 표기하는 방안을 내놓기도 했다. 하지
만 이 역시 정초 등의 학자들이 실효성이 없다고 하여 포기했다.

　결국 세종은 이두의 한계를 극복하고 누구나 쉽게 배울 수 있는 문

자를 만들어내지 않으면 안 된다는 판단을 하게 되었고, 그것이 훈민정음 창제로 이어진 것이다. 역설적이지만 만약 일반 백성들이 이두로 의사를 전달하는 것이 전혀 불편하지 않았다면 훈민정음은 창제되지 않았을 것이다. 즉 "백성들이 이르고자 할 바"를 제대로 전달하지 못하는 이두의 불편함과 한계성이 곧 새로운 문자를 창제하게 된 직접적인 동기가 된 셈이었다.

5. 『훈민정음』 반포에 반대한 사람들

세종이 새로운 문자를 고안하여 대대적으로 백성들에게 보급할 방도를 마련하려 하자, 집현전 학자들이 대거 반발했다. 당시 세종의 훈민정음에 대한 학자들의 반응은 양분되었다. 예문관 대제학 정인지를 비롯한 집현전 교리 최항, 부교리 박팽년, 수찬 성삼문, 부수찬 신숙주, 이개, 이선로, 강희안 등은 호의적이었지만, 집현전 부제학 최만리, 직제학 신석조, 직전 김문, 응교 정창손, 부교리 하위지, 부수찬 송처검, 저작랑 조근 등은 거부감이 심했다. 당대 대표적인 학자들이 훈민정음 반포를 앞두고 둘로 갈라진 셈이다.

급기야 훈민정음에 대한 반감을 결집시킨 최만리 등 7인의 학사는 1444년 2월 20일에 임금을 힐난하는 문투가 섞인 반대 상소를 올려 조정을 발칵 뒤집어놓았다. 다음은 이들이 작성한 상소문의 첫 구절이다.

"신 등이 엎드려 생각하건대 제작하신 언문諺文(훈민정음을 낮춘 말로 '상말'이라는 뜻)은 지극히 신묘하와 만물을 창조하시고 지혜를 운전하심이 천고에 뛰어나시오나, 신 등의 구구한 소견으로는 오히려 의심되는 것이 있사와 감히 간곡한 정성을 펴서 삼가 뒤에 열거하오니, 부디 거룩한 검토를 바라옵니다."

이렇게 시작된 글은 훈민정음에 대한 여섯 가지의 반대 논리로 이어졌다.

첫째는 만약 새로운 문자 창제 소식이 중국에 흘러 들어가면 비난받게 될 것이라는 주장이다. 그들은 세종이 훈민정음의 창제 과정에 대해 "옛 글자를 본뜬 것이고 새로 된 글자가 아니다."라고 말한 부분을 꼬집으며, 음을 쓰고 글자를 합하는 것이 옛 글자와 반대된다고 분석했다. 그런 반발을 의식하여 세종이 옛 글을 본떠 만든 것이라고 미리 둘러댄 것인데, 사실 옛 글과 쓰임새와 조합 방식이 전혀 다른 것은 사실이었다. 전혀 새롭게 만든 것이니 다를 수밖에 없었다. 하지만 모양이나 성조 등은 중국어와 유사한 면이 있었다.

둘째, 언문을 만드는 것은 중국을 버리고 스스로 오랑캐가 되려는 행동이라는 것이다. 몽골, 서하, 여진, 일본, 서번 등은 자기 글자가 따로 있지만 한결같이 오랑캐라는 사실을 들먹였다. 즉 중국어를 국어로 취하지 않고 따로 자국어를 가진 나라는 오랑캐라는 것이다.

셋째, 설총의 이두가 있는데 굳이 언문을 만들 이유가 없다는 것이다. 또 이두는 기본적으로 기초적인 한자를 알아야 쓸 수 있는 것이므로 한자의 일부로 봐도 무방하지만 언문은 한자와 전혀 상관이 없어

학문을 약화시키는 한낱 기예에 지나지 않는다고 했다.

넷째, 말과 글이 같아도 어리석은 백성의 원통함을 푸는 데 도움이 안 된다는 것이다. 그 근거로 이두를 아는 자도 매를 견디지 못해 허위 자백을 하는 경우가 허다하다고 했다. 즉 형옥의 공평함은 말과 글의 일치가 아니라 옥리의 청렴도에 달려 있다는 주장이다. 이는 훈민정음을 공표하면서 "문리를 알지 못하는 어리석은 백성이 한 글자의 착오로 혹 원통함을 당할 수도 있을 것인데, 이제 훈민정음으로 직접 써서 읽고 듣게 하면 어리석은 백성이라도 쉽게 알아들어서 억울함을 품은 자가 없을 것이다."라는 세종의 창제 취지를 힐난한 것이다.

다섯째, 문자의 보급은 국가 대사인데, 어째서 조정 대신들과 충분한 협의도 거치지 않고 임금이 독단으로 결정하여 시행하느냐는 것이었다. 더구나 흉년으로 공무를 집중시켜야 할 일이 많은데, 어째서 그다지 급하지도 않은 언문 보급을 다급하게 서두르느냐는 지적이다. 그들이 절차상의 문제를 지적한 것은 옳았다. 하지만 세종은 절차를 거치면 필시 대신들의 반대로 유야무야될 것이라 판단했다.

여섯째, 왕이 외곬으로 정책을 고집하는 것은 옳지 않으며, 또한 근친을 앞세워 그 일을 실시하는 것은 부당하다는 것이다. 이는 세종이 세자 향을 시켜 언문 정책을 주도하도록 한 것에 대한 비판이며, 동시에 세종의 언문 정책이 지나친 아집의 발로라는 힐난이었다.

이 상소문을 읽고 세종은 그들을 불러 언성을 높이며 반론을 제기했다. 먼저 훈민정음이 옛 글과 배치된다는 그들의 주장에 반박했다.

"너희들이 이르기를 음을 사용하고 글자를 합한 것이 모두 옛 글에 위반된다 했는데, 설총의 이두도 역시 음이 다르지 않느냐. 또 이두를 제작한 본뜻이 백성을 편리하게 하려 함이 아니냐. 만일 이두가 백성을 편리하게 한 것이라면, 언문 또한 백성을 편리하게 하려 한 것이 되어야 하지 않느냐. 너희들은 어째서 설총은 옳다고 하면서 자기 임금이 하는 일은 그르다고 하느냐."

이어 세종은 언어학에 대한 그들의 무지함을 질타했다.

"좋다, 그러면 하나 물어보자. 너희가 운서를 아느냐? 사성칠음에 자모가 몇인지 말해보라."

아무도 선뜻 대답하지 못했다. 그 누구도 운서를 제대로 접하지 못했던 것이다. 당시 선비들은 언어학에 전혀 관심이 없었다. 설사 관심이 있다고 해도 책을 구해볼 수도 없었다. 그 때문에 세종은 사람을 시켜 일본과 중국으로 백방 수소문하여 책을 구해 읽어야 했다. 구해온 책은 제일 먼저 세종이 섭렵하였고, 그 뒤에 집현전 학자들에게 읽혀 문제점을 찾고 내용을 보완했다. 그런 까닭에 세종은 당대 제일의 언어학자였으니, 이 분야에서 세종을 능가하는 이가 있을 리 없었다. 세종의 말 속엔 그런 자부심이 배어 있었다.

"만일 내가 운서를 바로잡지 못하면 누가 이를 바로잡겠느냐?"

임금이 외곬으로 운서와 문자 창안에 매달린다는 그들의 주장에 일침을 놓는 말이었다. 당대 최고의 언어학자인 자신의 학문적 권위를 내세운 것이다.

"너희들 글에 이르기를 언문을 '새롭고 기이한 하나의 기예에 지나지 않는다'고 했는데, 정말 그러하냐? 내 늘그막에 세월 보내기 어려워서 오직 서적으로 벗을 삼고 있는데, 어찌 나더러 옛것을 싫어하고 새것만 좋아한다고 말할 수 있느냐. 내가 산이나 들로 다니며 매사냥이나 하고 있다면 모를까, 너희들 말이 너무 지나치지 않느냐.

또 내가 늙어서 국가의 서무를 세자에게 맡겼고, 그런 까닭에 세자는 세세한 일이라도 모두 참여하여 결정해야 한다. 그런데 세자가 언문 사업에 참여하는 것이 무슨 문제가 된단 말이더냐? 그렇다면 세자는 동궁에만 있게 하고 언문 사업은 환관들에게 맡겨야 옳겠느냐? 너희들이 임금을 시종하는 신하로서 내 뜻을 잘 알고 있으면서도 이런 말을 함부로 하는 것은 옳지 못하다."

세종의 말이 끝나자, 최만리는 자신들의 종래 주장을 되풀이했다.

"설총의 이두는 음이 다르고 해석의 차이가 있지만, 어조와 글자는 문자를 그대로 딴 것입니다. 그런데 언문은 여러 글자를 합하여 함께 사용하고, 그 음과 해석 또한 변한 것이며, 근본적으로 글자의 형상이 아닙니다. 이를 기이한 하나의 기예라고 한 것은 상소문의 전체 논조에서 그런 말을 한 것이지, 문맥의 의미가 그런 것은 아닙니다.

또 동궁은 공적인 일이라면 아무리 작은 일이라도 마땅히 참결해야 할 것이나 급하지도 않은 일에 시간을 허비하며 심려를 다할 필요가 있겠습니까?"

그러자 세종은 무리 속에 앉아 있던 김문을 지적하며 말했다.
　　"지난번에 너는 내게 언문을 제작함에 불가不可할 것이 없다고 하지 않았느냐? 그런데 왜 지금 와서 불가하다고 하느냐?"

김문이 아무 말도 하지 못하자, 이번엔 무리에 섞여 있던 정창손을 지적하며 말했다.
　　"지난번에 내가 너에게 '만일 언문으로 『삼강행실도』를 번역하여 민간에 반포하면 어리석은 남녀가 모두 쉽게 깨달아서 충신과 효자, 열녀가 무리로 나올 것이다.'고 했는데, 네가 뭐라고 했느냐? 『삼강행실도』를 반포한 후에 충신, 효자, 열녀의 무리가 나옴을 볼 수 없는 것은, 사람이 행하고 행하지 않음은 아는 것에 달린 것이 아니라 자질 여하에 달렸으니, 언문으로 번역해도 본받을 수 없을 것이라 했었다. 그러면 인간이 왜 성인의 가르침을 들어야 하느냐? 도대체 네가 선비의 이치를 알기나 하고 한 말이더냐? 너 같은 자를 두고 아무것에도 쓸모가 없는 용렬하고 속된 선비라고 하는 것이다."

그렇듯 정창손을 무섭게 꾸짖은 후에 전체를 둘러보며 세종은 말을 보탰다.
　　"내가 너희들을 부른 것은 죄를 주고자 함이 아니었다. 다만 상소문 내용 중에 한두 가지를 물어보고자 함이었다. 그런데 너희들이 사리를 돌아보지 않고 말을 바꾸니, 너희들은 죄를 벗기가 어려울 것이다."

세종은 그들을 모두 하옥시켰다가 이튿날 석방시켰다. 그러나 선비로서 학문의 근본을 알면서도 사익을 위해 말을 돌린 정창손은 파직시키고, 말을 바꾼 김문은 그 사유를 국문토록 했다. 결국 김문은 말을 바꾼 죄로 장 100대에 징역 3년형에 처해졌다. 다만 장 100대는 벌금으로 대신하게 했다. 이것으로 훈민정음 반포와 관련한 집현전 학사들과 세종의 대치는 끝났다. 세종의 강력한 추진 의사와 학문적 논리, 그리고 언어학자로서의 권위 앞에 최만리 등이 굴복한 셈이다.

6. 『훈민정음』이 밝히는 창제 원리

1940년 7월, 안동의 한 고가古家에서 세계 언어학사에 일획을 긋는 오래된 책 한 권이 발견되었는데, 다름 아닌 『훈민정음』이었다.

이 책에 대한 기록은 『세종실록』 세종 28년 9월 29일 기사에 실려 있으나, 창제 취지와 자모의 발성 현상만 있고, 창제 원리와 사용법에 대한 언급이 없다. 이런 까닭에 훈민정음 창제 원리는 베일 속에 가려져 있었고, 한때 세종이 우연히 창살의 모양을 보고 착상했다는 설이 정설로 여겨지기도 했다. 그러나 『훈민정음』이 발견됨으로써 그와 같은 터무니없는 가설들은 일거에 사라졌다.

『훈민정음』은 33장 1책으로 구성되었으며, 8명의 학자들이 세종이 만든 훈민정음을 한문으로 해설한 것이다. 내용은 세종어제世宗御製 서문과 훈민정음의 음가音價(발음기관의 부문별 조건에 따른 소리 현상) 및 운용법을 밝힌 예의편이 본문으로 되어 있고, 이를 해설한 해례편이 제자해, 초성해, 중성해, 종성해, 합자해, 용자례의 순서로 기술되어 있다. 그리고 책 끝에는 정인지의 서문이 실려 있다. 집필자는 정인지, 신숙주, 성삼문, 최항, 박팽년, 강희안, 이개, 이선로 등 총 8명이다.

『훈민정음』 예의편은 "세종어제훈민정음"이라는 제목으로 『월인석보』의 책머리 부분에도 실렸는데, 이는 한자본이 아닌 언해본(국역본)이다. 『월인석보』가 1459년에 간행된 책임을 감안할 때, 이 책은 적어도 그 이전에 만들어진 것이다. 이 국역본에는 한문본에 없는 치음에 대한 규정이 있는데, 이는 1455년(단종 3년)에 완성된 『사성통고四聲通攷』에도 실려 있다. 따라서 1455년 이전에 이 책이 형성된 것은 분명한데, 아마도 세종 재위 시에 만들어진 것으로 보인다.

『훈민정음』을 구체적으로 살펴보면, 우선 예의편에선 음가와 운용법을 알려주고 있다. 자음에 대해선 "기역은 어금니소리이니 군君의 처음소리와 같고, 나란히 쓰면 뀨[虯]의 처음소리와 같고, 키읔은 어금니소리이니 쾌快의 처음소리와 같다."는 식으로 설명하고 있다. 모음에 대해선 "•는 탄(呑)의 가운뎃소리와 같고, ㅡ는 즉卽의 가운뎃소리와 같다."는 식으로 설명하고 있다. 이렇게 해서 훈민정음의 자음은 초성, 중성, 종성 중에 초성과 종성을 차지하고 어금니소리, 혓소리, 입술소리, 잇소리, 목구멍소리 등으로 구분되며, 모음은 중성을 차지한다고 서술하고 있다.

이렇듯 예의편은 자모의 음가만 설명하고 있는 데 비해 해례편은 구체적으로 그 소리의 근원과 원리를 알려주고 있다.

해례편에 따르면 초성과 종성을 이루는 자음에서 어금니소리 기역은 혀뿌리가 목구멍을 막는 꼴을 본뜨고, 혓소리 니은은 혀가 윗잇몸에 붙는 꼴을 본뜨고, 입술소리 미음은 입 모양을 본뜨고, 잇소리 시옷은 이의 모양을 본뜨고, 목소리 이응은 목의 모양을 본떠 자음 17개를 만들어내고, 쌍자음 6개를 만들어낸 것이다. 중성을 이루는 모음은 천 [•], 지[━], 인[ㅣ]을 본떠 기본 글자를 만들고, 이들을 서로 결합하여 11개의 중성을 만들어냈다.

이들 훈민정음 28자의 낱자 이름이 언제 정해졌는지는 분명치 않으나, 16세기 저작인 최세진의『훈몽자회』에 그 이름이 등장하는 것을 보면, 세종 당대에 이미 정해졌던 것으로 보인다.

7.『훈민정음』은 어디서 기원했나?

훈민정음의 기원에 대해선 아직도 학계의 의견이 분분하다. 그런 까닭에 여러 기원설이 제기되었다. 훈민정음 기원설은 훈민정음이 어느 문자의 계통을 밟고 있는지를 밝히기 위한 노력에서 비롯됐는데, 그 첫째는 발음기관 상형설로 가장 설득력을 얻고 있는 학설이다. 홍양호, 최현배 등의 언어학자가 주장한 이 논리는 글자가 발음될 때 발음기관의 상태나 작용을 본떠 만들었다는 설명이다. 이는『훈민정음』해례편에서도 설명되고 있는 부분이다.

두 번째는 고전 기원설이다. 세종 25년 12월 기사와 최만리의 반대 상소문, 정인지의 서문 등에서 훈민정음이 옛날 고전 속에 나오는 글자를 본떴다고 쓰고 있는 것에 근거한 것이다.

　세 번째는 범어梵語(고대 인도 문자인 산스크리트어)에서 기원했다는 범자 기원설이다. 범자 기원설을 처음 주장한 것은 『용재총화』의 저자 성현이다. 그는 이 책에서 훈민정음의 글자체는 범자를 따라 만들어졌다고 쓰고 있다. 성현의 주장에 근거하여 이수광은 『지봉유설』에서 "우리나라 말과 글은 모두 범자를 본떴다."고 쓰고 있다. 영조 때의 황윤석이나 일제시대의 이능화도 같은 주장을 했는데, 그 근거에 대한 설명이 미진하여 설득력을 잃고 있다.

　네 번째는 주역의 원리를 이용하여 만들었다는 역리 기원설이다. 훈민정음이 역학의 원리에 의해 창제되었다고 하는 설인데, 이는 훈민정음의 소리가 음양오행설과 일치하는 부분이 있기 때문이다. 모음은 양을 대표하는 천天과 음을 대표하는 지地를 중심으로 그 사이에서 중용의 존재인 인人을 합한 방식이고, 자음은 어금니, 혀, 입술, 이, 목 등 다섯으로 구분되어 오행을 의미한다는 것이다.

　다섯 번째는 창 문살에서 따왔다는 창문상형 기원설인데, 이는 민간에서 떠돌던 주장이며, 서양학자 에카르트가 주장하기도 했던 설이다.

　여섯 번째는 몽골에서 흘러왔다는 몽골자 기원설이다. 이 주장은 이익이 『성호사설』에 써놓은 것인데, 순조 때 유희의 『언문지』에서도 이 주장은 반복된다.

일곱 번째는 고대문자 기원설인데, 영조 때의 학자 신경준의 『훈민정음운해』의 서문에 나오는 학설이다. 그는 동방에는 원래 민간에서 쓰던 문자가 있었다고 주장한다. 『환단고기』에 소개되고 있는 가림토문자도 신경준의 주장과 일맥상통한 면이 있는데, 이 책에서는 가림토문자가 고조선시대에 우리 민족이 쓰던 문자로 보고 있다. 일부 학자는 『환단고기』에서 말하는 가림토문자는 돌궐문자라고 주장하고 있는데, 돌궐이 고조선시대에 우리 민족과 같은 지역에 살던 족속이라는 점을 감안한다면 돌궐문자 속에 고조선의 문자가 남아 있을 가능성도 열어둬야 할 것이다.

여덟 번째는 일본 신대神代문자 기원설이다. 흔히 "가무나가라"라고 불리는 이 신대문자는 현재 일본 남단에 위치한 시코쿠四國의 작은 마을의 비석에 새겨져 있다. 일본인들은 이 글자가 한문이 들어오기 전에 사용하던 신대문자라고 주장한다. 이와 관련하여 한국 학자들 중에는 우리 고대문자가 흘러들어간 것이라는 논리를 펴기도 한다.

놀랍게도 이 문자는 한글과 똑같은 음으로 읽는다. 이런 신대문자는 오늘날에도 신사에서 부적을 쓸 때 사용하고 있는데, 비석이나 청동검, 청동거울 등에서도 발견된다. 세종이 언어학 서적을 구입할 때 일본에서도 여러 권을 구해온 만큼 일본의 신대문자도 참고했을 법하다.

하지만 이 글자가 발견되기 시작한 것은 19세기 초반부터였다. 신대문자가 처음 소개된 책은 19세기 초에 출간된 『신자일문전』인데, 일부 일본 학자들은 이것이 저자에 의해 조작된 것이라고 주장하고 있다. 하지만 아직 그 진위가 밝혀지지 않아 의문으로 남아 있다.

그 밖에도 팔리문자 기원설, 서장문자 기원설 등 여러 주장이 있지만, 설득력을 얻지 못하고 있다.

훈민정음이 인위적으로 만들어진 것이라면 분명 여러 다른 언어를 참고할 수밖에 없었을 것이다. 따라서 앞에 열거한 기원설들은 부분적으로 모두 옳을 수 있다. 그러나 여러 주장들 중에서 가장 설득력을 얻고 있는 것은 발음기관을 본떠 만들었다는 학설이다. 이는 창제 당시에 편찬된 『훈민정음』의 해설과도 일치하기 때문이다. 그러나 비록 발음기관을 본떴다 하더라도 그것은 글자를 만든 원리였을 것이고, 모양은 옛부터 전해져오던 고대문자에서 따왔을 가능성이 높다. 어쩌면 그것은 『훈민정음운해』와 『환단고기』의 주장대로 고조선시대부터 전해져오던 글자였는지도 모른다. 또 이는 당연히 고전에 기록되었을 것이므로 고전에서 본떴다는 고전 기원설과도 맥을 같이한다.

결국 훈민정음의 제자製字 원리는 발음기관이 움직이는 모양을 보고 착안하여 고대문자와 고전 기록을 참고하여 만들었다는 복합적인 해석을 내릴 수 있다. 어쨌든 훈민정음은 창제 당시에 조선에서 얻을 수 있던 모든 언어와 언어학이 총체적으로 결집되어 만들어진 한국사 최고의 발명품이었던 셈이다.

에필로그
세종시대의 태평성대를 재현할 인재를 기다리며

코로나19의 만연으로 지구촌이 죽음의 공포에 떨고 있다. 이런 와중에 한국 사회는 대통령 선거 열기에 흠뻑 젖어 있다. 코로나19가 공포의 재앙이라면 선거는 민주주주의 꽃이며 동시에 축제다. 한국 사회는 지금 공포의 대재앙 속에서 꽃 축제를 열고 있는 셈이다. 하지만 이 꽃 축제가 불행한 축제가 될지 행복한 축제가 될지는 아직 아무도 모른다. 관건은 꽃이 아니라 꽃을 통해 얻을 열매이기 때문이다.

세상의 모든 꽃들은 하나같이 아름답다. 하지만 아름답다고 해서 모두 이로운 것은 아니다. 선거는 보기에 아름다운 꽃을 얻으려는 것이 아니라 먹기 좋고 몸에 이로운 열매를 맺는 꽃을 얻는 일이다.

선거를 민주주의의 꽃이자 축제라고 하는 것은 선거를 통해 선출한 리더가 우리의 미래를 행복하게 만들어줄 것이라는 긍정적 믿음에 근거한 것이다. 하지만 우리가 뽑은 리더가 우리를 오히려 불행하게 만들 가능성도 농후하다. 따라서 어떤 리더를 선택하는가 하는 것은 우리의 행복과 불행을 가름하게 될 것이다.

그렇다면 어떤 리더를 선택해야 우리는 보다 더 행복해질 수 있을까? 답은 간단하다. 국가경영을 잘할 수 있는 리더를 선택하면 된다. 하지만 어떻게 하는 것이 국가경영을 잘 하는 것인가? 그에 대한 모범답안은 있는가? 이 책 『국가경영은 세종처럼』은 바로 이 물음에 대한 대답으로 쓴 것이다.

바로 지금, 세계는 기준이 바뀌고 틀이 급변하는 뉴노멀 시대이자 코로나19로 인한 대재앙의 시대에 직면해 있다. 이는 곧 어떤 나라든 조금만 삐끗하면 나락으로 떨어질 수 있다는 뜻이다. 때문에 국가경영을 누구에게 맡기느냐가 어느 때보다 중요한 시기다. 어떤 리더를 뽑느냐가 한국 사회를 나락으로 떨어뜨릴 것인가 아니면 도약시킬 것인가를 결정할 것이다.

이런 위기의 시대에 어떤 리더를 뽑을 것인가?

흔히 역사는 현재를 비추는 거울이라고 한다. 역사는 반복되기에 그 속에서 현실의 위기와 난관을 극복할 방도를 찾을 수 있다는 의미다.

만약 우리 역사 속에서 지금의 위기를 극복할 인물을 뽑는다면 누구를 뽑겠는가? 우리 국민이라면 단연 세종을 택할 것이다.

그렇다면 왜 세종인가?
우리 역사에서 세종만큼 국가경영에 성공한 사람이 없기 때문이다. 하지만 지금 우리 현실에서 세종 같은 인물을 찾기는 쉽지 않다. 그러나 세종의 성공적인 국가경영법을 현실에 적용할 자질을 갖춘 사람들은 있다. 그런 자질을 갖춘 사람이 세종의 성공적인 국가경영법을 제대로 익힌다면 세종 같은 시대는 아니라도 세종시대를 닮은 시대는 얼마든지 열 수 있을 것이다.

위기의 시대에 누가 세종처럼 성공적인 국가경영을 할 수 있는 인물이 될 수 있을까? 필자는 이 의문을 해소하는데 작은 보탬이라도 됐으면 하는 바람으로 이 책을 독자대중에게 내민다. 부디 미래의 선택을 위해 작은 도움이라도 되길 바란다.

『국가경영은 세종처럼』의 출간에 흔쾌히 동의해주신 통나무 출판사와 원고를 정성껏 읽으시고 기꺼이 서문을 써주신 도올 선생님께 이 자리를 빌려 다시 한 번 감사드립니다.

2021년 8월, 일산우거에서 박영규.

찾아보기

인명, 도서명(가나다 순)

국가경영은 세종처럼

2021년 9월 1일 초판발행
2021년 9월 1일 1판 1쇄

지은이 · 박영규
펴낸이 · 남호섭

편집책임 _김인혜
편집 _임진권, 신수기
제작 _오성룡
표지디자인 _박현택
인쇄판출력 _토탈프로세스
라미네이팅 _금성L&S
인쇄 _봉덕인쇄
제책 _강원제책

펴낸곳 · 통나무
서울특별시 종로구 동숭동 199-27
전화: 02) 744-7992
출판등록 1989. 11. 3. 제1-970호